Revolucionando a sala de aula

Como envolver o estudante aplicando as técnicas de metodologias ativas de aprendizagem

Grupo
Editorial
Nacional

O GEN | Grupo Editorial Nacional – maior plataforma editorial brasileira no segmento científico, técnico e profissional – publica conteúdos nas áreas de ciências sociais aplicadas, exatas, humanas, jurídicas e da saúde, além de prover serviços direcionados à educação continuada e à preparação para concursos.

As editoras que integram o GEN, das mais respeitadas no mercado editorial, construíram catálogos inigualáveis, com obras decisivas para a formação acadêmica e o aperfeiçoamento de várias gerações de profissionais e estudantes, tendo se tornado sinônimo de qualidade e seriedade.

A missão do GEN e dos núcleos de conteúdo que o compõem é prover a melhor informação científica e distribuí-la de maneira flexível e conveniente, a preços justos, gerando benefícios e servindo a autores, docentes, livreiros, funcionários, colaboradores e acionistas.

Nosso comportamento ético incondicional e nossa responsabilidade social e ambiental são reforçados pela natureza educacional de nossa atividade e dão sustentabilidade ao crescimento contínuo e à rentabilidade do grupo.

EDVALDA
ARAÚJO LEAL

GILBERTO JOSÉ
MIRANDA

SILVIA PEREIRA DE
CASTRO CASA NOVA

Revolucionando a sala de aula

Como envolver o estudante aplicando as técnicas de metodologias ativas de aprendizagem

ALANNA SANTOS DE OLIVEIRA ▪ ALESSANDRA VIEIRA CUNHA MARQUES ▪ ALINE BARBOSA DE MIRANDA ▪ CAMILA LIMA COIMBRA ▪ CAMILLA SOUENETA NASCIMENTO NGANGA ▪ CINTIA RODRIGUES DE OLIVEIRA MEDEIROS ▪ CHRISTOPHER BULAON ▪ CRISTIANO CAMARGO ▪ EDILEUSA GODÓI DE SOUSA ▪ EDVALDA ARAÚJO LEAL ▪ GEOVANA FERREIRA MELO ▪ GILBERTO JOSÉ MIRANDA ▪ JOYCE MENEZES DA FONSECA TONIN ▪ LARISSA COUTO CAMPOS ▪ LAUDICÉIA NORMANDO DE SOUZA ▪ LAYNE VITÓRIA FERREIRA ▪ MARA ALVES SOARES ▪ MARCELINO FRANCO DE MOURA ▪ MÁRCIA FREIRE DE OLIVEIRA ▪ NÁLBIA DE ARAÚJO SANTOS ▪ NEVISON AMORIM PEREIRA ▪ OSCAR LOPES DA SILVA ▪ REINER ALVES BOTINHA ▪ ROBERTO BERNARDINO JÚNIOR ▪ ROMUALDO DOUGLAS COLAUTO ▪ SAMUEL DE PAIVA NAVES MAMEDE ▪ SANDRO VIEIRA SOARES ▪ SAULOÉBER TÁRSIO DE SOUZA ▪ SIDNEY PIRES MARTINS ▪ SILVANA MALUSÁ ▪ SILVIA PEREIRA DE CASTRO CASA NOVA ▪ ZANDRA CRISTINA LIMA SILVA QUEIROZ

Direitos exclusivos para a língua portuguesa
Copyright © 2017 by
Editora Atlas Ltda.
Uma editora integrante do GEN | Grupo Editorial Nacional

Reservados todos os direitos. É proibida a duplicação ou reprodução deste volume, no todo ou em parte, sob quaisquer formas ou por quaisquer meios (eletrônico, mecânico, gravação, fotocópia, distribuição na internet ou outros), sem permissão expressa da editora.

Rua Conselheiro Nébias, 1384
Campos Elísios, São Paulo, SP – CEP 01203-904
Tels.: 21-3543-0770/11-5080-0770
faleconosco@grupogen.com.br
www.grupogen.com.br

Designer de capa: Caio Cardoso
Imagem de capa: ilyast | iStockphoto
Editoração Eletrônica: Caio Cardoso

CIP-BRASIL. CATALOGAÇÃO NA PUBLICAÇÃO
SINDICATO NACIONAL DOS EDITORES DE LIVROS, RJ

R25

Revolucionando a sala de aula : como envolver o estudante aplicando as técnicas de metodologias ativas de aprendizagem / organização Edvalda Araújo Leal, Gilberto José Miranda, Silvia Pereira de Castro Casa Nova. – 1. ed. [3. Reimpr.]. – São Paulo : Atlas, 2019.

Inclui bibliografia
ISBN: 978-85-97-01190-6

1. Universidades e faculdades - Estudo e ensino. 2. Ensino a distância. 3. Ensino - Metodologia. I. Leal, Edvalda Araújo. II. Miranda, Gilberto José. III. Nova, Silvia Pereira de Castro Casa.

17-41578

CDD: 371.35
CDU: 37.018.43

À Fundação de Apoio à Pesquisa de Minas Gerais – FAPEMIG.

Aos nossos antecedentes e aos nossos descendentes; aos que fizeram de nós o que somos e aos que, depois de nós, continuarão a jornada.

Sumário

3 Ensino e pesquisa: duas faces de uma mesma moeda, 31
Camilla Soueneta Nascimento Nganga, Gilberto José Miranda

4 Grupo de Verbalização/Grupo de Observação (GV-GO), 43
Alanna Santos de Oliveira, Larissa Couto Campos

5 Debate: uma técnica de ensino voltada à pluralidade de pontos de vista, 53
Marcelino Franco de Moura, Nevison Amorim Pereira, Sauloéber Társio de Souza

6 Seminário: da técnica de ensino à polinização de ideias, 65
Silvana Malusá, Geovana Ferreira Melo, Roberto Bernardino Júnior

11 Encenando o ambiente de negócios: a representação teatral como técnica pedagógica, 141
Cintia Rodrigues de Oliveira Medeiros, Zandra Cristina Lima Silva Queiroz

12 O *role-play* (jogo de papéis) aplicado no ensino e aprendizagem, 153
Laudicéia Normando de Souza, Silvia Pereira de Castro Casa Nova

13 *Storytelling*: aprendizado de longo prazo, 169
Alessandra Vieira Cunha Marques, Gilberto José Miranda, Samuel de Paiva Naves Mamede

14 Painel integrado: envolvendo todos individualmente, 187

Cristiano Camargo, Márcia Freire de Oliveira

15 Prática de campo: desenvolvendo uma atitude científica nos estudantes, 201

Nálbia de Araújo Santos

Referências, 215

Sobre os Organizadores

Edvalda Araújo Leal: Doutora em Administração pela Fundação Getulio Vargas (FGV/SP). Mestre em Ciências Contábeis pela Pontifícia Universidade Católica de São Paulo (PUC/SP). Especialista em Controladoria e Contabilidade pela Universidade Federal de Uberlândia (UFU). Graduada em Ciências Contábeis pelo Centro Universitário do Triângulo (UNITRI). É professora do Programa de Mestrado em Ciências Contábeis da UFU. Interesses de pesquisa: Ensino e Pesquisa em Contabilidade e Gestão de Custos.

Gilberto José Miranda: Doutor em Controladoria e Contabilidade pela Faculdade de Economia, Administração e Contabilidade da Universidade de São Paulo (FEA/USP). Mestre em Administração, especialista em Docência na Educação Superior, especialista em Controladoria e Contabilidade e graduado em Ciências Contábeis pela Universidade Federal de Uberlândia (UFU). Atualmente, é professor do Programa de Mestrado em Ciências Contábeis da UFU. Interesses de pesquisa: Ensino e Pesquisa em Contabilidade e Análise das Demonstrações Contábeis.

Silvia Pereira de Castro Casa Nova: Mestre e doutora em Contabilidade e Controladoria pela Universidade de São Paulo (USP). Livre-docente em Educação Contábil pela USP. Pós-doutora em Métodos Quantitativos Aplicados à Contabilidade pela Fundação Getulio Vargas (FGV/SP). Foi *visiting scholar* no Organizational Leadership, Policy and Development Department no College of Education and Human Development (OLPD-CEHD) da University of Minnesota (UMN) e *visiting researcher* na Business Research Unit no Instituto Universitário de Lisboa (BRU-IUL). É professora-associada do Departamento de Contabilidade e Atuária da Faculdade de Economia, Administração e Contabilidade da Universidade de São Paulo (FEA/USP) e fundadora do GENERAS – Núcleo FEA/USP de Pesquisa em Gênero, Raça e Sexualidade.

Sobre os Colaboradores

Alanna Santos de Oliveira: Doutoranda em Economia, mestre em Economia e graduada em Ciências Econômicas pela Universidade Federal de Uberlândia (UFU). Interesses de pesquisa: Desenvolvimento, Políticas Públicas, Educação e Ensino e Pesquisa na Área de Negócios.

Alessandra Vieira Cunha Marques: Mestre em Ciências Contábeis pela Universidade Federal de Uberlândia (UFU). Especialista em Auditoria e Perícia, especialista em Controladoria e Finanças Empresariais e graduada em Ciências Contábeis. Interesses de pesquisa: Contabilidade Societária com ênfase em Informações Contábeis e os impactos para os usuários da Contabilidade e Educação em Contabilidade.

Aline Barbosa de Miranda: Doutora em Educação pela Faculdade de Educação da Universidade de São Paulo (FE/USP). Mestre em Educação e graduada em Pedagogia pela Universidade Federal de Uberlândia (UFU). Atualmente, é professora do Ensino Fundamental da Prefeitura Municipal de Uberlândia e da Pós-graduação da Universidade de Patos de Minas (UNIPAM). Interesses de pesquisa: Ensino e Pesquisa em Didática e Políticas e Gestão da Educação.

Camila Lima Coimbra: Doutora em Educação pela Pontifícia Universidade Católica de São Paulo (PUC/SP). Mestre em Educação pela Universidade Federal de Uberlândia (UFU). Especialista em Educação Infantil e Anos Iniciais do Ensino Fundamental pela UFU. Professora do Núcleo de Didática da Faculdade de Educação na UFU. Pesquisadora do Grupo de Pesquisa Currículo: questões atuais da PUC/SP. Autora do livro *A pesquisa e a prática pedagógica no curso de pedagogia: uma possibilidade de articulação entre a teoria e a prática* (2011). Organizadora do livro *Didática para o ensino nas áreas de administração e ciências contábeis* (2012).

Camilla Soueneta Nascimento Nganga: Doutoranda em Controladoria e Contabilidade pela Faculdade de Economia, Administração e Contabilidade da Universidade de São Paulo (FEA/USP). Mestre em Ciências Contábeis, especialista em Controladoria e Finanças, especialista em Docência no Ensino Superior e graduada em Ciências Contábeis pela Universidade Federal de Uberlândia (UFU). Interesses de pesquisa: Ensino e Pesquisa em Contabilidade e Contabilidade Gerencial.

Cintia Rodrigues de Oliveira Medeiros: Doutora em Administração pela Fundação Getulio Vargas (FGV/SP). Mestre em Administração pela Faculdade de Gestão e Negócios da Universidade Federal de Uberlândia (FAGEN/UFU). Professora da Faculdade de Gestão e Negócios da UFU. Coordenadora de Pesquisas da Faculdade de Gestão e Negócios da UFU. Os interesses de pesquisa são nos seguintes temas: Empreendedorismo Social, Sucessão, Terceiro Setor e Responsabilidade Social.

Christopher Bulaon: Possui Mestrado em Contabilidade pela Universidade de São Paulo (USP) e graduação em Economia pela University of Illinois – Urbana-Champaign (2012). Atualmente, trabalha na área financeira nos Estados Unidos. Foi bolsista da CAPES, pesquisador da Universidade de São Paulo (USP), monitor da disciplina de Ambientes dos Negócios no Brasil e Desenvolvimento dos Talentos Globais sob supervisão do Prof. Dr. Edgard Cornacchione na USP. Seus interesses de pesquisa compreendem assuntos sobre tecnologia na educação em contabilidade.

Cristiano Camargo: Economista, graduado pelo Centro Universitário do Triângulo (UNITRI) com especialização em Auditoria Contábil pela UNITRI e mestrando em Gestão Organizacional pela Universidade Federal de Goiás (UFG). É professor na Faculdade Politécnica de Uberlândia (FPU) nas áreas de Economia (microeconomia e macroeconomia) e Gestão de Custos. Atua como professor no curso de especialização da UNITRI. Interesses de pesquisa: Ensino e Pesquisa em Administração, Gestão de Pequenas Empresas e Empresas Familiares.

Edileusa Godói de Sousa: Doutora em Administração pela Faculdade de Economia, Administração e Contabilidade da Universidade de São Paulo (FEA/USP). Mestre em Administração pela Universidade Federal de Uberlândia (UFU) e graduada em Comunicação Social – Jornalismo pela Faculdades Integradas do Triângulo. Atualmente, é professora da Faculdade de Gestão e Negócios da UFU. Interesses de pesquisa: Empreendedorismo Social, Sucessão, Terceiro Setor e Responsabilidade Social.

Geovana Ferreira Melo: Doutora em Educação; Professora da Universidade Federal de Uberlândia (UFU), na Faculdade de Educação (FACED) e no PPGED

(Mestrado e Doutorado em Educação); Diretora de Ensino da Pró-Reitoria da UFU. E-mail: geovana@faced.ufu.br.

Joyce Menezes da Fonseca Tonin: Doutoranda e Mestre em Contabilidade pela Universidade Federal do Paraná (UFPR). Graduada em Ciências Contábeis e especialista em Gestão Contábil-Financeira pela Universidade Estadual de Maringá (UEM). Professora da UEM. Seus interesses de pesquisa são dirigidos para Contabilidade Financeira, Teoria Contábil e Metodologia do Ensino Superior.

Larissa Couto Campos: Mestre em Ciências Contábeis pela Universidade Federal de Uberlândia (UFU). Graduada em Ciências Contábeis pela UFU. Interesses de pesquisa: Ensino e Pesquisa em Contabilidade e Contabilidade de Custos.

Laudicéia Normando de Souza: Mestre em Controladoria e Contabilidade pela Faculdade de Economia, Administração e Contabilidade da Universidade de São Paulo (FEA/USP). Especialista em Contabilidade de Custo para Gestão de Qualidade e graduada em Ciências Contábeis pela Universidade Estadual da Paraíba (UEPB). Professora da Universidade Federal de Sergipe (UFS), pesquisadora do Grupo de Pesquisa em Contabilidade e Finanças (UFS) e do Grupo de Estudos em Contabilidade Societária (UFRGS). Principais interesses de pesquisa: Ensino e Pesquisa em Contabilidade, Gênero e Identidade.

Layne Vitória Ferreira: Mestranda em Ciências Contábeis, bacharel em Ciências Econômicas e graduada em Ciências Contábeis pela Universidade Federal de Uberlândia (UFU). Bolsista de Iniciação Científica pela Fundação de Amparo à Pesquisa do Estado de Minas Gerais (FAPEMIG). Interesses de pesquisa: Ensino e Pesquisa em Contabilidade.

Mara Alves Soares: Doutora em Geografia pela Universidade Federal de Uberlândia (UFU) e mestre em Contabilidade pela Universidade de São Paulo (FEA-RP/USP). Especialista em Contabilidade e Controladoria pela Universidade Federal de Uberlândia (UFU) e graduada em Administração pela Universidade de Uberaba (UNIUBE). Atualmente, é professora da Faculdade de Gestão e Negócios da UFU. Interesses de pesquisa: Ensino e Pesquisa na Área de Negócios, Custos, Administração Financeira e Gestão Ambiental.

Marcelino Franco de Moura: Mestre em Ciências Contábeis pela Universidade Federal de Uberlândia (UFU). Especialista em Comunicação e Marketing pela Faculdade de Comunicação Social Cásper Líbero e graduado em Administração pela Escola Superior de Ciências Contábeis e Administrativas de Ituiutaba (ESCCAI).

Atualmente, é professor da área de Gestão no Instituto Federal do Triângulo Mineiro (IFTM). Interesses de pesquisa: Gestão de Custos, Marketing e Gestão Ambiental.

Márcia Freire de Oliveira: Graduada em Administração pela Universidade Federal de Uberlândia (UFU), possui mestrado em Engenharia de Produção pela Universidade de São Paulo de São Carlos (2002), Dea Sciences de Gestion Option Management – Université Pierre Mendes France Ecole Supérieure Des Affaires (2003), doutorado em Engenharia de Produção pela Universidade Federal de São Carlos – UFSCAR (2008) e pós-doutorado em Administração pela Faculdade de Economia e Administração e Contabilidade de Ribeirão Preto – Universidade de São Paulo – FEA-RP/USP (2013). É professora adjunta da Faculdade de Gestão e Negócios da UFU.

Nálbia de Araújo Santos: Doutora e Mestre em Controladoria e Contabilidade pela Universidade de São Paulo (FEA/USP), especialista em Auditoria pela Pontifícia Universidade Católica de Minas Gerais (PUC Minas) e graduada em Ciências Contábeis pela Universidade Estadual de Montes Claros (UNIMONTES). Atualmente, é professora colaboradora do Programa de Mestrado Profissional em Administração Pública em Rede Nacional da Universidade Federal de Viçosa (UFV). Interesses de pesquisa: Ensino em Contabilidade, Finanças Públicas e Gestão Orçamentária para a melhoria da prestação de contas e transparência.

Nevison Amorim Pereira: Doutorando em Ciências Contábeis pela Universidade Federal de Uberlândia (UFU), especialista em Gestão Pública pela mesma instituição e graduado em Administração pela Universidade Federal de Viçosa (UFV). Atualmente, é Administrador na Divisão Financeira da UFU. Interesses de pesquisa: Controladoria e Políticas Públicas.

Oscar Lopes da Silva: Mestre em Contabilidade pelo Departamento de Contabilidade da Universidade Federal do Paraná (UFPR). Graduado em Ciências Contábeis e Administração de Empresas. Professor universitário e membro do Grupo de Pesquisa em Contabilidade Financeira do Programa de Pós-graduação em Contabilidade da UFPR. Os interesses de pesquisa são dirigidos para Contabilidade Financeira, Metodologia de Ensino e Avaliação.

Reiner Alves Botinha: Doutorando em Ciências Contábeis e graduado em Ciências Contábeis pela Faculdade de Ciências Contábeis da Universidade Federal de Uberlândia (FACIC-UFU). Atualmente, é docente da Fundação Carmelitana Mário Palmério (FUCAMP). Interesses de pesquisa: Ensino e Pesquisa em Contabilidade e Contabilidade Societária.

Roberto Bernardino Júnior: Doutor em Educação pela Faculdade de Educação da Universidade Federal de Uberlândia (FACED-UFU). Diretor do Instituto de Ciências Biomédicas (ICBIM) da UFU. Interesses de pesquisa: Formação Docente e Pedagogia Universitária.

Romualdo Douglas Colauto: Pós-doutor pelo Departamento de Contabilidade e Atuária da Faculdade de Economia, Administração e Contabilidade da Universidade de São Paulo (FEA/USP). Doutor e mestre em Engenharia de Produção e Sistemas pela Universidade Federal de Santa Catarina (UFSC). Graduado em Ciências Contábeis e Letras. Pesquisador Produtividade do CNPq. Professor da Universidade Federal do Paraná (UFPR) e Líder do Grupo de Pesquisa em Contabilidade Financeira do Programa de Pós-graduação em Contabilidade da UFPR. Os interesses de pesquisa são dirigidos para Contabilidade Financeira, Teoria Contábil e Metodologia do Ensino Superior.

Samuel de Paiva Naves Mamede: Doutorando em Administração de Empresas na Universidade Presbiteriana Mackenzie, mestre em Ciências Contábeis pela Universidade Federal de Uberlândia (UFU). Especialista em Comércio Exterior e Negociação Internacional pela Fundação Getulio Vargas (FGV), em Estatística pela UFU e em Marketing pela Escola Superior de Administração, Marketing e Comunicação (ESAMC). Graduado em Administração pela Escola Superior de Administração, Marketing e Comunicação (ESAMC). Interesses de pesquisa: Econometria Aplicada a Finanças, Mercado de Capitais e Finanças Comportamentais.

Sandro Vieira Soares: Possui graduação em Ciências Contábeis pela Universidade Federal de Santa Catarina – UFSC (2010), mestrado em Contabilidade pela UFSC (2013) e doutorado em Controladoria e Contabilidade pela Universidade de São Paulo – USP (2017). Atualmente, realiza estágio de pós-doutorado em Administração na Universidade do Sul de Santa Catarina (Unisul). Tem experiência em Ciências Contábeis, atuando principalmente com o tema Educação e Pesquisa em Contabilidade.

Sauloéber Társio de Souza: Doutor em Educação pela Universidade Estadual de Campinas (Unicamp). Graduado em Ciências Contábeis pelo Centro Universitário Municipal de Franca (Uni-FACEF); possui graduação e mestrado em História pela Universidade Estadual Paulista Júlio de Mesquita Neto (UNESP). Professor do curso de Pedagogia na Faculdade de Ciências Integradas do Pontal da Universidade Federal de Uberlândia (FACIP-UFU) e do Programa de Pós-graduação em Educação na Faculdade de Educação da Universidade Federal de Uberlândia (FACED-UFU). Linhas de pesquisa: Memória e História da Educação, Educação na Imprensa, História de Instituições Escolares.

Sidney Pires Martins: Mestre em Administração pela Faculdade Novos Horizontes. Pós-graduado em Marketing Estratégico e em Gestão de Pessoas e graduado em Publicidade e Propaganda pela União das Faculdades dos Grandes Lagos (UNILAGO). Professor universitário. Consultor na área de Marketing Estratégico. Os interesses de pesquisa são dirigidos para Metodologia do Ensino Superior, Novas Práticas Docentes, Conflito de Gerações, Sistematização da Cultura de Resultados.

Silvana Malusá: Pós-doutora em Educação/Formação Docente, é professora associada II da Universidade Federal de Uberlândia (UFU), na Faculdade de Educação da UFU (FACED-UFU) e nos PPGED (Mestrado e Doutorado em Educação) e PPGCE (Mestrado Profissional em Comunicação). Coordenadora Pedagógica DINTER/UFU/UNIFAP. Vice-diretora da FACED. Interesses de pesquisa: Formação Docente no Ensino Superior.

Zandra Cristina Lima Silva Queiroz: Mestre em Ciências Contábeis pela Universidade Federal de Uberlândia (UFU). Graduada em Ciência da Computação pela UFU. Interesses de pesquisa: Contabilidade Gerencial, Gestão da Tecnologia da Informação e Pesquisa na Área de Negócios.

Apresentação

Há pouco mais de três décadas, a preocupação com a formação do professor que atua no Ensino Superior começou a fazer parte das discussões dos estudiosos da Educação. Pouco a pouco, essa preocupação foi alcançando outras áreas do conhecimento. Nos dias atuais, tem ficado cada vez mais claro que apenas o domínio do conteúdo – embora seja fundamental no processo de ensino e aprendizagem – não é suficiente.

É evidente que os conhecimentos produzidos na área da Educação são importantíssimos para o ensino superior de modo geral. Todavia, não devem ser desconsideradas as particularidades epistemológicas das diversas áreas do conhecimento, notadamente cursos formadores de bacharéis, como é o caso da área de negócios – Administração, Ciências Contábeis e Economia.

Quando as preocupações com a formação didático-pedagógica sensibilizam os docentes, as buscas por materiais e novas estratégias de ensino são imediatas. No entanto, quando acontecem as buscas, percebe-se que a literatura com escopo na área de negócios (Administração, Ciências Contábeis, Economia, entre outros) é relativamente escassa.

Diante desse cenário, como professores de programas de pós-graduação *stricto sensu* e, portanto, formadores de futuros professores, nos mobilizamos para apresentar à comunidade acadêmica uma contribuição à temática. Conscientes de que a formação docente desejável transcende o domínio de diferentes estratégias de ensino, acreditamos que a disponibilização de uma compilação dessas estratégias poderá contribuir com as práticas docentes atuais.

Foram abordadas quinze técnicas diferentes ao longo do trabalho. Desde as mais tradicionais, como a aula expositiva e o Seminário, até as técnicas mais contemporâneas na área de negócios, como o *Problem-Based Learning* e o *Role-Play*. Em todas elas, houve a preocupação quanto ao processo de ensino e aprendizagem ativo, tendo professor, professora e estudantes como os protagonistas do fenômeno.

No Capítulo 1, **A aula expositiva dialogada em uma perspectiva *freireana***, Camila Coimbra apresenta o percurso de referenciais teóricos e práticos para a utilização dessa estratégia como parte de uma metodologia dialética em uma perspectiva progressista. A colaboradora parte do conceito de ensinagem, de aula operatória e de metodologia dialética para dar sustentação à estratégia, e finaliza a discussão com a problematização sobre possibilidades e limitações da aula expositiva dialogada.

No Capítulo 2, **Visita técnica: uma viagem pela teoria-prática-ensino-aprendizagem**, Edileusa Godói e Edvalda Leal apresentam informações necessárias para o planejamento e a execução dessa "viagem" e enfatizam que, na visita técnica, o estudante conhecerá os processos de funcionamento de uma organização, trocará experiências com profissionais, reforçando e ampliando os conteúdos ministrados em sala de aula, além de oportunizar o desenvolvimento prático daquilo que foi aprendido.

No Capítulo 3, **Ensino e pesquisa: duas faces de uma mesma moeda**, Camilla Nganga e Gilberto Miranda discutem os aspectos que permeiam o ensino com pesquisa no âmbito do ensino superior. Nota-se que o emprego do ensino com pesquisa em sala de aula, além de promover um estreitamento da relação entre teoria e prática, contribui para a formação de profissionais mais dinâmicos e criativos, demanda cada vez maior no mundo do trabalho.

No Capítulo 4, **Grupo de Verbalização/Grupo de Observação (GV-GO)**, Alanna Oliveira e Larissa Campos demonstram que a técnica GV-GO consiste na análise de algum tema, sob a coordenação do professor, em que os alunos são divididos em dois grupos: um de verbalização (GV) e outro de observação (GO). A dinâmica visa desenvolver competências e habilidades críticas no aluno, estimular a participação ativa deste por meio da partilha de ideias e facultar um ambiente propício à discussão e reflexão de novos assuntos.

No Capítulo 5, **Debate: uma técnica de ensino voltada à pluralidade de pontos de vista**, Marcelino Moura, Nevison Pereira e Sauloéber Souza informam que os debates proporcionam, entre alunos e professores, o surgimento de uma pluralidade de pontos de vista no espaço de ensino-aprendizagem. Para tanto, é fundamental que o mediador propicie um ambiente investigativo, demonstrando domínio do conteúdo e fomentando a controvérsia para que se possa chegar a um consenso acerca do que está sendo discutido.

No Capítulo 6, **Seminário: da técnica de ensino à polinização de ideias**, Silvana Malusá, Geovana Melo e Roberto Bernardino Júnior enfatizam que Seminário pode ser utilizado em qualquer momento do processo de ensino-aprendizagem, sendo aplicável tanto em conteúdos teóricos, quanto em conteúdos mais práticos, desde que alinhado aos objetivos educacionais. Essa estratégia contribui de forma significativa para o desenvolvimento de habilidades como comunicação, planejamento, trabalho em equipe, pesquisa, dentre outras.

No Capítulo 7, **O estudo é dirigido, mas o aluno é o piloto!**, Aline Miranda evidencia a versatilidade do método do Estudo Dirigido e discute sobre as três tipologias dos conteúdos: conceitual, procedimental e atitudinal. Demonstra também como elaborar um Estudo Dirigido a fim de promover o desenvolvimento de habilidades autônomas e dinâmicas nos educandos.

O Capítulo 8, **O uso do método do caso de ensino na educação na área de negócios**, evidencia como uma situação-problema pode contribuir para a formação pessoal e profissional dos estudantes. Edvalda Leal, Cintia Medeiros e Layne Ferreira propõem que o aluno assuma o papel de tomador de decisões, ao avaliar a situação e propor medidas que solucionem o problema identificado. Dentre as habilidades desenvolvidas por meio dessa técnica, estão: o trabalho em equipe, a capacidade de raciocínio lógico e analítico, a argumentação, dentre outras. A versatilidade do estudo de caso em poder ser aplicado tanto no ensino a distância, quanto no presencial, talvez seja uma de suas principais vantagens.

No Capítulo 9, **Aprendizagem Baseada em Problemas (ABP) ou *Problem-Based Learning* (PBL): podemos contar com essa alternativa?**, Mara Soares, Reiner Botinha, Sandro Soares, Christopher Bulaon e Silvia Casa Nova enfatizam que o sucesso dessa estratégia depende da qualidade do problema estudado. Esse problema pode apresentar diferentes graus de estruturação, dependendo das habilidades que o docente pretende desenvolver nos estudantes. Com base no guia de sete passos, desenvolvido por Schmidt (1983), é apresentado um modelo de aplicação do PBL.

No Capítulo 10, **Filmes no processo de ensino e aprendizagem**, Douglas Colauto, Oscar Silva, Joyce Tonin e Sidney Martins mencionam que o uso de filmes em sala de aula faz com que os alunos se coloquem diante de cenários reais – mesmo que em um contexto de ficção –, pois permite a interação entre os negócios e a ciência. O aprendizado por meio dos filmes busca impor um ritmo e tornar a aula mais envolvente, além de promover uma conexão do mundo real com a ciência aplicada, desenvolvendo habilidades conceituais, procedimentais e atitudinais.

O Capítulo 11, **Encenando o ambiente de negócios: a representação teatral como técnica pedagógica**, Cintia Medeiros e Zandra Queiroz apresentam os aspectos positivos relativos à dramatização que vão influenciar no desenvolvimento de habilidades dos estudantes, tais como improvisação, estímulo à criatividade, espontaneidade e capacidade de fazer escolhas diante de várias situações que lhes são expostas. Também propõem instrumentos e etapas a serem seguidas para a utilização da dramatização que são demonstradas por meio de um exemplo de aplicação prática.

No Capítulo 12, **O *role-play* (jogo de papéis) aplicado no ensino e aprendizagem**, Laudicéia Souza e Silvia Casa Nova apresentam o *role-play* como um jogo de papéis, no qual pessoas adultas aprendem por meio da brincadeira lúdica. Essa estratégia promove a interatividade pelo uso de encenações, despertando o desenvolvimento de novas habilidades, conhecimentos e atitudes nos discentes de contabilidade, permitindo também uma aproximação com vivências profissionais no ambiente educacional, mais seguro para se cometer erros.

No Capítulo 13, *Storytelling*: **aprendizado de longo prazo**, Alessandra Marques, Gilberto Miranda e Samuel Mamede esclarecem que as histórias (escritas ou faladas) "mexem" com as emoções dos ouvintes. Isso ocorre porque são representadas em dado contexto, mediante situação dramática, clímax e desfecho, o que facilita sobremaneira a significação e assimilação dos conceitos utilizados por parte dos ouvintes, tornando muito mais simples a comunicação entre professor e aluno.

O Capítulo 14, **Painel integrado: envolvendo todos individualmente**, aborda o uso da técnica do painel integrado como mecanismo de incentivo ao trabalho em grupo, estimulando a interação entre alunos por meio de observações e discussões. Cristiano Camargo e Márcia Freire enfatizam que a técnica coloca o aluno como agente ativo do processo de ensino-aprendizagem.

No Capítulo 15, **Prática de campo: desenvolvendo uma atitude científica nos estudantes**, Nálbia Santos discute o dinamismo da prática de campo enquanto estratégia de ensino, já que a técnica permite que o discente vivencie e aprenda praticando. O capítulo busca despertar o interesse pela adoção da prática de campo como estratégia facilitadora no processo de ensino-aprendizagem.

Entendemos que esta "cesta" de possibilidades permitirá aos leitores professores e às leitoras professoras colocar em prática, por meio de diferentes formatos, estratégias cruciais para manter o envolvimento das gerações atuais nos conteúdos dentro ou fora da sala de aula. São diferentes alternativas para o processo de ensino-aprendizagem ativo. As técnicas apresentadas possibilitam explorar discussões, debates, problematizações, ensino × pesquisa, teoria × prática, simulações, jogos etc.

Esperamos que elas possam ser tão úteis a vocês quanto têm sido para nós!

Cordialmente,

As Organizadoras e o Organizador

Prefácio

Muito bom saber e poder constatar que o ensino da Contabilidade tem evoluído, e muito, nesses últimos 50 anos. Sim, meio século, e eu posso dizer isso sem qualquer medo de errar, pois entrei no curso Técnico de Contabilidade em 1965.

Venho exercendo a profissão de professor há mais de 40 anos, mas nunca fui treinado para isso. Óbvio que isso não é "privilégio" meu, mas reconheço que, por falta de uma adequada formação pedagógica, nunca vou conseguir avaliar o que de melhor eu poderia ter feito na minha trajetória profissional.

Hoje, professores de Contabilidade preocupando-se com a formação pedagógica, felizmente, já são uma realidade e não mais algo que, como em meus tempos de estudante, era considerado algo impensável. Ao contrário, nos dias atuais, essa preocupação já é parte de muitos programas de pós-graduação e diversas já são as pesquisas que acabaram por se transformar em dissertações de mestrado e teses de doutorado. Mesmo sabendo-se que este não é um livro pioneiro no ensino da Contabilidade, pode-se afirmar que vem cobrir pontos extremamente relevantes para que cada vez mais possamos aprimorar nossos docentes.

Este livro conseguiu reunir pesquisadores das áreas de Negócios e de Pedagogia, e tem a participação de especialistas em diferentes técnicas de ensino. Dele participaram 30 docentes dos cursos de Administração, Ciências Contábeis, Economia e Educação, que abordam 15 diferentes estratégias de ensino aplicáveis na área de Negócios.

E mais, a definição e distribuição dos capítulos foram minuciosamente estudadas, de forma a poder nos propiciar um amplo conhecimento sobre como explorar e melhorar o ensino da Contabilidade, assim como o de outras áreas. Muito bom ver desenvolvidos temas nos quais são apresentadas possibilidades diferentes de abordagem para que nossos estudantes possam ter o melhor aproveitamento possível daquilo que lhes é apresentado. Lições como "aprender é melhor que memorizar", "o professor não é o centro do processo de ensino, com o aluno participando de forma passiva, e deve possibilitar a criação de ambiente propício à discussão e reflexão de novos assuntos", "constatação de que quando os alunos são envolvidos nas atividades o aprendizado acaba por ser mais profundo", "o professor deve criar mecanismos que, no processo de ensino-aprendizagem, possam induzir ao pensamento crítico e para isso pode, e deve, se utilizar de recursos que vão desde a representação teatral à utilização de jogos e contos de histórias" são didaticamente apresentadas ao longo dos capítulos.

A reunião de todos esses colaboradores, organizados pelos professores Edvalda Araújo Leal, Gilberto José Miranda e Silvia Pereira de Castro Casa Nova, acabou por resultar em excelente material que muito contribuirá para o processo de ensino-aprendizagem na área das Ciências Contábeis, inclusive quando reconhecem que qualquer estratégia de ensino tem suas limitações. Parabéns a todos os autores e a todos nós, professores, por termos, a partir de agora, esta obra à nossa disposição!

Prof. Ariovaldo dos Santos

1

A aula expositiva dialogada em uma perspectiva *freireana*

CAMILA LIMA COIMBRA

*Saber que ensinar não é transferir
conhecimento, mas criar as
possibilidades para a sua própria
produção ou a sua construção.*

(FREIRE, 1996, p. 21)

1. Introdução

Ao receber o convite para fazer este capítulo, iniciamos a pensar sobre as possibilidades de sua realização. Lembramos da fala de um educando, do primeiro período do Curso de Ciências Sociais, grau licenciatura, durante um debate na aula de Didática, em que ele diz:

– Professora, mas como é que faz? Se aula não é assim, o professor falando e nós ouvindo, como é então?

A partir desse questionamento, aceitamos o desafio para realizar uma revisão bibliográfica sobre a aula expositiva dialogada e, ainda, tivemos a oportunidade de compartilhar nossa experiência na docência do ensino superior, na área de Didática.

Assim, levando em consideração essa referência inicial, em que socializamos a nossa mobilização para a escrita, organizamos o capítulo em três momentos. O primeiro, em que respondemos aos seguintes questionamentos: Quais princípios sustentam essa estratégia de ensino? Quais autores da área já fizeram essa reflexão? Qual a fundamentação teórica? Qual método inspira a estratégia? Como compreendo a aula? Em que medida a aula expositiva dialogada rompe a lógica tradicional? Com quais objetivos? O segundo momento, em que nos aprofundamos na estratégia propriamente dita, apontamos: Quem são os personagens/protagonistas aprendentes? Quem são os sujeitos? Em que contexto se encaixam? Em que tempo e espaço? Quais os conteúdos possíveis e tipos de aprendizagem? Por fim, o terceiro momento, em que relatamos a nossa experiência na apropriação da aula expositiva dialogada como uma possibilidade na docência do ensino superior. Encerramos o capítulo com a problematização sobre as possibilidades e limitações da aula expositiva dialogada.

2. Princípios norteadores de uma aula expositiva dialogada

Pensar em uma aula expositiva dialogada significa, necessariamente, pensar sobre quais concepções de ensino e de aprendizagem sustentam essa estratégia em uma prática docente. Quais são os saberes necessários à docência? Quais princípios fundamentam uma aula expositiva dialogada? Em que perspectiva trabalhamos a aula expositiva dialogada? Assim, definir os princípios norteadores dessa estratégia significa pensar em que contexto? Com quais sujeitos? De que forma?

2.1 O contexto e o sujeito mediatizados pelo diálogo

O primeiro princípio norteador dessa prática docente configura-se pelo respeito ao contexto cultural.[1] A realidade, o contexto, as experiências e a vida desse educando devem ser o ponto de partida para uma aula expositiva dialogada. Compreender o eu e o outro em uma relação dialógica, enxergar as relações imbricadas em uma relação ética e, ao mesmo tempo, dialética, configuram-se como princípios fundamentais para uma prática docente progressista.

Ao adotarmos esse princípio como um dos norteadores dessa prática, em uma linha progressista, fazemos a opção por utilizar, para a denominação dos aprendentes,[2] os termos educando e educador. Esses termos sustentam uma ideia de incorporação dos sujeitos como fazedores de história, pois só podemos compreender o ser humano vivendo, histórica e socialmente existindo.[3] O diálogo, nessa perspectiva, torna-se a âncora de um processo formativo.[4] Ou, ainda, quando Freire (1979) apresenta uma definição de diálogo como o encontro no qual a reflexão e a ação, inseparáveis daqueles que dialogam, orientam-se para o mundo que é preciso transformar e humanizar. Segundo o autor, esse diálogo não pode reduzir-se a depositar ideias em outros. Sustenta-se, assim, uma concepção de educação em que a prática educativa traz novos significados tanto para o educador quanto para os educandos.

> *A realidade, o contexto, as experiências e a vida desse educando devem ser o ponto de partida para uma aula expositiva dialogada.*

> *Freire (1979) apresenta uma definição de diálogo como o encontro no qual a reflexão e a ação, inseparáveis daqueles que dialogam, orientam-se para o mundo que é preciso transformar e humanizar.*

2.2 A ensinagem como fundamento e a dialética como método

Como utilizar uma estratégia de ensino sem conceber antes e ao mesmo tempo o seu conceito? De que concepção partem nossas escolhas docentes? Como compreendemos as questões relativas ao processo formativo e nossas escolhas? Para iniciar esse diálogo, é fundamental que o objeto de estudo da Didática, o ensino, seja concebido.

Compreendemos o processo de aprendizagem como um procedimento compartilhado entre os sujeitos aprendentes, o conhecimento e suas relações, a forma de ensinar e a avaliação do processo. Nessa perspectiva, aprender é muito mais amplo que memorizar, significa construir conhecimento, estudar e persistir, utilizar a observação ou a experiência, comparar, refletir sobre as dimensões do conhecimento construído. Assim, o entendimento do ato de ensinar, enquanto atividade social, tem o compromisso de assegurar que todos aprendam; dessa forma, contribuímos para a redução das desigualdades sociais, em uma perspectiva progressista.[5]

Por isso, no exercício da docência, só podemos garantir o êxito na tarefa

> *Compreendemos o processo de aprendizagem como um procedimento compartilhado entre os sujeitos aprendentes, o conhecimento e suas relações, a forma de ensinar e a avaliação do processo.*

de ensinar, e afirmar que houve ensino se, de fato, tiver ocorrido a aprendizagem. Portanto, "o ensino desencadeia necessariamente a ação de aprender" (FREIRE, p. 205), ou, então, não houve ensino.

Acreditamos que todo o processo de ensino-aprendizagem é indissociável das etapas de ensino, aprendizagem e avaliação. Não há momentos estanques ou fragmentados. Aprende-se o tempo todo, em todas as etapas do processo. Então, "a esse processo compartilhado de trabalhar os conhecimentos, no qual concorrem conteúdo, forma de ensinar e resultados mutuamente dependentes, é que estamos denominando de processo de ensinagem" (PIMENTA; ANASTASIOU, 2002, p. 214). Esse conceito de ensinagem configura-se como um pilar de sustentação das estratégias que podemos usar nessa perspectiva, sendo, uma delas, a aula expositiva dialogada.

Outro pilar de sustentação dessa estratégia de ensinagem caracteriza-se pela compreensão de que o ensino e a aprendizagem formam uma unidade dialética no processo, caracterizada pelo papel mediador do educador e pela ação do estudante, mediante tarefas contínuas e integradas dos sujeitos do processo. Nesse sentido, educandos e conteúdos ficam mediados pela ação do educador que mobiliza as ações necessárias para que os educandos desenvolvam seus processos de construção do conhecimento. São três os momentos que configuram a metodologia dialética: mobilização do conhecimento, construção do conhecimento e elaboração da síntese do conhecimento.[6]

A mobilização do conhecimento é o primeiro momento no qual o educador provoca e sensibiliza o educando para despertar o seu interesse pela aprendizagem. Para tanto, devem-se articular os conteúdos com a realidade e o contexto deles, com aulas teóricas e práticas, sempre com significado para os educandos. A construção do conhecimento, segundo momento da metodologia dialética, em que ocorre o envolvimento operacional, da atividade do educando enquanto sujeito ativo que recorre à pesquisa e estuda individualmente, organiza e apresenta seminários e trabalha em grupo, favorece as relações e permite identificar como o objeto do conhecimento se constitui. Nesse segundo momento, Vasconcellos (1995) aponta também algumas categorias que orientam o educador na tarefa de propor as atividades de construção aos educandos, tais como: significação, práxis, problematização, continuidade-ruptura, criticidade, historicidade e totalidade. Na elaboração da síntese do conhecimento, terceiro momento da metodologia dialética, há a consolidação de conceitos, a sistematização dos conhecimentos por meio de uma síntese individual ou coletiva sobre o tema trabalhado.

Por conseguinte, o educador deve ter uma intencionalidade, contida na sua concepção de ensinagem, a qual orientará a escolha e a execução de uma metodologia adequada ao atendimento dos objetivos, dos conteúdos do objeto de ensino e das necessidades específicas dos educandos. Por isso, a linha progressista perseguida nesse capítulo refere-se a princípios que sustentam uma práxis a partir da compreensão do processo de ensinagem e da metodologia dialética. Buscamos, dessa forma, a coerência possível em nossa prática educativa.

2.3 A aula e suas operações

Concebido o processo de ensinagem em uma metodologia dialética, encaramos que a aula deve operar, pois não somente compreendemos como o conhecimento se constrói, mas investigamos como se pode ajudar a construí-lo.[7] Nesse sentido, o trabalho pedagógico junto aos educandos realiza-se, buscando "ensiná-los a pensar, mais do que somente memorizar; ensiná-los a questionar o mundo, mais do que aceitá-lo passivo; ensiná-los a criticar a Ciência, mais do que recebê-la pronta!" (RONCA;TERZI, 1995, p. 51).

A aula operatória, nesse sentido, favorece o desenvolvimento de diversas possibilidades. Por isso, é preciso desafiar e incentivar o funcionamento pleno e criativo do pensamento.[8]

A partir dessa concepção de aula operatória, o educador utiliza estratégias que mobilizam seus educandos, tais como: analisar, compreender, criticar, levantar características, observar consequências, agrupar, comentar, explicar, expor, conceituar, interpretar, comparar, concluir, justificar, resumir, seriar, ler, escrever, dentre outros. Tais operações permitem ao educando compreender o estudo como necessidade para sua formação histórica e crítica, percebendo o significado de cada conteúdo para a formação do sujeito autônomo.[9]

Dessa maneira, as estratégias de ensino podem ser ricas e variadas, buscando superar o ensino livresco, a transmissão mecânica do conhecimento, através da aula tipicamente expositiva, da cópia, da decoração e do uso de instrumentos de verificação da memória. Nesse sentido, buscam-se processos relacionais mais complexos, nos quais as ações dos educadores e educandos possam superar as ações de dar e assistir passivamente às tradicionais aulas expositivas, recorrendo a outras estratégias que permitam a ação ativa do educando, favorecendo a ele a construção e a real apreensão do conhecimento.

> *A aula operatória, nesse sentido, favorece o desenvolvimento de diversas possibilidades.*

> *As estratégias de ensino podem ser ricas e variadas, buscando superar o ensino livresco, a transmissão mecânica do conhecimento, através da aula tipicamente expositiva, da cópia, da decoração e do uso de instrumentos de verificação da memória.*

2.4 Um brinde à ruptura: a aula expositiva dialogada

O título desta seção refere-se a uma estratégia didática adotada em uma participação no Círculo de Cultura. Nele, desfazemo-nos de algumas práticas tradicionais vividas ao longo de nossa trajetória escolar, em busca de uma prática progressista. A inspiração para o brinde à ruptura foi retirada de uma cena do filme *Educadores da liberdade*, em que a professora, apesar de assumir um papel salvacionista de determinada realidade, transforma sua prática em respeito ao contexto cultural dos educandos.

A aula expositiva dialogada surge como uma alternativa às aulas expositivas, em uma concepção de educação bancária em que o professor detém o conhecimento e sua função é transmiti-lo aos alunos que o recebem passivamente.[10]

Dessa forma, as concepções dos sujeitos que participam desse processo de ensinagem são fundamentais, pois partimos deles para criar as possibilidades de uma aula operatória.[11]

Esse diálogo, a partir de tais referências utilizadas, é oriundo de um processo de problematização dessa realidade em que a educação problematizadora rompe com as relações verticais da educação bancária, resultado de outro termo para denominar a relação de aprendentes: educador e educando.[12]

A pergunta é a ferramenta dessa estratégia de ensino, pois, a partir de tal problematização, educadores e educandos, aprendentes de um mesmo processo de ensinagem, interagem para a construção do conhecimento e transformação da realidade. Um sujeito formado nesse processo não assume uma atitude contemplativa, mas, ao contrário, uma responsabilização, um compromisso social e uma autonomia, características fundamentais ao exercício profissional.

3. Personagens e cenários de uma aula expositiva dialogada

De acordo com o dicionário, personagem significa "qualquer pessoa considerada do ponto de vista do seu valor pessoal ou intérprete, protagonista", ou seja, nesse caso, falamos de todos os personagens que compõem essa prática educativa da aula expositiva dialogada: educador e educando, sujeitos aprendentes do processo de ensinagem.

O lugar dos personagens em um teatro denominamos de cenário, e, em tal "trama" pedagógica, é importante pensarmos nesse tempo e nesse espaço que abrigam e acolhem os sujeitos para que a aula aconteça. Por isso, também apresentaremos o tempo e o lugar em que os protagonistas educadores e educandos habitam. Quais são as condições necessárias para a estratégia da aula expositiva dialogada? A essa pergunta é que pretendemos responder na seção 3.1.

3.1 Os sujeitos aprendentes

Por que denominamos os alunos de sujeitos aprendentes? Por que nomeamos professor de educador e estudante de educando? Um primeiro anúncio explica-se a partir do momento em que os significados têm presença no nome que usamos e que representam a nossa filosofia ou concepção do processo e da complexidade da educação.

Em primeiro lugar, os termos são explicados por assumirmos que, em uma relação de ensinagem, os sujeitos que participam desse processo têm, necessariamente, que compreender o seu inacabamento, a sua incompletude. Compreender que são aprendentes, sejam educadores ou educandos, aprendem ao aprender, aprendem ao ensinar, ensinam ao aprender. Parece óbvio, mas precisa ser explicitado. Precisamos desmitificar a figura do educador como detentor do conhecimento. Professor/educador é quem medeia, quem aprende com. Estudante/educando é quem se identifica, quem protagoniza, quem aprende e quem ensina.

Assim, partimos do significado de educador/educando, contido no *Dicionário Paulo Freire* – em que os conceitos aparecem como uma ruptura do paradigma de uma educação bancária[13] –, em busca da construção de uma perspectiva de educação progressista, libertadora e problematizadora.

Nesse sentido, a perspectiva *freireana* de educação problematizadora associa-se, enquanto princípio, a uma estratégia de aula expositiva dialogada, pois pressupõe o princípio da problematização e do diálogo, como já discutido nos princípios deste capítulo.[14]

A aula expositiva dialogada baseada nessa perspectiva compreende o educando como aquele que aprende, problematiza, dialoga, conhece, interage, participa, cria, critica, conscientiza-se de seu papel nesse mundo e com o mundo.[15]

A função do educador em uma aula expositiva dialogada, como aparece desde a epígrafe deste artigo, é problematizar, trazer as perguntas, compartilhar a realidade, questionar, experienciar, conhecer, aprender, libertar, humanizar. Por isso, nesse processo de ensinagem, denominamos esse educador de aprendente.

> *A aula expositiva dialogada baseada nessa perspectiva compreende o educando como aquele que aprende, problematiza, dialoga, conhece, interage, participa, cria, critica, conscientiza-se de seu papel nesse mundo e com o mundo.*

3.2 Tempos e espaços

"O tempo, artifício de nosso cérebro, na busca de apreender no mundo eventos distintos e sequenciais, definido por Aristóteles como espaço de instante que dura entre um antes e um depois, teve definições infinitas" (STRECK; REDIN; ZITKOSKI, 2008, p. 401).[16]

Quem teria inventado o tempo? Não o tempo do relógio, mas o tempo das "coisas"... Quem inventou o tempo de uma aula de 50 minutos? Qual estudo feito para esse tempo? Por que acreditamos que esses 50 minutos são o necessário para uma aula?

Felizmente, muitos estudos já demonstram a ineficácia de determinar o mesmo tempo para a aprendizagem de sujeitos tão diferentes. Nesse sentido, a psicologia da educação já comprovou que as aprendizagens se dão de formas diferentes. Coerente com esse princípio, o tempo da aula expositiva dialogada não pode ser determinado, rigorosamente, *a priori*. O que podemos afirmar é que, para essa lógica problematizadora, 50 minutos tornam-se um tempo muito curto. **Defendemos as aulas geminadas em que possa ocorrer mais de uma aula em sequência**: pensar em 100 minutos, no mínimo.

O tempo está sujeito ao contexto, aos sujeitos e a cada realidade. Além disso, pensar no espaço para esse tempo também se transforma em um aspecto importante do processo. Onde? Que lugar abrigaria uma aula expositiva dialogada?

Se essa perspectiva pretende romper com paradigmas tradicionais, visando a uma outra lógica do processo de ensinagem, compreendemos que o espaço também deve ser organizado. O educador à frente configura essa concepção que desejamos romper. Assim, a sugestão é de que a organização da sala seja realizada sob a forma de um círculo onde educador e educando circulem com suas aprendizagens.

3.3 Conteúdos

Quais conteúdos podem ser trabalhados na aula expositiva dialogada? Fazemos a pergunta ao contrário: quais conteúdos não podem ser trabalhados por essa estratégia? Não vemos qualquer impossibilidade de conteúdo, se pensarmos no significado dessa palavra de forma mais ampla.

Qualquer conteúdo/conhecimento que não seja verdade uniforme e absolutizada é passível de se apropriar de uma estratégia que o problematize, que o coloque em sua relação com o contexto, que amplie suas conexões, que integre os saberes que estão na realidade, que o aproxime dos sujeitos.[17]

Os conteúdos transitam em uma prática educativa que demonstre estabelecer um processo de ensinagem, em uma metodologia dialética, por meio de uma estratégia que relacione os personagens/protagonistas, educando e educador, em um cenário no qual circulem os tempos e os momentos de cada sujeito. A leitura de mundo atravessa o conteúdo nessa perspectiva, pois acreditamos em um processo de transformação individual e coletiva. Aprender transforma, modifica, conscientiza, liberta.

> *Qualquer conteúdo/conhecimento que não seja verdade uniforme e absolutizada é passível de se apropriar de uma estratégia que o problematize.*

4. Exemplo prático: passos de uma aula expositiva dialogada

A partir da reflexão sobre a prática docente, várias foram as construções de uma prática de aula expositiva dialogada. Já fizemos e refizemos vários caminhos nessa busca. E esse não pretende ser o fim de um caminho, mesmo porque, citando o professor Marcos Masetto, "*Não há livro que termine, se fala de coisa que anda.*" Cada educador comprometido com o processo de ensinagem deve ser criativo em suas decisões e definições, a partir de suas concepções e saberes práticos que vão constituindo-se em nossas experiências. Esse exemplo é fruto de tal experiência. Não conseguimos compreender essa estratégia de outra forma que não seja em seu movimento.

Um movimento dialético mesmo. Ora parecemos negá-lo, ora nos parece contraditório para determinadas realidades. Ora sua complexidade atropela as expectativas, ora os educandos atravessam os sentidos e modificam a prática. Assim, acreditamos que o processo de ensinagem aconteça, levando em consideração esse sujeito múltiplo e contraditório que somos, seres aprendentes.

Com o objetivo de esclarecer ou detalhar essa estratégia, desenvolvemos alguns passos que transformam, criam e recriam tais princípios defendidos para a incorporação da mesma em nosso cotidiano docente. Os passos não têm a intenção de determinar a ação docente, mas de nortear uma prática, a partir dessa estratégia.

São os seguintes os passos propostos: inspiração, problematização, reflexão, transpiração e síntese. Não há uma ordem sequencial linear e rígida, mas há uma lógica na sua articulação com as categorias da metodologia dialética que gravitam em torno de qualquer tema a ser trabalhado com essa estratégia. Não conseguimos compreender qual temática não seria aplicável a ela, pois qualquer tema/conteúdo, como já explicitado, pode ser assunto para uma aula expositiva dialogada.

A **Inspiração** é o primeiro momento da aula, em que o educador deve trazer algo que mobilize para aquele conhecimento: Como inspirar os seres aprendentes para o conhecimento? Quais sentidos? Quais significados? O que esse tema tem de interessante para o grupo de educandos? Quais interesses e desejos se entrecruzam? É importante que sejam utilizadas outras linguagens: um poema, uma música, um trecho de filme, uma charge, uma situação concreta da realidade, um relato de uma história que traga os educandos para o assunto. O termo *inspiração* foi trazido para dar margem ao processo criativo dos aprendentes. Por que esse tema me inspira? Que razão traz a sua existência? Que emoção é provocada por ele?

> *Inspiração* é o primeiro momento da aula.

Uma dica importante para a Inspiração é conhecer o universo dos educandos, pois uma música pode trazer inspiração ou não, por isso a importância de partir da realidade do grupo. Qual o perfil dos educandos? Quem são? Do que gostam? Em que fase do desenvolvimento estão? **Inspirem-se!** (Tempo: 10 a 15 minutos.)

> *O segundo passo é denominado* **Problematização**.

O segundo passo, denominado **Problematização**, é o momento em que o educador relaciona o tema/conteúdo à realidade por meio de questões que o problematizem. Nesse momento, é necessário buscar dados da realidade, situações concretas, reportagens de jornais e revistas, estatísticas, dentre outras que possam problematizar o conhecimento.[18]

Esse momento acontece por meio de perguntas que sejam provocadoras tanto por parte do educando quanto do educador. "A pergunta certa – no sentido de busca metódica e rigorosa – se fundamenta na criatividade, no invento, no reinvento, no permanente fazer e refazer. A prática educativa problematizadora põe ênfase nos desafios [...]" (STRECK; REDIN; ZITKOSKI, 2008, p. 320).

Uma dica importante para a Problematização: para criar a pergunta, é importante acreditar que o conhecimento não é algo abstrato, descontextualizado e absolutizado. Por isso, a realidade é convidada a problematizar esse conhecimento, por compreender a complexidade dessa relação, exigindo, assim, a análise a partir de sua totalidade e de sua historicidade. **Perguntem-se!** (Tempo: 15 a 20 minutos.)

> *O momento da* **Reflexão** *é o terceiro passo.*

O momento da **Reflexão** é o terceiro passo dessa estratégia e o mesmo exige um movimento individual e coletivo para que educando e educador possam pensar sobre o assunto: O que sabemos? Esse movimento é denominado de síncrese, na metodologia dialética. Quais experiências já tiveram com essa temática? Já ouviram algo sobre? O que gostariam de saber a respeito disso? Momento mediado pelo educador, mas de conversa e diálogo entre os aprendentes (educador e educando).

Dica importante para a Reflexão: é fundamental que os aprendentes sejam instigados a contar o que sabem sobre o tema/conteúdo a ser estudado. Para isso, é importante que o educador não julgue as considerações, pois muitas delas serão do senso comum, da experiência vivida. É tarefa do educador pensar em estratégias de escuta e compartilhar o que já sabe sobre o tema/conteúdo. Como fazer? Qual será o fio condutor dessa escuta e desse compartilhamento? Pode ser usado um trecho de filme, uma dinâmica, uma charge ou algo que ajude no exercício da fala por parte dos aprendentes. **Reflitam!** (Tempo: 15 a 20 minutos.)

A **Transpiração**, quarto passo dessa estratégia, é o momento de estudo propriamente dito sobre o tema/conteúdo/conhecimento. Pode ser individual ou coletivo, depende do assunto e da realidade de cada espaço/tempo. O educador deve propor um roteiro ou fazer coletivamente o planejamento desse estudo. Quais as referências? Onde e o que devem procurar? Socializar os lugares e possibilidades

> *A* **Transpiração** *é o quarto passo dessa estratégia.*

de acesso à informação é tarefa do educador, e aprofundar em leituras e estudos é tarefa do educando.[19]

Os termos *inspiração* e *transpiração* foram incorporados de um portfólio de uma artista na área das Artes Visuais. Tais termos demonstram o seu processo criativo com a inspiração e a transpiração necessárias para produzir/construir seu trabalho. Esse passo da aula tem a mesma conotação, pois a ideia é que, nesse momento, existam a transpiração e o esforço por parte de todos os envolvidos no processo para que a ensinagem se efetive. Como não está dado, como não é transmitido, é necessário o movimento da busca, da construção desse conhecimento. Momento de sair do "senso comum" (que foi o ponto de partida) e buscar o diálogo com outros saberes que nos ajudam a ampliar os nossos conhecimentos e leitura de mundo. É necessário "suar o pensamento".

Dica importante da Transpiração: o tempo de uma aula, geminada, 100 minutos, exige que o educador leve alguns livros, textos e artigos para a sala de aula. Outra possibilidade é contar com a leitura prévia dos textos para que no momento de transpiração possa ocorrer o debate, a discussão. Esse momento pode ser trabalhado em pequenos grupos, duplas; no grupo maior, depende do conhecimento/conteúdo da aula. **Transpirem!** (Tempo: 40 a 50 minutos.)

A **Síntese**, movimento final dessa estratégia, é a capacidade individual e coletiva de incorporar o aprendido e apreendido para compartilhar, seja de forma escrita, oral ou de ambas. Podem-se utilizar diversas linguagens para fazer a síntese, pois compartilhar aprendizagens não significa, necessariamente, apresentar oralmente o que aprendeu. Pode-se fazer um recorte e compartilhar a parte mais significativa do processo, sempre em relação ao conhecimento, tema da aula em questão.

> A **Síntese** é o movimento final dessa estratégia.

Uma dica importante da Síntese: usar a criatividade para surpreender. A pergunta a ser feita: o que foi mais significativo nesse processo? Isso que será importante compartilhar! O que fez o educando apropriar-se do tema e encantar-se pelo conhecimento? **Sintetizem!**[20] (Tempo: 20 minutos.)

Inspirar, problematizar, refletir, transpirar e sintetizar são cinco verbos operativos que indicam o caminho de uma prática que se impõe dialógica. O meio é o diálogo e o fim, o processo de ensinagem que reinicia um novo processo que pretende ser inacabado, contínuo, permanente. Uma aula expositiva dialogada desdobra-se em outro tema que indica outro caminho, que navega em outros formatos, que vão sendo articulados pelos seres aprendentes nessa perspectiva. A aula, assim, não precisa acontecer com um falando e muitos ouvindo, podemos romper com essa estrutura de aula e transformá-la em algo rigoroso e, ao mesmo tempo, significativo.

> Uma aula expositiva dialogada desdobra-se em outro tema que indica outro caminho, que navega em outros formatos, que vão sendo articulados pelos seres aprendentes nessa perspectiva.

5. Considerações finais: os limites e as possibilidades da estratégia

Para compreendermos as possibilidades da estratégia da aula expositiva dialogada, voltemos ao termo *estratégia*, pois as estratégias possuem uma característica instrumental, visto que estão voltadas para a consecução de objetivos definidos e para a eficiência do processo de ensino-aprendizagem. "Não existem técnicas boas ou ruins. Temos estratégias adequadas (ou inadequadas) aos objetivos que pretendemos alcançar."[21]

Um professor que sabe escolher adequadamente e que varia as estratégias utilizadas favorece uma série de situações educativas, tais como: dinamismo nas aulas, participação dos educandos, integração e coesão grupal, motivação e interesse dos educandos, atendimento às diferenças individuais (nem todos aprendem com as mesmas técnicas), criatividade do educador e do educando, dentre outras.[22]

Assim, uma estratégia deve ser compreendida a partir de um contexto, mediatizada pelos sujeitos que dela fazem parte, em busca de um processo de ensinagem. Precisa ser datada, localizada e responder a determinados objetivos.

> *Uma estratégia deve ser compreendida a partir de um contexto, mediatizada pelos sujeitos que dela fazem parte, em busca de um processo de ensinagem.*

Sua limitação restringe-se a incorporá-la como uma estratégia única, retomando a premissa comeniana de um método único a todos. Na atualidade, trabalhar apenas com uma estratégia seria incompatível com a realidade de nossos sujeitos aprendentes que mudam e se transformam o tempo todo, numa velocidade e num tempo ligeiros que exigem a percepção da compreensão desse processo como movimento.

Qualquer estratégia de ensino terá suas possibilidades e suas limitações. O importante, nessa concepção progressista, é que o educador tenha clareza de seus princípios ao fazer as escolhas e, além disso, que considere os objetivos e finalidades de sua participação na formação do educando. Ao adotar a perspectiva progressista, entendemos que tenha esclarecido que nos comprometemos e nos responsabilizamos por uma formação para além do conhecimento em si, mas que atinja o sujeito em suas relações/transformações com o mundo. Nesse compromisso, a estratégia da aula expositiva dialogada apresenta-se como uma possibilidade real de estabelecer uma relação entre os aprendentes, incorporando componentes que farão parte do processo de ensinagem.

> *O importante é que o educador tenha clareza de seus princípios ao fazer as escolhas e, além disso, que considere os objetivos e finalidades de sua participação una formação do educando.*

Haveria também outra limitação ao percorrer os passos da aula expositiva dialogada, como se fossem passos lineares e inflexíveis, pois a ideia dos passos de uma caminhada é que não sejam iguais, que sejam reinventados pelo processo criativo de cada educador ao se apropriar desse movimento. Ensinar exige a corporeificação das palavras pelo exemplo.[23] Essa é a tentativa de materializar um discurso que se vive na prática. Mais ainda, compartilhar saberes produzidos na experiência que articula saberes teóricos e saberes pedagógicos fundamentais para o exercício reflexivo de uma prática docente progressista.

Esperamos, dessa forma, ter contribuído para o alcance dos objetivos deste livro, bem como na consolidação de estratégias de ensino para o ensino superior, rompendo com a lógica tradicional de ensino e de aprendizagem como dimensões estanques, para a compreensão do processo de ensinagem e suas implicações na formação de sujeitos aprendentes.

2 Visita técnica: uma viagem pela teoria-prática-ensino-aprendizagem

EDILEUSA GODÓI DE SOUSA

EDVALDA ARAÚJO LEAL

O mundo da educação passa a acontecer, cada vez mais, fora de sala.

(MONEZI; ALMEIDA FILHO, 2005)

1. Visita técnica – o porquê da viagem

As atividades pedagógicas realizadas fora do ambiente da sala de aula podem cons-tituir-se como um importante instrumento de aprendizagem, na medida em que se mostram como alternativas para o ensino.

No contexto da educação fundamental, são utilizadas algumas expressões para se referir às aulas desenvolvidas fora do espaço escolar. Destacam-se: excursões, ativida-des extraclasse, trabalhos de campo, visitas guiadas, visitas técnicas e outras. O termo *visita técnica* é o mais utilizado nos cursos de graduação para se referir à observação das atividades práticas e situações reais de uma organização em pleno funcionamento.

A possibilidade de usar espaços diferentes do tradicional ambiente acadêmico desperta uma nova sensação nos alunos. Entender os processos de funcionamento de uma organização, trocar experiências com profissionais, reforçando e ampliando os conteúdos ministrados em sala de aula, além de oportunizar o desenvolvimento prático do que foi aprendido, são fatores que determinam a participação e aceite de grande parcela dos estudantes.[1]

As práticas educativas fora da sala de aula, como metodologia didático-pedagógica, implicam duas formas de relação do discente com local a ser visitado: a primeira está relacionada ao conhecimento previamente aprendido em sala de aula, o qual será entendido de maneira mais ampla *in loco*; a segunda corresponde às experiên-cias participativas, contemplativas e perceptivas do ambiente visitado. Logo, a visita técnica pode se tornar uma ferramenta auxiliar na contextualização, compreensão e fixação dos conteúdos ministrados em sala de aula, ao passo que modifica a dinâmica de exposição de temas.[2]

A visita técnica é um recurso didático-pedagógico que obtém ótimos resultados educacionais. Por meio dessa estratégia, os alunos, além de ouvir, podem ver e sentir a prática da organização, o que torna o processo mais motivador e significativo para a aprendizagem.[3]

Além disso, nesses momentos, fora dos muros da escola, os alunos podem expres-sar-se livremente, experimentar, realizar descobertas, pôr em prática o seu senso de cooperação, refletindo sobre suas atividades individuais e coletivas. O que se pode chamar de "tateamento experimental": uma atividade de formular hipóteses e testar sua validade. A saída para estimular os alunos a realmente crescer é fácil: "Basta você prever atividades suficientes – felizmente, há muitas –, para alimentar a necessidade de criar e de realizar". Esse pensamento está baseado em quatro pilares: (1) cooperação: para que o conhecimento seja construído comunitariamente; (2) comunicação: para formalizar, transmitir e divulgar tal conhecimento; (3) documentação – registro de fatos; (4) afetividade – vínculo entre as pessoas e entre as pessoas e o conhecimento.[4]

A realização da visita técnica apresenta-se como de extrema relevância para os alunos da graduação, de modo geral. Isso porque tal atividade visa ao encontro do acadêmico com o universo profissional, proporcionando aos participantes uma formação mais ampla. Por intermédio da visita técnica, é possível observar o ambiente real de uma organização em pleno funcionamento, além de ser possível verificar a dinâmica da mesma, sua estrutura organizacional, bem como os demais fatores teóricos implícitos nela.[5]

> *A realização da visita técnica apresenta-se como de extrema relevância para os alunos da graduação, de modo geral. Isso porque tal atividade visa ao encontro do acadêmico com o universo profissional, proporcionando aos participantes uma formação mais ampla.*

Assim, destaca-se a importância da visita técnica como forma de rever os conceitos teórico-metodológicos, à medida que novos conceitos são construídos a partir das observações feitas no desenvolvimento técnico-científico e reforçados pelo método da visita técnica.[6]

Portanto, a visita técnica busca complementar o ensino e a aprendizagem, dando ao aluno a oportunidade de visualizar os conceitos aprendidos e discutidos em sala de aula.

2. Pelos caminhos do conhecimento

A visita técnica consiste em uma atividade, na qual, orientados pelo professor, os alunos dirigem-se a um local específico com o intuito de desenvolver um conjunto determinado de aprendizagens. Sob o prisma da aprendizagem, a visita técnica pode ser considerada uma técnica que possibilita o desenvolvimento de conteúdos, habilidades e atitudes específicas fundamentais para a formação do aluno. Essa metodologia coloca o aluno em contato direto com a práxis, já que ele pode acompanhar a ação tendo como base as reflexões e a teoria desenvolvida antes, durante e até em um momento posterior à visita técnica. Além disso, a partir das práxis propostas, que levem às mudanças de certos aspectos observados, pode servir de motivação para que o aluno reflita sobre soluções aplicáveis a outros contextos.[7]

Nesse sentido, a visita técnica visa o encontro do acadêmico com o universo profissional. Isso proporciona aos participantes uma formação mais ampla e completa, pois coloca o aluno diretamente em contato com as atividades pertinentes à sua formação.[8] Ressalta-se ainda que a visita técnica "é uma forma de imersão do aluno no mercado de trabalho, de forma que o mesmo possa conhecer as etapas do processo produtivo de uma empresa, na prática".[9]

A visita técnica tem papel complementar na aprendizagem dos alunos, na medida em que ela instiga o espírito observacional e investigativo destes. Em virtude disso, o método desperta o interesse dos estudantes pelos conteúdos abordados em sala de aula, favorecendo o aprendizado dos mesmos. Além disso, a visita técnica se mostra também como uma maneira de dinamizar as aulas, uma vez que, por meio dela,

> *Pode-se considerar a visita técnica como uma prática interdisciplinar de campo.*

os alunos podem contar com diferentes elementos para contrastar com os conteúdos conceituais expostos em sala de aula. Pode-se considerar a visita técnica como uma prática interdisciplinar de campo. Entretanto, "[...] existe a necessidade do aluno reconhecer-se inserido no contexto de problemáticas locais e globais onde as questões socioambientais perpassam por variadas profissões e ramos do conhecimento".[10]

Assim como outras estratégias de aprendizagem, a visita técnica requer planejamento. Esse planejamento visa definir o local a ser visitado, o número de alunos e professores que serão envolvidos, a disponibilidade de recursos, as disciplinas que poderão ser relacionadas, o apoio da instituição de ensino, bem como os objetivos de aprendizagem a serem buscados. Destacam-se três cuidados básicos que devem ser considerados ao se utilizar a visita técnica como estratégia de aprendizagem: (1) a integração com o assunto estudado; (2) a preparação conjunta com os alunos; (3) a conscientização de que a visita técnica não se esgota nela mesma. O primeiro relaciona-se com a práxis, já que toda ação necessita de uma reflexão e de uma teoria que a justifique. Quanto ao segundo cuidado, ele estaria ligado à participação dos alunos no planejamento da visita técnica, a fim de inseri-los no processo. Após definir essa estratégia, bem como o modo como ela será desenvolvida, observa-se que também há trabalho a ser feito depois de a visita ter sido realizada, pois é nesse momento que serão utilizados os materiais elaborados pelos alunos, tais como: os relatórios, os vídeos, as fotografias, os folhetos recolhidos no local, as entrevistas, dentre outros.[11]

Importante esclarecer que "esse trabalho pós-visita se faz necessário para que se atinjam os objetivos de gerar propostas de transformação ou, mesmo, de encontrar pontos positivos, nos casos considerados de sucesso". Chama-se a atenção para as situações comuns, em que a visita técnica não é planejada em conjunto com os alunos. Quando isso acontece, os alunos acabam encarando a visita apenas como uma oportunidade de conhecer locais novos, como mero entretenimento. Isso não quer dizer que esses dois aspectos não possam ser contemplados. Entretanto, "a partir do momento em que existe um planejamento conjunto, um trabalho que envolva um 'antes', um 'durante' e um 'pós-visita técnica', integrado ao que está sendo desenvolvido no curso como um todo, surgem as vantagens já descritas em relação às estratégias de aprendizagem". Esse planejamento em conjunto é importante para se pensar em uma visita técnica democrática.[12]

Porém, existe um fator imprescindível para que isso seja viabilizado: a comunicabilidade. "Uma das tarefas essenciais da escola, como centro de produção sistemática de conhecimento, é trabalhar criticamente a inteligibilidade das coisas e dos fatos e sua comunicabilidade."[13]

A comunicabilidade é, muitas vezes, esquecida nas visitas técnicas. Geralmente, realiza-se a visita, tiram-se as conclusões e essas não são comunicadas ao local ou à localidade visitada. É possível sim pensar em várias maneiras de se comunicarem as reflexões trabalhadas ao longo da visita técnica. Sugere-se, por exemplo, a realização de um pequeno Seminário no local visitado, para que os alunos possam tanto expor seus relatórios como também dialogar com os "personagens locais", de modo a buscarem soluções em conjunto para os problemas encontrados. Ou, ainda, a realização de um Seminário na própria instituição de ensino que conte com a participação de representantes da localidade visitada.[14]

Ao enfatizar a importância da visita técnica no processo de ensino-aprendizagem discute-se o conjunto de relações entre a empresa e a universidade, "considerando que ambas são geradoras de conhecimento e de valor. Assim, um programa de visitas técnicas pode atuar como auxílio na necessidade de compatibilizar o comportamento científico com o empresarial".[15]

Com base nesse contexto, apresentam-se os seguintes argumentos favoráveis à aplicação da visita técnica:

> Em relação aos discentes – é notável como os alunos absorvem muito mais o que aprendem e compartilham com os colegas seu aprendizado e experiência.
>
> Em relação aos docentes – de uma maneira interdisciplinar, os professores precisam estar inteirados sobre a temática proposta, devendo trabalhar em conjunto para um melhor aproveitamento do ensino.
>
> Em relação ao mercado e à profissionalização – as visitas técnicas, aplicadas de maneira correta e produtiva, certamente contribuirão para o melhor desempenho dos alunos, fazendo com que eles possam vivenciar e entender o mercado em que estão inseridos, tornando-se profissionais conscientes e atentos à realidade atual.[16]

A visita técnica é reconhecida[17] como sendo uma estratégia de ensino que colabora para a "aprendizagem experiencial", ou seja, trata-se de um processo em que a experiência do estudante é refletida e, a partir daí, surgem novos aprendizados. As Figuras 1, 2 e 3 esquematizam o processo da aprendizagem experiencial e o Valor Educativo dessas atividades.

A aprendizagem experiencial ilustra as habilidades proporcionadas pelo contato com a realidade. Esse contato com a prática permite o desenvolvimento de projetos, a resolução de problemas, oportuniza o desenvolvimento pessoal e a administração de conflitos, favorece a análise da mudança social, além de possibilitar que as etapas do treinamento em serviço sejam também conhecidas. Nesse sentido, a Figura 2 apresenta o ciclo de aprendizagem experiencial.

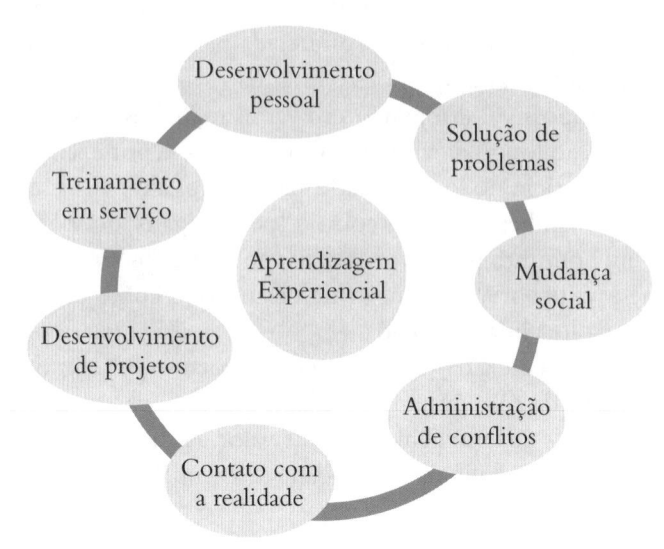

Fonte: Gil (2006, p. 215).[18]

Figura 1. Atividade experiencial

Fonte: Gil (2006, p. 215).[19]

Figura 2. Ciclo de aprendizagem experiencial

O ciclo da aprendizagem experiencial[20] inicia-se na experimentação ativa. No caso da visita técnica, o participante vivencia uma atividade na qual ele tem a oportunidade de experimentar o desenvolvimento de determinados processos. Nesse momento, a experiência concreta é proporcionada e envolve conhecer a realidade de determinada organização por meio da realização de suas atividades. A observação feita pelos participantes da visita técnica tem um propósito reflexivo, pois os mesmos deverão vincular as etapas observadas com a teoria estudada em sala de aula, apontando as melhores práticas e limitações percebidas com essa observação.

É importante ressaltar que, para que as atividades experienciais tragam contribuições para o processo educativo, o responsável pela atividade deve analisar as etapas indicadas, as quais são apresentadas na Figura 3.

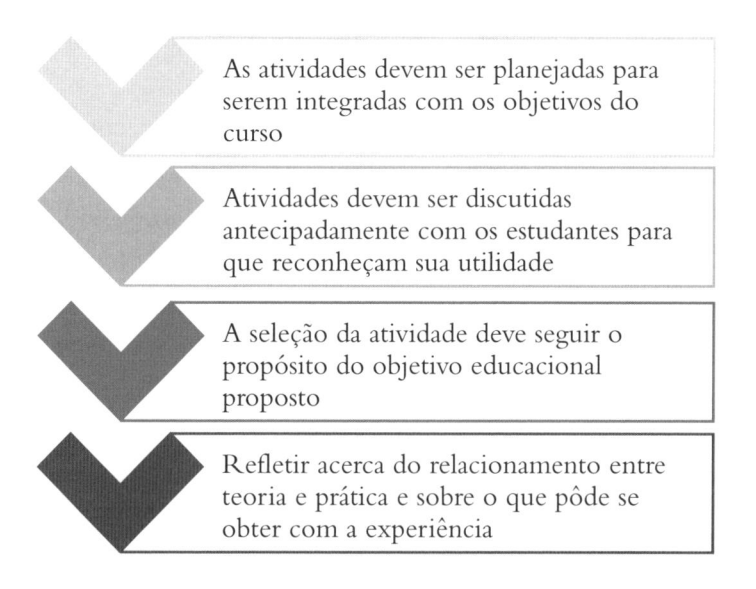

As atividades devem ser planejadas para serem integradas com os objetivos do curso

Atividades devem ser discutidas antecipadamente com os estudantes para que reconheçam sua utilidade

A seleção da atividade deve seguir o propósito do objetivo educacional proposto

Refletir acerca do relacionamento entre teoria e prática e sobre o que pôde se obter com a experiência

Fonte: Gil (2006, p. 217).[21]

Figura 3. Valor educativo das atividades experienciais

Ao observar essas etapas, no que se refere à busca pelo valor educativo na visita técnica, observa-se a relevância do papel do responsável pela atividade, exercido, na maioria das vezes, pelo professor. Suas atribuições, por sua vez, envolvem o planejamento, o envolvimento ativo dos estudantes, a seleção adequada do local e a conexão da teoria com a prática proporcionada pela atividade.

Portanto, a partir desse quadro teórico, a visita técnica pode ser vista como uma atividade muito enriquecedora. Isso porque ela "permite ao aprendiz desenvolver aprendizagens cognitivas, de habilidades e de valores ou atitudinais".[22]

Diante dessa visão conceitual, observa-se que a preocupação com a base metodológica é essencial para a obtenção de um bom resultado no que diz respeito ao trabalho que foi preestabelecido. Logo, as elaborações dos objetivos propostos devem ser difundidas na análise positiva dos resultados a serem obtidos posteriormente.

3. Direcionando a bússola – objetivos educacionais

Os objetivos educacionais podem ser definidos como sendo os resultados desejados e previstos para a ação educativa. "São os resultados que o educador espera alcançar com a atividade pedagógica."[23]

São vários os objetivos relevantes para a utilização da visita técnica.[24] Dentre eles, destacam-se:

- levar os acadêmicos a estabelecer relações entre o conteúdo teórico e a prática;
- exercitar as habilidades de análise, observação e crítica;
- interagir criativamente em face dos diferentes contextos técnicos e produtivos;
- aliar o conhecimento sistematizado à ação profissional;
- buscar o desenvolvimento da visão sistêmica;
- interagir com os diferentes profissionais da área, com vistas a ampliar e aprofundar o conhecimento profissional;
- estimular o aluno à pesquisa científica e à pesquisa de campo.

Todos esses objetivos convergem para o aprofundamento do conhecimento e a compreensão das teorias estudadas.[25] Dessa forma, quanto mais simples e objetivos forem os métodos utilizados nas visitas técnicas, mais rápido se obtém uma resposta para os objetivos formulados. Assim, a Figura 4 sugere alguns procedimentos para a realização de visita técnica.

O primeiro procedimento para a organização da visita técnica é a escolha do local e a verificação da viabilidade da mesma. Normalmente, isso requer um contato inicial com o lugar, bem como uma autorização prévia para a visita. A segunda etapa refere-se ao planejamento dos objetivos buscados pela atividade, de modo que o professor deverá definir qual é o propósito da visita técnica. Quanto aos procedimentos anteriores à visita técnica, o professor deverá apresentar a atividade aos estudantes, a forma como será realizada a visita, os objetivos pretendidos, além de divulgar como será feita a avaliação da atividade e os aspectos a serem observados pelos participantes durante a mesma.

A atividade de campo contará com a coordenação do professor e terá o acompanhamento de um representante da empresa visitada. Contudo, cabe ao professor apresentar o roteiro da atividade e evidenciar os principais pontos a serem observados na organização-alvo. Realizada a visita, os participantes deverão descrever as etapas observadas e os principais objetivos alcançados com a visita. É recomendável que seja solicitado um relatório da visita técnica, a fim de documentar os resultados apontados por cada estudante. Recomenda-se que o professor responsável pela visita propicie, em conjunto com os participantes, relatos sobre os principais resultados alcançados e a avaliação da atividade.

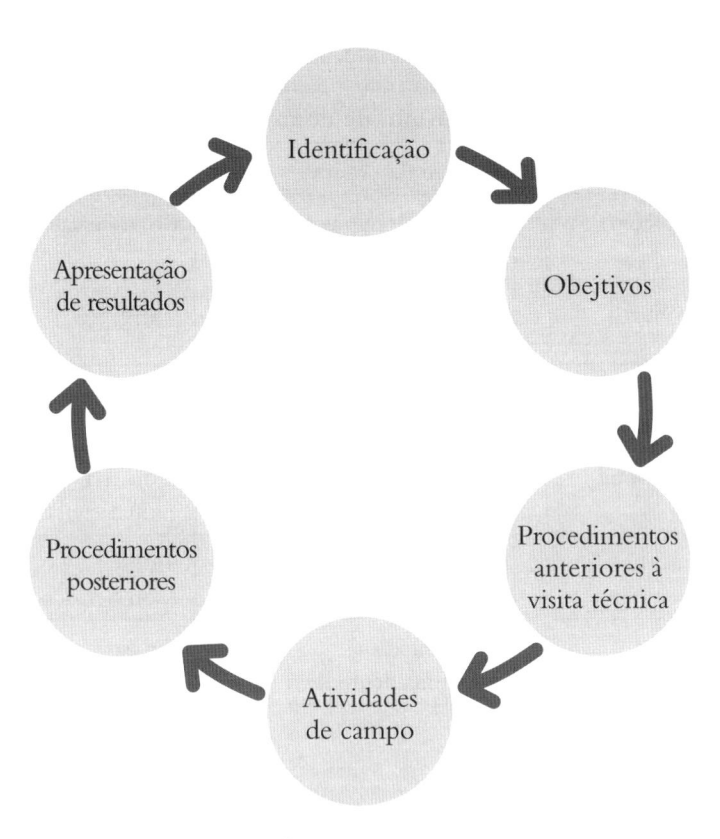

Fonte: Monezi e Almeida Filho (2005, p. 7).[26]

Figura 4. Procedimentos para visita técnica

4. Traçando o roteiro – para onde ir?

A visita técnica pode ser realizada com o intuito de obter informações sobre as melhores práticas executadas nas diferentes áreas das empresas, tais como: produção, logística, vendas, recursos humanos, financeira, contabilidade, marketing, tecnologia de informação, dentre outras. São diversos os conteúdos indicados para a aplicação da visita técnica, sendo, principalmente, aqueles que relacionam teoria e prática. O Quadro 1 ilustra exemplos de algumas áreas e seus respectivos conteúdos, que poderão ser complementados com a atividade visita técnica.

Diante do quadro exposto, verifica-se que são diversos os conteúdos da área de negócios que poderão ser trabalhados por meio da utilização da visita técnica como estratégia de ensino.

Quadro 1. Descrição das áreas e conteúdos evidenciados na visita técnica

Área	Exemplo de conteúdo	Tipo de empresa
Administração de Produção	Análise de processos	Indústrias
Mercado Financeiro	Normas e regras do mercado de ações	Bolsa de Valores
Gestão de Custos	Apuração e alocação de custos	Indústrias
Recursos Humanos	Processo de recrutamento e seleção	Indústria, Comércio e/ou Serviço
Administração Geral	Cultura organizacional	Indústria, Comércio e/ou Serviço
Controladoria	Ferramentas gerenciais	Indústria, Comércio e/ou Serviço
Marketing	Segmentação e posicionamento de mercado	Indústria, Comércio e/ou Serviço

Fonte: Elaborado pelas autoras.

5. Quando e quem pode ir?

A visitação técnica tem como objetivo aproximar os alunos da realidade das organizações. Essa atividade visa proporcionar o contato dos estudantes com os setores, processos, produtos, além de permitir que eles conheçam as necessidades dessas empresas, bem como o perfil profissional exigido de seus colaboradores. Com base nisso, a técnica pode ser aplicada a todos os alunos, independentemente do período em que eles se encontrem. Para aqueles que estão no início do curso, a técnica pode servir de motivação para a busca de maiores informações sobre as áreas de maior interesse; para os alunos que estão no meio do curso, a visita técnica

> *A visitação técnica tem como objetivo aproximar os alunos da realidade das organizações.*

pode aprofundar o conhecimento teórico, a partir de exemplos práticos; e, por fim, para os alunos que estão concluindo o curso, a atividade pode ser ainda mais enriquecedora, servindo até mesmo de porta de entrada para o mercado de trabalho.

Entretanto, algumas dificuldades podem ser encontradas para a efetivação de uma visita técnica:[27]

- a disponibilidade dos participantes e profissionais da empresa anfitriã para a realização produtiva do encontro;
- falta de um método que oriente a organização da atividade;
- desperdício de tempo com excesso de apresentações em sala;
- desperdício de tempo com excesso de visitas às instalações e correspondente ausência (parcial ou total) de finalização com profissional da empresa anfitriã;
- pequeno compromisso da empresa anfitriã com a atividade;
- pequeno compromisso da empresa participante em efetuar mudanças, mesmo com a confirmação da eficácia das práticas observadas.

Para o planejamento da visita técnica, devem-se considerar desde a adequação da programação da atividade em relação às expectativas do grupo, até as possíveis dificuldades que poderão ser enfrentadas. Cabe ressaltar a importância da preparação prévia do grupo, em termos de conceitos, teorias e informações necessárias sobre o tema central da visita técnica. Quanto mais informações e acesso a conhecimentos específicos os alunos tiverem nessa fase, mais preparados eles estarão para a realização da atividade.

6. O que levar na bagagem?

Para a utilização adequada das estratégias de ensino, é necessária a percepção das características do grupo em que a estratégia será aplicada e, acima de tudo, preparação, treino e bom senso no uso da mesma. Nesse sentido, enfatiza-se a importância do papel do professor, pois uma estratégia mal aplicada pode gerar desinteresse pela aula, por parte dos alunos. Consequentemente, os objetivos de aprendizagem podem não ser atingidos e isso pode acabar gerando frustração para o próprio docente. Por outro lado, não existem receitas prontas para o sucesso da aplicação de tais estratégias.[28] Contudo, apresentam-se algumas sugestões para a preparação didática requerida do docente, no que se refere à aplicação da visita técnica em contextos específicos.[29] Tais sugestões contemplam desde a leitura de um texto sobre o tema a ser trabalhado, até o estudo (pesquisa) do meio (contexto) em que será realizada a visita. Em outras palavras, a visita técnica deve ter um propósito claro: "o professor é responsável pelo seu planejamento e por desenvolver ações que otimizem os resultados da experiência prática".[30]

Uma visita técnica, por exemplo, que aborde as questões de processos de fabricação, requer que o professor faça um breve estudo sobre tais processos, para que ele possa apresentar as definições relacionadas com a temática proposta. Posteriormente, antes que o trabalho empírico seja realizado, é necessário que os alunos façam pesquisas sobre o assunto como forma de se planejarem para a visita técnica.

7. Quanto tempo ficar?

O tempo de duração da visita técnica pode variar em função do objetivo de aprendizagem pretendido. Algumas visitas podem durar horas, dias ou mesmo semanas. Essa duração dependerá do conteúdo previsto, das informações a serem coletadas, da disponibilidade do grupo visitante, da disponibilidade da organização visitada, enfim, de diversos fatores.

8. Onde visitar?

As características do espaço de trabalho, nas visitas técnicas, decorrem dos conceitos a serem trabalhados. A proposta pode envolver desde participação em palestras e seminários no exterior que abordem temas específicos, até visitação às sedes de grandes companhias e outros lugares do mundo dos negócios.

Estudantes ou profissionais de qualquer área podem formar grupos para embarcar numa viagem corporativa enriquecedora, e as razões para isso podem ser as mais diversas: a linha de produção, o departamento de marketing, o escritório de contabilidade ou a área financeira. Em se tratando da área de turismo, o interesse pode ser pelo setor hoteleiro, ou, no caso da área de saúde, pelo setor hospitalar, assim como por qualquer outro espaço que contemple o tema de estudo.

9. Checando bagagem e roteiro

As visitas técnicas devem ser formuladas de acordo com a temática de estudo. Nesse sentido, reforça-se a importância do planejamento, que é responsável por mapear um caminho a ser seguido durante a visita e, dessa forma, esclarecer para o próprio visitante os rumos do estudo, ou seja, o conteúdo a ser explorado. Assim, a visita técnica pode ser encarada como parte de um processo de pesquisa científica, o qual requer a realização prévia de uma pesquisa bibliográfica, exploratória, tanto para a seleção do conteúdo a ser abordado, quanto para a fixação dos conceitos teóricos, a fim de nortear os alunos a alcançarem os resultados esperados com a execução da atividade.[31]

Como já dito anteriormente, são amplos os conteúdos a serem explorados na visita técnica, os quais podem contemplar tanto conteúdos teóricos como conteúdos práticos.

10. Pé na estrada

Para exemplificar o emprego da visita técnica como recurso pedagógico, será utilizada uma aula cuja temática será a "Análise da Margem de Contribuição para a Tomada de Decisões", na disciplina de Análise de Custos. Assim, a abordagem será voltada para a análise da margem de contribuição na tomada de decisões, envolvendo capacidade ociosa e fatores de restrição.

Busca-se propiciar aos alunos o aprimoramento do conhecimento sobre as diferentes formas de análise da margem de contribuição, no que se refere ao processo decisorial praticado pelas empresas, por meio da visita técnica em uma indústria química (a Start Química). A atividade tem como intuito dar aos alunos a oportunidade de observar, na prática organizacional, os processos produtivos, bem como o modo como são apropriados os custos diretos e indiretos, para que, assim, eles possam compreender a aplicação da análise da margem de contribuição.

A visita técnica evidencia para os alunos a operacionalização de um processo produtivo, envolvendo todas as suas etapas. Com o acompanhamento do professor e do responsável pela empresa, é possível saber como são apropriados os custos em cada processo, bem como esclarecer as dúvidas que possam eventualmente surgir. Os conteúdos programáticos são apresentados no Plano de Aula reportados no Quadro 2.

Quadro 2. Plano de Aula com a utilização da visita técnica como recurso pedagógico

Ementa da aula no contexto da disciplina de Análise de Custos Análise da margem de contribuição
Tema da Aula Análise da margem de contribuição para a tomada de decisão
Objetivo Geral da Aula Proporcionar aos alunos conhecimento sobre a utilização das informações de custos para fins de planejamento e controle no ambiente empresarial, incluindo a análise da margem de contribuição no processo de tomada de decisões.
Conteúdo Programático ■ custo fixo, lucro e margem de contribuição; ■ margem de contribuição e ociosidade; ■ margem de contribuição e limitações na capacidade de produção; e ■ margem de contribuição e custo fixo identificado.

(continua)

(continuação)

Desenvolvimento da atividade

1º passo: escolha da empresa e da área a ser visitada, de acordo com os objetivos educacionais buscados pela disciplina. No caso desse exemplo, a Start Química é a empresa escolhida e seu processo produtivo é a área a ser visitada.

2º passo: contato com a empresa para verificar a viabilidade da visita.

3º passo: comunicação e mobilização dos alunos:

- professor deverá realizar o levantamento do número de participantes;
- viabilidade de mobilidade dos alunos: transporte/data/local;
- apresentar as normas da empresa para a visita.

4º passo: sensibilização dos alunos – professor deverá informar aos alunos:

- dados do setor;
- dados da empresa;
- objetivo da visita;
- pontos a serem observados durante a visita;
- orientação sobre o relatório final, que deverá ser entregue após a visita;
- dados da visita.

5º passo: acompanhamento do professor e do responsável pela empresa durante a visita técnica.

6º passo: solicitar ao responsável da empresa uma minipalestra com os participantes, para esclarecimento e fornecimento de informações sobre o tema da visita, bem como esclarecimento de dúvidas.

7º passo: elaboração do relatório e fechamento da atividade com discussão em sala de aula sobre a visita e seus objetivos educacionais.

No relatório de visita técnica, deverão constar: o local da visita; data e horário; objetivos da visita; registro dos elementos observados; e resultados alcançados.

---

11. Fim da viagem – registros gerais

Neste capítulo, encontram-se as informações necessárias para o planejamento e a execução da estratégia de ensino/visita técnica. Aqui são abordados: a definição desse método, os seus objetivos educacionais, o público para o qual se destina, onde pode ser realizado, os principais procedimentos a serem seguidos para sua realização, sua duração, alguns exemplos de visita técnica, o modo como deve ser elaborado o relatório final da atividade, dentre outros aspectos relacionados à mesma.

A visita técnica é um recurso metodológico presente na maior parte dos cursos de graduação que se utilizam de exemplos práticos para suas discussões teóricas. Isso pode ser visto na Administração, nas Ciências Contábeis, nas Engenharias, na Geografia, no Turismo, bem como em outras áreas.

O roteiro básico para o desenvolvimento da visita técnica tem grande importância na sua execução, ou seja, no planejamento da atividade. O roteiro irá auxiliar na descrição do espaço observado por meio dos dados obtidos e tratados.

Conclui-se, portanto, que a visita técnica é um recurso didático-metodológico importante, pois ela permite aprofundar o conhecimento científico e a sua divulgação sob a forma de artigos, documentários e relatórios.

3

Ensino e pesquisa: duas faces de uma mesma moeda

CAMILLA SOUENETA NASCIMENTO NGANGA
GILBERTO JOSÉ MIRANDA

*Não há ensino sem pesquisa
e pesquisa sem ensino.*

PAULO FREIRE

1. Introdução

O significado da palavra *pesquisa* é amplo e aplicado a diversos contextos e áreas do conhecimento. De acordo com o *Dicionário Aurélio*, a pesquisa é o ato de pesquisar, corresponde à busca e também ao recolhimento de dados. O conceito está relacionado à investigação, quando se pretende descobrir novos conhecimentos.

A pesquisa está presente no processo de ensino-aprendizagem desde as séries iniciais. Podemos citar como exemplo um exercício amplamente difundido, que é o plantio do feijão no algodoeiro. Por meio dele, a criança acompanha como a planta germina e se desenvolve, inter-relacionando teoria e prática.

A prática da pesquisa na educação abre novos horizontes e possibilidades, além de auxiliar na melhoria da qualidade do ensino. Na educação superior, existe a premissa da indissociabilidade entre ensino, pesquisa e extensão, com ênfase na relação entre ensino e pesquisa. O que se percebe, porém, é o conhecimento eminentemente técnico sendo reproduzido nas instituições de ensino superior, o que, de certa forma, contribui para que a relação entre ensino e pesquisa não seja valorizada.

Como alternativa ao modelo tradicional de educação, que tem o professor no centro do processo, e o estudante atuando de forma passiva, surge a estratégia de ensino com pesquisa, a qual redimensiona o processo de ensino-aprendizagem. Essa estratégia pode ser conceituada como:

> [...] uma sequência organizada de situações estimuladoras e desafiadoras de aprendizagem, na qual professor e estudantes estão envolvidos como sujeitos do processo, na perspectiva de formação de cidadãos críticos, capazes de entender e transformar a realidade circundante. Aprender com pesquisa é um processo dialógico que envolve a problematização do conhecimento, a construção de argumentos e sua respectiva validação.[1]

A partir do exposto, é possível perceber o que a ruptura do ensino com a pesquisa faz com o conservadorismo presente na educação nos dias atuais. Na sequência, apresentamos algumas características presentes nessa estratégia de ensino:

- a prática do questionamento constante, com o objetivo de auxiliar o estudante a formar conceitos e construir opiniões;
- relacionamento entre teoria e prática, tendo a pesquisa como eixo de ligação;
- estímulo da capacidade de criar argumentos e ideias, com base em fontes de consulta (livros, revistas, internet, artigos, entrevistas etc.);
- melhoria da qualidade do ensino, por meio da inserção da inovação, da dúvida, da incerteza, da curiosidade e do pensamento crítico no processo de ensino-aprendizagem;

- possibilidade de melhorias nas habilidades de comunicação e escrita dos estudantes;
- análise e interdisciplinaridade do conhecimento, dentre outros.

Ao se discutir a relação entre o ensino e a pesquisa, é necessário reconstruirmos aspectos que permeiam os atos de ensinar e aprender na educação superior, tendo o estudante como centro desse processo, e o professor como mediador. A interligação do ensino com a pesquisa pode fazer com que professores e estudantes interajam melhor, de uma forma mais intensa e mais significativa, o que pode provocar novos significados para a formação de futuros profissionais.[2]

A interligação do ensino com a pesquisa pode fazer com que professores e estudantes interajam melhor, de uma forma mais intensa e mais significativa, o que pode provocar novos significados para a formação de futuros profissionais.

Ao contrário de métodos tradicionais de ensino, a utilização da pesquisa como estratégia de ensino contribui significativamente com o aprendizado do conteúdo que se ensina, uma vez que o estudante se debruça com mais afinco sobre o tema. Além disso, o uso dessa metodologia permitirá ao estudante desenvolver autonomia na busca de novos conhecimentos, o que será um diferencial, dado que as atividades estruturadas estão sendo gradativamente substituídas pela "máquina".

Na área de negócios, há um distanciamento entre a formação adquirida nos cursos de graduação e a formação exigida pelo mercado de trabalho. Com base nesse contexto, o ensino com pesquisa possibilita a aproximação entre a teoria e a prática, priorizando a formação de cidadãos mais dinâmicos e criativos, além de proporcionar a melhoria da qualidade do ensino ministrado nos cursos de graduação da área de negócios.

O ensino com pesquisa possibilita a aproximação entre a teoria e a prática, priorizando a formação de cidadãos mais dinâmicos e criativos, além de proporcionar a melhoria da qualidade do ensino ministrado nos cursos de graduação da área de negócios.

A pesquisa tem um papel importante na produção de novos conhecimentos e na prática profissional dos especialistas da área de negócios. Além disso, a pesquisa voltada para essa área pode tanto considerar aspectos relacionados à Administração, à Economia e à Contabilidade, como também fornecer direcionamentos para melhorar a prática e identificar outras questões relevantes.[3]

Com base no exposto, salienta-se que o saber é resultado de uma construção

O ensino com pesquisa é o processo de ensinar mediado pela pesquisa, ou seja, por meio de procedimentos de construção dos objetos que se quer ou que se necessita conhecer, sempre trabalhando a partir das fontes.

histórica e, a partir disso, a pesquisa se torna importante, pois pode ser entendida como um processo de construção dos objetos do conhecimento. O ensino com pesquisa é o processo de ensinar mediado pela pesquisa, ou seja, por meio de procedimentos de construção dos objetos que se quer ou que se necessita conhecer, sempre trabalhando a partir das fontes.[4]

2. O papel da pesquisa no ambiente de ensino e aprendizagem

Na escolha das estratégias de ensino a serem aplicadas em sala de aula, é importante que as mesmas estejam relacionadas de forma adequada aos objetivos educacionais que se pretende alcançar, desde que tais objetivos sejam especificados anteriormente à aplicação das estratégias. Nesse sentido, a Taxonomia de Bloom propõe seis objetivos ligados ao processo de ensino-aprendizagem, os quais podem ser verificados na Figura 1.

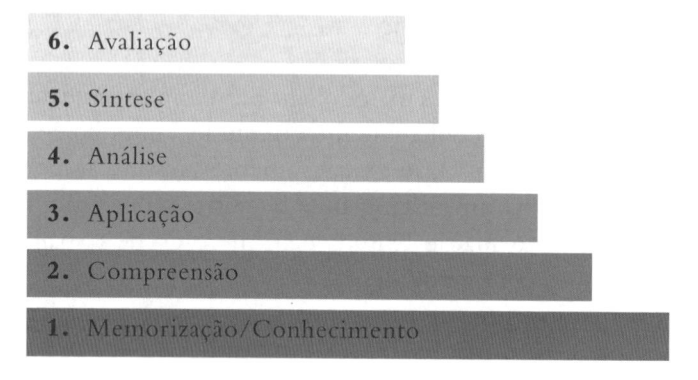

6. Avaliação

5. Síntese

4. Análise

3. Aplicação

2. Compreensão

1. Memorização/Conhecimento

Fonte: Adaptada de Ferraz e Belhot (2010).[5]

Figura 1. Taxonomia de Bloom

A maior parte do ensino envolve alguma combinação das seis categorias de objetivos educacionais apresentadas na Figura 1, enquanto os níveis dos objetivos se tornam cada vez mais complexos, à medida que aumentam de um a seis. No nível de "Memorização/Conhecimento", espera-se que o aluno tenha capacidade de memorizar fatos específicos e/ou universais, métodos, processos, esboço ou estrutura conceitual, de forma que consiga solucionar determinado problema.

Considerando o nível de "Compreensão", espera-se que o aluno possa compreender o que está sendo discutido, um fato ou uma determinada informação, sem necessariamente relacioná-los com outros materiais ou ideias. Ao avançar para o nível de "Aplicação", o estudante consegue utilizar informações, ideias gerais, regras e métodos, aplicando-os em novas situações, a partir do conhecimento e da compreensão.

No nível de "Análise", o estudante apresenta a habilidade de dividir o conteúdo em partes menores, entendendo nitidamente a hierarquia das ideias, bem como a relação entre elas. A partir da análise, o aluno tem condições de reunir diversos elementos para formar um todo,

> *Ao se trabalhar com a estratégia de ensino com pesquisa, é possível considerar os objetivos de compreensão, aplicação, análise e síntese/criação.*

o que é caracterizado pelo nível de "Síntese". Por fim, o nível de "Avaliação" permite ao estudante desenvolver a habilidade de julgamento, avaliação e comparação dos seus resultados, a partir de um modelo ou de um padrão esperado.[6]

Diante dessa perspectiva, ao se trabalhar com a estratégia de ensino com pesquisa, é possível considerar os objetivos de compreensão, aplicação, análise e síntese/criação, conforme melhor detalhado adiante.

O objetivo educacional **compreensão**, conforme já apontado, requer que o estudante entenda e explique conceitos, fatos e princípios específicos, sem que, para isso, o mesmo precise exercitar a repetição de ideias de terceiros. Assim, pensando na aplicação do ensino com pesquisa, é possível atingir tal objetivo, já que essa estratégia proporciona ao estudante desenvolver o pensamento crítico, formar conceitos e construir suas próprias opiniões em relação a determinado conteúdo.

Além disso, como a estratégia ensino com pesquisa propõe um alinhamento entre teoria e prática, a **aplicação** do que foi aprendido também pode ser meta alcançada, possibilitando ao estudante refletir de forma ativa sobre o conteúdo aprendido e utilizá-lo para a solução de outros problemas e desafios.

Em relação aos objetivos educacionais **análise** e **síntese/criação**, esses também estão presentes na estratégia de ensino com pesquisa, pois, no desenvolvimento da estratégia, os estudantes irão percorrer caminhos que os levarão a consultar variadas fontes de pesquisa. A partir daí, será preciso tanto o desenvolvimento da capacidade analítica, considerando a necessidade de estabelecer relações entre as variadas fontes de pes-

> *Como a estratégia ensino com pesquisa propõe um alinhamento entre teoria e prática, a aplicação do que foi aprendido também pode ser meta alcançada, possibilitando ao estudante refletir de forma ativa sobre o conteúdo aprendido e utilizá-lo para a solução de outros problemas e desafios.*

quisa selecionadas, como também a sua capacidade de síntese e criação, pois a partir das relações estabelecidas anteriormente, o estudante será incentivado a sintetizar o conteúdo de forma unificada e expressar a sua opinião diante delas. Os conteúdos e o tipo de aprendizagem no ensino com pesquisa são apresentados mais à frente.

Na concepção tradicional de ensino, o conteúdo exerce um papel importante no processo de ensino-aprendizagem, já que o objetivo do mesmo é que o estudante receba o maior número de informações possível. A partir da perspectiva do ensino com pesquisa, pode-se dizer, porém, que o conteúdo, embora seja importante, não é o único fim a ser alcançado.

Informação e conteúdo são aspectos essenciais para a formação do indivíduo, embora não seja bastante apenas saber selecionar as informações, mas é preciso saber como e onde adquiri-las, no momento em que elas forem necessárias. Nesse ponto, a ênfase desloca-se do conteúdo para os objetivos que se pretende alcançar, pois são os objetivos que direcionarão os conteúdos, e esses, numa concepção nova de ensino, deixam de ser fins em si mesmos para, então, alcançar a concretização dos fins visados pelo processo de aprendizagem.[7]

Ao se trabalhar o ensino com pesquisa, existe uma diversidade em relação aos conteúdos que podem ser utilizados. O importante é que esses conteúdos não só estejam alinhados com os objetivos que se pretende alcançar, mas também que motivem os alunos a pesquisar sobre eles e promovam uma aprendizagem significativa.

Em relação à aprendizagem, a estratégia de ensino com pesquisa, ao propor aspectos que, de certa forma, rompem com o ensino tradicional, possibilita ao estudante obter uma aprendizagem ativa. Esse tipo de aprendizagem, além de colocar os alunos no centro do processo de ensino-aprendizagem, favorece o encorajamento dos mesmos, à medida que os estimula a buscar o conhecimento de forma flexível e dinâmica, ainda que com a orientação do professor. Outra abordagem de aprendizagem intrínseca ao ensino com pesquisa é a aprendizagem cognitiva, que está relacionada à aquisição de conhecimentos e informações, baseando-se em conceitos, princípios e teorias.

> *Informação e conteúdo são aspectos essenciais para a formação do indivíduo, embora não seja bastante apenas saber selecionar as informações, mas é preciso saber como e onde adquiri-las, no momento em que elas forem necessárias.*

Nesse sentido, além dos conteúdos e da aprendizagem do estudante propriamente ditos, é importante destacar que a motivação também precisa ser considerada. Por mais interessante que o conteúdo seja, para que ocorra a aprendizagem, é necessário que o estudante queira aprender e que o professor saiba motivá-lo. A próxima seção apresenta características sobre o estudante em relação ao desenvolvimento da estratégia ensino com pesquisa.

3. A trama "ensino" e seus protagonistas

Existe, atualmente, uma preocupação acentuada com a reprodução do conhecimento em detrimento da produção do saber. Os professores, muitas vezes, não possuem as condições necessárias para trabalhar o ensino com pesquisa, e os estudantes, já habituados com o ensino tradicional, demonstram resistências em relação às estratégias de ensino contemporâneas.

Conforme já discutido anteriormente, é possível perceber que, no ensino com pesquisa, professores e estudantes atuam de forma coletiva na construção do saber. São eles sujeitos que atuam de forma ativa e autônoma, em um processo contínuo e constante de indagar discursos, conceitos, princípios e realidades, por meio da construção de argumentos que possam reconstruir as verdades até então aceitas como universais.[8]

> No ensino com pesquisa, professores e estudantes atuam de forma coletiva na construção do saber; eles são sujeitos que atuam de forma ativa e autônoma, em um processo contínuo e constante de indagar discursos, conceitos, princípios e realidades, por meio da construção de argumentos que possam reconstruir as verdades até então aceitas como universais.

Em relação ao estudante, é preciso que este tenha disposição para romper com a sua posição de passividade proposta pelo ensino tradicional. No ensino com pesquisa, o estudante terá grande responsabilidade no processo de aprendizagem, pois irá buscar os conteúdos por meio das fontes de pesquisa, analisá-los, construir argumentações e, posteriormente, apresentar os resultados desse processo.

Além disso, ocorrerão o aperfeiçoamento e o desenvolvimento do pensamento crítico, da comunicação eficaz, seja escrita e/ou verbal, a habilidade de se trabalhar em grupos, dialogando com os demais colegas e professores, enfrentando desafios e buscando soluções inovadoras de forma conjunta. No caso do trabalho individual, este, por sua vez, fomentará a capacidade de concentração, o autoconhecimento e a superação de limitações pessoais.

Destaca-se que o envolvimento dos alunos, ainda na fase de graduação, em procedimentos de produção do conhecimento científico e o contato com as práticas teóricas e empíricas da pesquisa são o caminho mais adequado para se alcançarem os objetivos da própria aprendizagem.[9] Diante disso, a estratégia de ensino com pesquisa poderá ser trabalhada ao longo dos períodos dos cursos de graduação, de forma linear e ordenada, para que, aos poucos, os estudantes possam adquirir as habilidades citadas.

Na pós-graduação, a pesquisa como estratégia de ensino atinge seu ápice pois, nesse nível, não só a busca pelo conteúdo e o desenvolvimento da habilidade de investigador são requeridos, entrando em cena a própria produção do conhecimento.

Na educação superior em nível de graduação, verifica-se que, ainda que os docentes tenham trabalhado com a pesquisa durante praticamente todo o seu processo formativo (mestrado e doutorado), não há uma preocupação em inserir a pesquisa no âmbito da sala

> Na pós-graduação, a pesquisa como estratégia de ensino atinge seu ápice pois, nesse nível, não só a busca pelo conteúdo e o desenvolvimento da habilidade de investigador são requeridos, entrando em cena a própria produção do conhecimento.

de aula. Muitas vezes, professores com vasta experiência na realização de pesquisas acadêmicas não compartilham com os estudantes tal bagagem, ou seja, prevalece a ideia de que ora existe a atuação do "professor", ora a do "pesquisador".

Além disso, no ensino com pesquisa, é imprescindível que a figura do professor pesquisador atue de forma constante no processo de ensino-aprendizagem, que investigue sua própria prática e que seja inovador, e, ainda, que esteja em constante repensar da sua atuação enquanto docente, atentando para os seguintes fatores, conforme proposto por Franco.[10]

- auxílio dos estudantes no processo de questionamento, argumentação e crítica;
- alinhamento de suas pesquisas científicas com o processo de ensino;
- apresentação de situações e problemas reais e atuais para a sala de aula;
- estímulo aos estudantes a serem protagonistas na busca do conhecimento;
- predisposição para novas ideias e desafios;
- entendimento de que o conhecimento está em processo de construção permanente, dentre outros.

Tudo isso demonstra que

> o movimento de professor pesquisador é estratégico, pois investe na valorização e no desenvolvimento dos saberes dos professores e na consideração destes como sujeitos e intelectuais, capazes de produzir conhecimentos, de participar e de decidir nas questões da gestão das escolas e dos sistemas, o que traz perspectivas para a reinvenção da escola democrática.[11]

No ensino com pesquisa, é imprescindível que a figura do professor pesquisador atue de forma constante no processo de ensino-aprendizagem, que investigue sua própria prática e que seja inovador, e, ainda, que esteja em constante repensar da sua atuação enquanto docente.

A prática do ensino com pesquisa, que implica a transformação da docência centrada no professor para a docência centrada no estudante, pressupõe também que o professor transmissor de informações, e possuidor de todo o conhecimento, dá lugar ao professor mediador, orientador, que reflete constantemente sobre o seu papel enquanto docente.

4. Ensino com pesquisa: uma técnica robusta, mas pouco exigente

A estratégia de ensino com pesquisa permite flexibilidade no que se refere ao tempo, à estrutura física e ao tipo de conteúdo, tendo em vista que tais aspectos dependerão da forma como o professor irá desenvolver a proposta de pesquisa.

Em relação ao tempo disponível para o desenvolvimento da estratégia, o ensino com pesquisa poderá ser realizado durante todo o semestre ou até mesmo durante o ano de uma disciplina ministrada. Isso dependerá de como o professor irá trabalhar, se com pesquisas mais simples, superficiais, ou com pesquisas mais aprofundadas, como em formato de artigo científico, por exemplo.

Se a estratégia for pensada para pesquisas simplificadas, de modo que o aluno possa ter uma breve introdução sobre como e onde pesquisar, o tempo necessário será de três a quatro horas, divididas em momentos dentro e fora de sala. De qualquer modo, independentemente do tempo de realização da pesquisa, não há impedimentos quanto à utilização de outras estratégias de ensino em conjunto com a de ensino com pesquisa.

A estrutura física necessária para a aplicação do ensino com pesquisa está relacionada às fontes de informação que serão utilizadas, que podem ser: livros, revistas, artigos científicos, páginas de internet, jornais etc. Entretanto, dependendo da proposta de pesquisa que será construída, são também indicadas outras fontes de pesquisa, como, por exemplo, entrevistas com especialistas de determinada área, aplicação de questionários e realização de experimentos. Nesse sentido, o estudante precisa ter à sua disposição computadores com acesso à internet, bibliotecas, gravadores de áudio e vídeo, dentre outros equipamentos.

Cabe destacar que, em relação aos tipos de conteúdo, o ensino com pesquisa favorece tanto o trabalho com conteúdos teóricos, como também com os práticos, tendo em vista que a pesquisa permite a interligação entre teoria e prática durante o seu desenvolvimento. Assim, o professor terá flexibilidade para escolher conteúdos que melhor se adaptam aos objetivos educacionais, aos alunos e ao tempo disponível.

5. Construindo conhecimentos...

A pesquisa como estratégia de ensino deve estar alinhada aos objetivos educacionais que se espera alcançar em determinada disciplina. Nesse sentido, a técnica pode ser adaptada aos propósitos pretendidos. Assim, pode-se realizar uma pesquisa simples para criar familiaridade com determinado assunto, mas também podem-se empreender pesquisas científicas mediante propósitos maiores, como a iniciação do aluno à produção de conhecimento científico.

Em cursos de graduação, o processo deve ser sempre gradual, já que, via de regra, os alunos estão tendo o primeiro contato com a pesquisa de forma sistematizada para a produção de novos conhecimentos. Por se tratar de uma atividade relativamente longa, o ideal é trabalhar em grupos, preferencialmente em duplas, pois assim os alunos podem trocar ideias e construir o trabalho em conjunto. Grupos maiores podem tornar o trabalho fragmentado e estimular alguns colegas a se "escorarem" nos outros.

O planejamento e o acompanhamento da atividade são cruciais para o êxito da atividade. Assim, antes de iniciar a pesquisa propriamente dita, é necessário elaborar um projeto, que servirá de roteiro para o desenvolvimento da atividade.

O primeiro passo na construção do projeto é expor a temática e deixar emergir naturalmente o "*problema*", a questão objeto de pesquisa. Os alunos devem estar convencidos da necessidade de resolver a inquietação apresentada. Podemos chamar essa etapa de "problematização".

É importante que o professor ajude os alunos na definição do "problema de pesquisa", pois, no início da vida acadêmica, os discentes dificilmente terão condições de enxergar genuínos problemas de pesquisa, seja pela falta de familiaridade com o assunto em pauta, seja pela falta de domínio do método científico. A esse respeito, se o docente também tiver dificuldades na identificação de problemas de pesquisas adequados à temática, a replicação de pesquisas realizadas anteriormente, em outros contextos, pode ser útil como forma de desenvolver a habilidade.

> *O planejamento e o acompanhamento da atividade são cruciais para o êxito da atividade. Assim, antes de iniciar a pesquisa propriamente dita, é necessário elaborar um projeto, que servirá de roteiro para o desenvolvimento da atividade.*

Uma vez identificada a inquietação, ou seja, o problema de pesquisa, devem-se estabelecer os "*objetivos da investigação*". O primeiro deles é o objetivo geral, que é o propósito central da pesquisa. Quando esse objetivo for alcançado, automaticamente o problema de pesquisa será respondido. Posteriormente, devem-se discutir quais serão os passos ou fins necessários para alcance desse objetivo geral, isto é, quais são os objetivos específicos.

O uso da técnica por si só já seria justificativa suficiente para o empreendimento de uma pesquisa com a finalidade de aprofundar o conhecimento sobre determinado conteúdo. No entanto, destacar as "*contribuições e justificativas*" para a realização de uma pesquisa pode ser ainda mais significativo e instigante para os estudantes.

Convencidos da relevância do estudo, devem-se indicar aos alunos quais teorias poderiam servir de base para essa investigação, ou seja, delinear a "plataforma teórica" do trabalho. Em virtude da inexperiência, é normal que os alunos tenham dificuldades em identificar os textos mais relevantes sobre a temática, sejam clássicos ou atuais. O apoio do docente na indicação de obras adequadas também é muito importante.

Na sequência, cabe informar qual será o "*método*" utilizado para responder ao problema objeto de pesquisa, sendo indicado mostrar algumas opções aos alunos, sem grandes preocupações com classificações, mas é importante que eles deixem bem nítido qual será o percurso a ser utilizado para alcançar os propósitos estabelecidos. O método garantirá, ou não, o caráter científico da pesquisa.

Para finalizar o projeto, deve-se estabelecer um "*cronograma*". Em seguida, listam--se todas as etapas necessárias para o desenvolvimento da pesquisa e as respectivas datas de finalização. Novamente, destacamos a importância do acompanhamento por parte do professor em cada uma das etapas.

Após a discussão inicial em sala de aula, pode-se dar um prazo de 15 dias para os alunos finalizarem seus projetos, os quais poderão ser apresentados em sala de aula para que contribuições possam ser dadas pelo professor e colegas. Ainda, uma versão impressa deve ser entregue para ser avaliada.

Após o *feedback* relativo à construção do projeto, os alunos poderão iniciar o desenvolvimento da introdução (versão preliminar), da plataforma teórica e dos aspectos metodológicos. Essa fase pode durar de um a dois meses. Após o término, é importante uma nova apresentação em sala de aula para discussões e contribuições dos colegas. Assim, as contribuições da classe e do professor poderão ser realizadas antes da coleta de dados.

Por fim, após a definição das etapas anteriores, tem-se a coleta de dados, a qual será realizada conforme os propósitos da pesquisa. Com os dados em mãos, inicia--se o processo de apuração dos "*resultados*", baseado no método escolhido para o desenvolvimento do projeto. Uma vez apurados os resultados, é preciso discuti-los à luz da plataforma teórica, bem como mostrar possíveis implicações, contribuições e limitações da pesquisa.

É muito importante a reflexão nas considerações finais sobre as implicações e contribuições dos achados da pesquisa. Diga o que os resultados sugerem. Alguma intervenção prática pode ser realizada? Quais outras possibilidades de pesquisa?

Para finalizar, sugerimos novamente a apresentação dos resultados em sala de aula, para que os mesmos possam ser discutidos e aprimorados pelo professor e os colegas. O debate é sempre importante na construção do conhecimento. Uma vez finalizada a aula, o trabalho poderá ser encaminhado para um evento científico, onde será novamente objeto de crítica pelos avaliadores e debatido no momento da apresentação. Tais críticas devem ser incorporadas para que o trabalho seja sub-metido a um periódico científico, onde será novamente submetido às críticas dos avaliadores e editores. Após a incorporação dos novos pontos de vista, se aceito, o trabalho será publicado de forma definitiva. Como pode ser observado, o trabalho publicado em um periódico científico acaba sendo fruto de uma produção de vários participantes, embora nem todos sejam autores.

6. Considerações finais

A estratégia de ensino com pesquisa é uma relevante possibilidade de reconfiguração do processo de ensino-aprendizagem, migrando da concepção tradicional de educação para uma concepção significativa, em que professor (mediador) e estudantes têm a possibilidade de construir o conhecimento de forma conjunta, implicando também em melhorias na educação.

Pensando nos cursos na área de negócios, o emprego do ensino com pesquisa em sala de aula não só promove um estreitamento da relação entre teoria e prática – ponto muito criticado no âmbito desses cursos –, como também auxilia na formação de profissionais mais dinâmicos e criativos, uma demanda cada vez mais constante nas organizações empresariais.

É importante frisar a participação docente em todas as etapas que compõem o uso da pesquisa como estratégia de ensino. O processo de pesquisa é relativamente complexo quando visto pela primeira vez. Somente o tempo e a experiência é que vão permitir ao estudante desenvolver o "espírito científico". Assim, é importante que o professor acompanhe cada uma das atividades de perto, explicando minuciosamente cada etapa, esclarecendo dúvidas, proporcionando *feedback* e, sempre que possível, auxiliando o aluno nas análises de dados, visitas a empresas etc. Se o docente simplesmente solicitar aos estudantes a realização da pesquisa e não se fizer presente durante o processo, os objetivos fatalmente serão comprometidos.

> *O processo de pesquisa é relativamente complexo quando visto pela primeira vez. Somente o tempo e a experiência é que vão permitir ao estudante desenvolver o "espírito científico".*

> *Se o docente simplesmente solicitar aos estudantes a realização da pesquisa e não se fizer presente durante o processo, os objetivos fatalmente serão comprometidos.*

Destaca-se, por fim, a importância da diversificação das estratégias de ensino, de modo que seja possível dinamizar o processo educativo, considerando os variados estilos de aprendizagem dos alunos, o tempo disponível, os objetivos educacionais que se pretende alcançar e a estrutura da instituição de ensino. Em cada uma dessas possibilidades, vale a pena considerar a pesquisa como estratégia de construção do conhecimento no processo de ensino-aprendizagem, pois, conforme afirma o ilustre pedagogo Paulo Freire, "não há ensino sem pesquisa e pesquisa sem ensino".

4 Grupo de Verbalização/Grupo de Observação (GV-GO)

ALANNA SANTOS DE OLIVEIRA
LARISSA COUTO CAMPOS

*A tarefa do professor é preparar
motivações para atividades culturais,
num ambiente previamente organizado,
e depois se abster de interferir.*

MARIA MONTESSORI

1. Introdução

O método de ensino está intimamente relacionado ao papel e ao comportamento desempenhado pelo professor e pelos alunos no contexto do ensino-aprendizagem.[1] Desse modo, é possível obter uma inferência acerca do grau de participação de cada uma das partes em relação ao conteúdo.

Obtida essa definição concernente aos papéis e ao comportamento do professor e dos alunos, passa-se, então, ao delineamento da técnica, que corresponde, em termos gerais, ao modo como serão desempenhadas as atribuições relativas a cada uma das partes diretamente envolvidas. Nesse sentido, faz-se *mister* ressaltar que "não existe uma técnica melhor que a outra, o que existe é a mais adequada ao assunto a ser trabalhado, e mais eficiente em termos de aprendizagem".[2]

Uma técnica recorrentemente empregada no contexto do ensino-aprendizagem diz respeito às dinâmicas de grupo. As técnicas de ensino que envolvem dinâmicas de grupo têm por característica permitir que os alunos se entrosem, expressem ideias e percepções, além de promoverem estímulo a um papel participativo do aluno no processo de ensino-aprendizagem.[3]

> *Uma técnica recorrentemente empregada no contexto do ensino-aprendizagem diz respeito às dinâmicas de grupo.*

Além disso, a estratégia de dinâmicas em grupos provê aos professores e alunos o aprimoramento pessoal e global, possibilitando a todos os componentes um papel proativo na trajetória de conhecimento. Deve-se, contudo, ter em mente que esse tipo de técnica requer definição clara dos papéis, o que se espera de cada uma das partes, bem como a exposição clara acerca do funcionamento da dinâmica.[4]

Assim, a técnica de trabalho em grupos apresenta os seguintes objetivos: desenvolvimento da capacidade de observação crítica; aprimoramento da capacidade de trabalhar em equipe; incitação a um comportamento mais autônomo dos alunos em relação à figura do professor; aprofundamento da discussão de um tema e obtenção de conclusões; incremento da flexibilidade mental mediante a convivência de múltiplas interpretações sobre um dado assunto; e possibilidade de um maior acompanhamento individual pelo professor.[5]

Entre as técnicas relacionadas à dinâmica de grupo, encontra-se a técnica Grupo de Verbalização/Grupo de Observação (GV-GO). Essa estratégia consiste na análise de algum tema, sob a coordenação do professor, em que os alunos são divididos em dois grupos: um de verbalização (GV) e outro de observação (GO).[6]

> *Para a aplicação da estratégia GV-GO, é necessário dividir a turma em dois grupos: um de verbalização e outro de observação.*

Para a aplicação da estratégia GV-GO, é necessário dividir a turma em dois grupos: um de verbalização e outro de observação. O GV forma um círculo central e tem a obrigação de verbalizar sobre algum tema proposto pelo professor. Já o GO, formado pelos alunos observadores, se dispõe em um círculo exterior ao GV, com a incumbência de observar o grupo de verbalização. O GO pode observar tanto o conteúdo que está sendo discutido quanto as variáveis de funcionamento do próprio grupo.[7] Dessa forma, o professor pode instruir os observadores a se aterem aos seguintes tópicos:

> se os conceitos que estão sendo discutidos estão sendo todos usados ou se há omissão de algum; [...] se há emprego adequado dos conceitos; [...] e se os verbalizadores estão dando elementos que tornem a aprendizagem daquele tema significativa (exemplo: se estão relacionando conceitos novos com conceitos já aprendidos, ou teoria com prática etc.).[8]

Ainda sobre a avaliação do grupo de verbalização pelo grupo de observação, os critérios de avaliação são decorrentes dos objetivos, tais como: clareza e coerência na apresentação; domínio da problemática na apresentação; participação do grupo observador durante a exposição; e relação crítica da realidade.[9]

É interessante notar que, independentemente do grupo em que o aluno estiver alocado, ambas as funções (verbalização ou observação) proporcionam o crescimento do sujeito ativo na situação de grupo. Mesmo na condição de constituinte do GO, o papel do estudante não se reduz à mera passividade, uma vez que, além de tirar suas próprias conclusões acerca das ideias dos colegas do GV,

> *Os critérios de avaliação são decorrentes dos objetivos, tais como: clareza e coerência na apresentação; domínio da problemática na apresentação; participação do grupo observador durante a exposição; e relação crítica da realidade.*

preferencialmente por meio de anotações, denotando capacidade de ouvir, inferir e adotar um determinado posicionamento, suas observações constituirão importante meio de enriquecimento do debate promovido.[10]

Além disso, verifica-se que, durante as discussões e observações, um grupo contribui com o desenvolvimento do outro. Assim, enquanto o GV inicia a discussão com base na exploração de fatos e relações, sem chegar à conclusão do assunto, o GO incrementa a discussão, em um segundo momento, partindo das ideias apresentadas pelo primeiro grupo.[11] Com isso, "o GV [...] contará com a oportunidade de desenvolver suas ideias iniciais ou reforçá-las por meio da contribuição do GO".[12]

2. Objetivos educacionais propostos pela GV-GO

A técnica GV-GO é constituída em função dos objetivos pretendidos pelo professor, devendo esses objetivos estar diretamente associados ao intuito de: oportunizar a troca de concepções; ornamentar a capacidade de expressão oral do aluno; desenvolver o autocontrole; reproduzir a interação social criativa; e integrar e sistematizar conhecimentos.[13]

> *Os objetivos do professor devem ter o intuito de: oportunizar a troca de concepções; ornamentar a capacidade de expressão oral do aluno; desenvolver o autocontrole; reproduzir a interação social criativa; e integrar e sistematizar conhecimentos.*

Esses objetivos apresentam perfeita consonância com o ambiente e as oportunidades que caracterizam o trabalho em pequenos grupos, uma vez que, em conjunto, o sujeito tende a agir de maneira, muitas vezes, distinta, quando comparada ao modo como atua individualmente: "No grupo ele pensa e age não apenas em função de suas necessidades, de suas motivações, de seus valores, mas aprende a pensar com o outro, a ouvir o outro, a coordenar suas ações com as do outro e a crescer no plano humano."[14]

Além do manifesto convívio plural de ideias que a GV-GO permite, contribuindo, por conseguinte, para o objetivo de desenvolvimento pessoal do aluno, a técnica também beneficia o aproveitamento das ideias por meio da sua complementação e ampliação. Isso acontece em decorrência da partilha de pontos de vista e experiências, favorecendo o que pode ser considerado o propósito basilar da GV-GO, qual seja, o enriquecimento gradativo do conteúdo abordado e dos processos mentais a ele associados.[15]

Outras contribuições da GV-GO consistem no fato de o Grupo de Verbalização e de Observação configurar-se como um instrumento ideal para a realização de dois objetivos: exame de um assunto/tema de grande relevância e treinamento dos estudantes em dinâmica de grupo.[16]

Sob outro aspecto, também se pode afirmar que a técnica GV-GO apresenta o seguinte escopo: desenvolvimento da capacidade de análise e dedução; reprodução de senso crítico; estímulo à participação ativa dos alunos por meio da partilha de pontos de vista; e provimento de ambiente propício ao desenvolvimento de assuntos novos.[17]

Dessa forma, observa-se que essa técnica estimula nos alunos as seguintes operações de pensamento: análise; interpretação; crítica; levantamento de hipóteses; obtenção e organização de dados; comparação; resumo; observação; e interpretação.[18]

Por se tratar de uma dinâmica de grupo, em que todos os elementos constituintes dispõem da oportunidade de protagonizar no processo de aprendizagem, vários autores apontam para o fator imprevisibilidade, decorrente de formações plurais distintas e comportamentos multifacetados, o que apenas corrobora a consecução de outro objetivo que pode ser considerado pelo professor, qual seja, o desenvolvimento da criatividade, flexibilidade e capacidade de adaptação.

3. Descrição dos conteúdos (assuntos) e tipo de aprendizagem

A técnica GV-GO, por ser uma atividade que exige dos alunos senso crítico, participação e discussões em grupo, é indicada para conteúdos que envolvem teorias, conceitos e análises críticas, ou seja, temas propícios para debates. Nesse sentido, sugere-se, para a área contábil, que conteúdos relacionados à Teoria da Contabilidade, História do Pensamento Contábil, Princípios Contábeis e Conceitos Contábeis podem ser ministrados por meio da GV-GO.

Nos cursos de Administração, a GV-GO pode ser empregada para disciplinas com conteúdos e programas predominantemente teóricos, ou que visem ao desenvolvimento e análise de estudos de caso. Nessa direção, pode-se assinalar, por exemplo, Teoria Geral da Administração, Liderança e Comportamento Organizacional, Análise de Investimentos, Psicologia Organizacional, Empreendedorismo e Gerenciamento de Ideias, Organizações e Sociedade, Criação de Empresas, Comportamento do Consumidor, Teorias da Administração, Dimensão Antropológica das Organizações, Cultura e Mudança Organizacional, Planos de Negócios, Estratégia, Empresa e Produto, Gestão de Pessoas, Ética em Organizações, Estratégia Mercadológica, Modelos de Negócios e Gestão de Projetos.

Já nos cursos de Economia, essa técnica também pode ser aplicada para componentes curriculares com as características mencionadas no parágrafo anterior, no que diz respeito ao conteúdo e programa, podendo-se consignar: Economia e Ética, Evolução das Ideias Sociais, Ciência Política, História do Pensamento Econômico, História Econômica Geral, Formação Econômica do Brasil, Economia Industrial, Economia Brasileira Contemporânea, Relações Econômicas Internacionais, Macroeconomia Moderna, Economia Internacional, Economia Monetária e Financeira, Economia de Empresas, Economia do Setor Público, Planejamento e Política Econômica Brasileira, Economia Agrária, Economia Regional e Urbana, Laboratório de Pesquisa em Economia, Desenvolvimento Socioeconômico, Economia Política e de Desenvolvimento e Economia do Meio Ambiente.

A despeito das sugestões propostas para aplicação da GV-GO às áreas de ensino supracitadas, salienta-se que cabe ao professor adequar o assunto e a forma como abordar cada problemática por meio da referida técnica, conforme suas necessidades. Ressalta-se ainda que é necessário, antes da atividade, que os alunos estejam familiarizados com o tema e com os aspectos a serem discutidos durante a aplicação da técnica. Nesse caso, o docente deve disponibilizar, antecipadamente, textos, pesquisas ou direcionamentos que estimulem os estudantes a uma preparação preliminar às discussões.

Em relação ao tipo de aprendizagem, tomando-se por base a teoria da aprendizagem significativa de David Ausubel, é possível verificar que a técnica GV-GO pode ser naturalmente relacionada à aprendizagem por descoberta,[19] pela qual o aluno desempenha papel protagonista na aquisição de conhecimento.

Ocorre que esse tipo de aprendizagem envolve a descoberta de novos conteúdos por meio das suas próprias ações ou iniciativas e, além disso, consubstancia sua associação a conhecimentos preexistentes na estrutura cognitiva do indivíduo.

Em primeiro lugar, as proposições de resolução de problemas não se criam, geralmente, de novo. A criação das mesmas envolve, pelo contrário, uma transformação (reestruturação, reorganização, síntese, integração) de proposições de substrato relevantes e disponíveis (proposições que sofrem transformações).[20]

Como, na GV-GO, os alunos são nitidamente incitados a propor em conjunto soluções para determinados problemas, ou opinar a respeito de um dado assunto, ou, ainda, levantar por conta própria informações acerca do tema proposto, depreende-se que tudo isso requer transformações em proposições que já existiam no intelecto de cada um deles e que serão, de algum modo, modificadas por meio desse processo.

4. Aplicação prática do método

A aplicação do método GV-GO pode ser desenvolvida da seguinte forma,[21] como destacado no Quadro 1.

Quadro 1. Dinâmica da técnica GV-GO

Dinâmica da atividade	1. Dividir os estudantes em dois grupos, um para verbalização de um tema/problema e outro de observação.
	2. Organizá-los em dois círculos, um interno e outro externo, dividindo o número de membros conforme o número de estudantes da turma. Em classes muito numerosas o grupo de observação será numericamente maior que o de verbalização.
	3. Num primeiro momento, o grupo interno verbaliza, expõe, discute o tema; enquanto isso, o GO observa, registra conforme a tarefa que lhe tenha sido atribuída. Em classes muito numerosas, as tarefas podem ser diferenciadas para grupos destacados na observação.
	4. Fechamento: o GO passa a oferecer sua contribuição, conforme a tarefa que lhe foi atribuída, ficando o GV na escrita.
	5. Em classes com menor número de estudantes, o grupo externo pode trocar de lugar e mudar de função de observador para verbalizador.
	6. Divide-se o tempo conforme a capacidade do tema em manter os estudantes mobilizados.
	7. O fechamento, papel fundamental do docente, deve contemplar os objetivos; portanto, incluir elementos do processo e dos produtos obtidos.

Fonte: Anastasiou e Alvez (2003, p. 88).[22]

É interessante notar que a técnica GV-GO não só pode ser combinada com outros recursos didáticos, como também permite adaptações, de acordo com as necessidades e/ou objetivos do professor e dos alunos. Assim, podemos desenvolver a técnica de forma mais sucinta, por meio de um roteiro dividido em três fases:[23] fase de estruturação e distribuição dos papéis; fase de verbalização/observação; e fase de relato da observação, como esquematizado na Figura 1.

A primeira fase compreende a divisão da turma em dois grupos e a correspondente denominação de cada um deles por GV (Grupo de Verbalização) e GO (Grupo de Observação). Em seguida, os dois grupos são dispostos em forma de figuras geométricas concêntricas, de modo que a equipe de verbalização fique posicionada no interior da de observação, como apresentado na Figura 2.

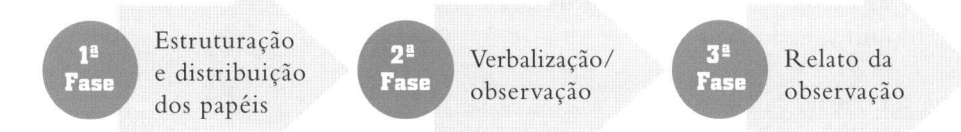

Fonte: Elaborada pelas autoras com base em Marques (1999).[24]

Figura 1. Fases GV-GO

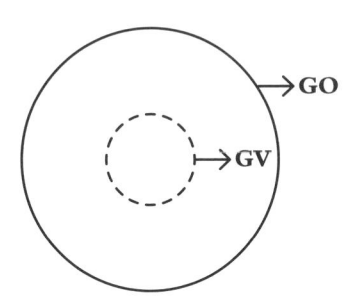

Fonte: Elaborada pelas autoras.

Figura 2. Disposição dos grupos GV-GO em sala

Passa-se, então, à destinação do tema a ser abordado, exercício a ser trabalhado, problema a ser solucionado etc., para o GV, ao passo que o GO será orientado a realizar observações, preferencialmente escritas, sobre o conteúdo explorado pelo GV. Na segunda fase, elege-se dentro do GV um mediador da discussão e um secretário designado a sintetizar as anotações acerca do que está sendo analisado. A seguir, o grupo fará, então, a exposição do que foi contemplado, enquanto o GO observará e realizará anotações a respeito da eficácia com que o conteúdo foi explorado em múltiplos aspectos, bem como se todos os alunos que integraram o GV dispuseram de oportunidade de participar, e se houve habilidade na utilização do tempo.

Por fim, tem-se a terceira e última fase, a qual corresponde à fase relato da observação. Os grupos serão, então, orientados a trocar de posições, a fim de procederem ao relato do que foi observado, devendo o professor, então, apresentar um fechamento com a conclusão dos assuntos abordados, empreendendo uma avaliação qualitativa do desempenho dos grupos.

4.1 Exemplo de aplicação

Com o intuito de exemplificar a aplicação da técnica de ensino GV-GO, esta seção apresenta um planejamento de aula em que a técnica é adotada como parte da apresentação de um conteúdo trabalhado em sala de aula. Para isso, o Plano de Aula retratado aborda como tema a "Teoria das Restrições" (TOC), sendo seu objetivo fornecer as definições e aplicações da mesma nas empresas. O Plano de Aula é registrado no Quadro 2.

Quadro 2. Exemplo de Plano de Aula com GV-GO

Ementa da aula: Disciplina de Custos

Tema da aula: Teoria das Restrições – TOC

Objetivo geral da aula: apresentar definições da Teoria das Restrições por meio de conceitos de restrições, bem como os princípios básicos para a sua implementação e, por fim, os procedimentos para a aplicação.

Objetivos específicos: trabalhar os conceitos de TOC por meio da Técnica de Ensino GV-GO, a qual proporciona aos alunos as seguintes habilidades: **desenvolvimento da capacidade de observação crítica; aprimoramento da capacidade de trabalhar em equipe; incitação a um comportamento mais autônomo dos alunos em relação à figura do professor; aprofundamento da discussão de um tema proposto; e TOC, mediante participação ativa dos alunos.**

Conteúdo Programático
- Definições da Teoria das Restrições
- Apresentação do livro *A meta* e de seu autor, Eliyahu M. Goldratt
- O que são restrições
- Princípios básicos
- Passos para a aplicação da TOC
- O método tambor-pulmão-corda

(continua)

Desenvolvimento do tema e Aplicação GV-GO
1ª fase – Estruturação e distribuição dos papéis
1. Entrega prévia do material, com o conteúdo programático para leitura.
2. Abertura da aula (5 minutos): apresentação da técnica de ensino GV-GO pelo professor com foco nos objetivos e funcionamento da mesma.
3. Distribuição das atividades (5 minutos): apresentação dos tópicos a serem discutidos pelos alunos do GV e o que deverá ser observado pelo GO. Esses tópicos irão orientar as discussões realizadas pelos alunos, como, por exemplo:
GV: discutir as principais definições da Teoria das Restrições; definir o que é restrição e gargalo; discutir qual a importância de verificar quais são os gargalos de uma empresa; quais princípios devem ser observados pelo gestor ao aplicar a TOC no seu empreendimento; quais passos ele deve seguir.
GO: observar se todos os tópicos discutidos pelo GV estão coerentes com o material didático disponibilizado pelo professor; destacar os pontos mais importantes discutidos pelo grupo; verificar quais tópicos deveriam ter sido discutidos, mas não foram.
4. Divisão dos alunos por grupo e organização da sala.
2ª fase – Verbalização/Observação
1. Discussões (30 minutos): momento em que os alunos do GV irão verbalizar/discutir as ideias e os conceitos lidos no material sobre TOC.
3ª fase – Relato da observação
1. Discussões (30 minutos): momento em que o GO irá relatar as anotações e observações realizadas durante a fase anterior.
Conclusão (30 minutos): fechamento feito pelo professor quanto aos assuntos abordados, retomando todos os principais conceitos da TOC que foram ou deveriam ter sido discutidos pelos grupos; avaliação qualitativa do desempenho dos grupos.
Tempo necessário (100 minutos): duas aulas de 50 minutos.
Recursos Didáticos: espaço físico com cadeiras e acondicionamento necessário para formação de dois círculos, sendo um no interior do outro.
Metodologia: aplicação da Técnica de Ensino GV-GO.
Avaliação: o professor observa a participação e a interação dos alunos durante os debates; entrega de um relatório final individual com os principais apontamentos realizados no decorrer das discussões, tanto pelo GV quanto pelo GO.

Fonte: Elaborado pelas autoras.

5. Considerações finais

Como visto, as técnicas de ensino relacionam-se com a definição dos agentes envolvidos no processo de ensino-aprendizagem, bem como com o papel e a participação de cada um deles nesse âmbito. Cumpre reiterar que não existem métodos superiores a outros, mas tão somente graus de adequação maiores, tendo em vista os objetivos a serem privilegiados ou o tema a ser abordado.

No campo das dinâmicas de grupo, a GV-GO se destaca por sua capacidade de contribuição para: enriquecimento gradativo do conteúdo abordado e dos processos mentais a ele associados; desenvolvimento de competências e habilidades críticas no aluno (como a capacidade de análise e dedução e a reprodução de senso crítico); estímulo à participação ativa dos estudantes por meio da partilha de pontos de vista; e provimento de um ambiente propício à discussão e à reflexão de assuntos novos.

Em virtude da notória exigência de senso crítico, participação e discussões em grupo por parte dos alunos, a GV-GO é especialmente sugerida para conteúdos que envolvam teorias, conceitos e análises críticas, cabendo ao professor o papel de adequar o assunto e a abordagem da problemática, conforme suas necessidades. Quanto à aplicação do método em si, a despeito das particularidades do tema e incrementos dos quais o docente pode se utilizar para emprego da técnica, de forma geral, pode-se dividi-la nas três fases esquematizadas.

Por fim, considerados os objetivos pelos quais prima a GV-GO, sua adequação a conteúdos que incitem a discussão e análise crítica, bem como à estruturação de sua aplicação, parece *mister* ressaltar a consonância desses elementos para a contribuição à formação do aluno na condição de protagonista dentro do processo cognitivo de descobrimento e apreensão dos saberes.

5 Debate: uma técnica de ensino voltada à pluralidade de pontos de vista

MARCELINO FRANCO DE MOURA

NEVISON AMORIM PEREIRA

SAULOÉBER TÁRSIO DE SOUZA

Toda técnica é tecida e envolvida por determinados ideais educativos.

(ARAUJO, 1991)[1]

1. Introdução

A proposta deste texto, assim como os demais que compõem a coletânea, é discutir estratégias de ensino que possam ser aplicadas à educação contábil e às áreas afins. Neste capítulo específico, o tema a ser trabalhado é a adoção da metodologia do debate ou do diálogo em sala de aula, que, aplicado de forma adequada, pode fomentar entre alunos e professores o surgimento de uma pluralidade de pontos de vista no espaço de ensino-aprendizagem.

Essa metodologia de trabalho, na relação entre mestres e discípulos, é, certamente, uma das técnicas didáticas mais remotas já desenvolvidas para fomentar o aprendizado em diferentes campos do saber. Pode-se afirmar que a democracia ateniense antiga, datada do século V a.C., fomentou o surgimento da base da dialética socrática, momento em que ocorreu grande exaltação do diálogo, do debate, da opinião do outro. Foi nesse período, conhecido como o "século do ouro", que surgiram os grandes oradores, bem como a valorização da retórica.[2]

Podemos localizar a gênese da técnica do debate ainda na Grécia Antiga, quando a dialética criada por Sócrates e filósofos, seus contemporâneos, conduziu a atenção ao aluno e sua capacidade inerente, proporcionando que suas ideias viessem à tona. Sócrates traçou paralelos de sua atividade enquanto pensador com a vida de sua mãe, uma famosa parteira.[3] De acordo com o filósofo grego, a principal diferença entre ele e sua mãe estaria no fato de que, enquanto ele praticava o "parir com a alma", ela praticava o "parir do corpo".

Para Sócrates, os frutos da alma seriam o saber. Seu papel junto à juventude, portanto, deveria ser o de conduzir os indivíduos a "parir o saber" inato à alma de cada um, pois é nela que residiria todo o saber pertinente ao ser humano. Dessa forma, o mecanismo para acessar esse saber seria a dialética. Esse conceito filosófico alcançou uma popularização sem precedentes no mundo contemporâneo, significando, em sua tradução literal, o "caminho entre as ideias". Na Grécia Antiga, a dialética era, a princípio, a arte do diálogo, passando, posteriormente, a ter o caráter de argumentação capaz de, a partir de conceitos claros e bem definidos, defender uma tese.

> Na acepção moderna, entretanto, dialética significa outra coisa: é o modo de pensarmos as contradições da realidade, o modo de compreendermos a realidade como essencialmente contraditória e em permanente transformação.[4]

A formulação do pensamento dialético moderno teve grande contribuição de Hegel, o que influenciou sua concepção de educação. Muito embora não tenha se dedicado especial atenção à temática educacional, o filósofo alemão sempre ocupou cargos ou desempenhou funções relacionadas ao campo educativo. Assim, a prática pedagógica seria motivada por uma visão específica de homem: o filósofo entendia que aprender é aprender com alguém mais, por intermédio de alguém, isto é, aprender por meio de um processo necessariamente mediado, dialético, acontecendo, a partir daí, a formação em diversos estágios.

Como podemos ver, a aprendizagem surge novamente como um processo de mediação entre mestres e discípulos. Também em Marx e sua dialética, o conhecimento seria totalizante, e a atividade humana, em geral, compreenderia um processo de totalização que nunca alcançaria uma etapa definitiva e acabada. Nesse sentido, o aprender se realizaria na fórmula tese $\times$ antítese = síntese e assim sucessivamente.

Por fim, ao realizar o movimento de se desvendar o contraditório, mostrar o outro lado de uma questão em debate, levar o discente a romper com sua visão de mundo baseada no senso comum, o professor estaria se colocando na condição de um intermediador, um facilitador entre o conhecimento e a juventude.

2. O debate enquanto técnica de ensino

Como já anunciado anteriormente, o foco deste capítulo é o debate enquanto técnica de ensino. Ainda que o professor tenha um papel fundamental no processo de ensino-aprendizagem, há fatores intrínsecos aos alunos que não se localizam no domínio do docente, como as características pessoais de cada um, suas necessidades e seus interesses.[5] Mas o docente tem a responsabilidade do conteúdo a ser ministrado, do desenvolvimento das habilidades de seus alunos diante do conteúdo apresentado, bem como a de propiciar um clima adequado à aprendizagem acerca do que foi explanado em aula, para que os estudantes atinjam patamares expressivos na compreensão de fatos e teorias.

O avanço tecnológico e as fortes alterações comportamentais, sobretudo dos jovens, aumentam a tensão na busca de alternativas metodológicas que possam atrair os estudantes para o ensino. Cabe ao professor, considerando os conteúdos a serem ministrados e as características dos alunos, identificar essas diferenças e utilizar a técnica de ensino que melhor se adapte a determinada situação. As estratégias/técnicas de ensino são os meios utilizados pelos professores na articulação do processo de ensino, conforme cada atividade e resultado esperado, devendo esse docente ser capaz de motivar e envolver os alunos.[6]

As técnicas vêm ocupando cada vez mais um papel central no processo de ensino-aprendizagem, de forma que as atividades que o docente planeja e realiza devem considerá-las, a fim de facilitar a construção do conhecimento dos discentes.[7] Esse processo se relaciona com a ideia de que o docente tem o controle dos meios de como se aprende e de como se transmite o conhecimento, sendo importantes, por isso, o planejamento e a adoção de estratégias de ensino adequadas.

As características pessoais e habilidades profissionais do docente influenciam na escolha da técnica de ensino. Além disso, as condições físicas da sala de aula, o

> *As características pessoais e habilidades profissionais do docente influenciam na escolha da técnica de ensino. Além disso, as condições físicas da sala de aula, o conteúdo a ser trabalhado, o tempo disponível e, principalmente, as características do grupo de alunos são aspectos que devem ser considerados ao se optar por uma determinada técnica.*

> *O debate pode ser entendido como um tipo de discussão formal em que se contrapõem duas ou mais opiniões sobre um tema polêmico.*

conteúdo a ser trabalhado, o tempo disponível e, principalmente, as características do grupo de alunos são aspectos que devem ser considerados ao se optar por uma determinada técnica. Todos esses aspectos contribuem, entretanto, para que, na maioria das vezes, a técnica da aula expositiva seja a adotada. Nesse sentido, "a técnica pela técnica nada vale; ao mesmo tempo, a ausência de técnica leva a um trabalho às cegas que também não tem valor".[8]

A partir dessa concepção, o debate pode ser entendido como um tipo de discussão formal em que se contrapõem duas ou mais opiniões sobre um tema polêmico. O debate é uma competição em que os debatedores procuram convencer uma terceira parte (um juiz, um auditório).[9] Em contraponto, autores discordam quanto à equiparação total de debate e discussão, já que a discussão se baseia na argumentação com alguém a fim de convencê-lo, sendo, posteriormente, feito o debate com um oponente para persuadir o auditório.[10]

A técnica de discussão é o mesmo que "sacudir, abalar, incomodar [...] caracteriza-se por ser uma forma de cooperação intelectual, uma vez que se esclarece e detalha o assunto em questão. Em resumo, é análise de um ponto de vista". A discussão nada mais é, portanto, do que uma etapa que pode antecipar um debate.[11]

> *O debate é qualquer processo de troca dialética entre duas ou mais partes, visando ao voto favorável ou aprovação de um terceiro.*

O debate, em sua origem etimológica, vem do francês *débattre*, no sentido de disputa, alteração, briga (Figura 1). Ele é, na verdade, uma disputa intelectual.[12]

Pode-se ainda dizer que é qualquer processo de troca dialética entre duas ou mais partes, visando ao voto favorável ou aprovação de um terceiro,[13] como nos referimos na introdução do texto.

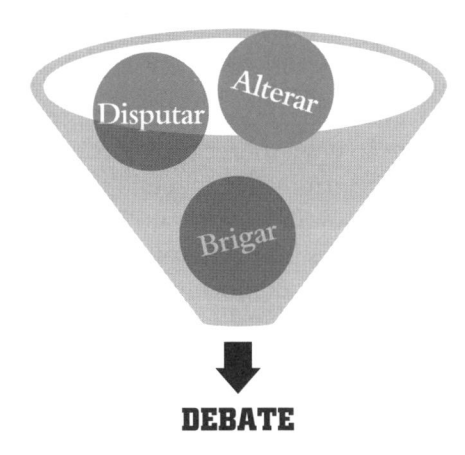

Fonte: Adaptação de Castanho (1998).[14]

Figura 1. Origem etimológica do termo debate

O debate proporciona a reflexão dos alunos sobre determinado conhecimento obtido, permitindo a eles formular ideias com suas palavras.[15] O papel do debate é instigar diferentes posições, teorias e pontos de vista por meio da disputa intelectual.[16] O aspecto principal do debate é a controvérsia. Embora os debatedores sejam guiados pelo mediador, é ideal que eles se apresentem como oponentes. Quanto ao mediador, cabe a uma pessoa dinâmica cumprir esse papel, pois é ele quem deve interrogar e orientar o debate.

> *O papel do debate é instigar diferentes posições, teorias e pontos de vista por meio da disputa intelectual. O aspecto principal do debate é a controvérsia.*

O objetivo do debate é desenvolver nos alunos a argumentação fundamentada, bem como a contra-argumentação, a agilidade mental, o exercício do confronto intelectual e lógico, a autoconfiança e o exercício de aprender a aceitar a opinião mais consistente.[17] Dessa maneira, o debate permite que os alunos expressem as suas opiniões e desenvolvam a capacidade de verbalização, suprindo uma carência do currículo educacional que se utiliza basicamente da linguagem escrita.

A escolha dessa técnica pode ser um dos fatores que auxiliam no desenvolvimento das capacidades intelectuais e comportamentais dos alunos. Muitos desses estudantes são desmotivados pelo curso ou criam certa aversão ao professor em virtude de o conteúdo repassado

> *O objetivo do debate é desenvolver nos alunos a argumentação fundamentada, bem como a contra-argumentação, a agilidade mental, o exercício do confronto intelectual e lógico, a autoconfiança e o exercício de aprender a aceitar a opinião mais consistente.*

estar aquém de suas capacidades, gerando assim um tipo de sobrecarga, denominada como sobrecarga de confronto.[18]

Alunos desmotivados e com aversão ao professor representam uma dura e cruel realidade que ocorre em função dessa sobrecarga de confronto. Ainda, muitas vezes, os professores desconsideram determinado conteúdo programático para aquela série, deixam de aprofundar ou até mesmo adentrar no assunto por falta de habilidades desenvolvidas em séries anteriores e, inevitavelmente, isso se refletirá no ensino superior. Essa situação é confirmada conforme se segue:

> O professor universitário é a mais frequente vítima dessa sequência, mormente se considerarmos as mazelas, tão conhecidas, do ensino brasileiro. Muitas vezes, o que lhe resta é mutilar o conteúdo, tornando-se mais um elemento da cadeia passiva.[19]

Para que essa mutilação possa ser evitada e as habilidades dos alunos sejam (re)construídas, a técnica de ensino com debate pode tornar-se eficaz. Mas, para isso, devem-se seguir alguns pontos fundamentais com vistas ao sucesso de sua aplicação, de forma a dar funções para cada pessoa envolvida na técnica, conforme demonstrado no Quadro 1.

Quadro 1. Estruturação dos envolvidos quanto à organização da técnica

Mediador	Debatedor (interlocutor)	Organização do espaço e atuação do professor
■ Deve fazer previamente um plano de perguntas, que devem seguir uma ordem lógica, mas não necessariamente um padrão rígido, para que possa estimular e conduzir o debate. ■ A função de mediador pode ser exercida pelo professor ou um aluno escolhido. ■ Delimitar as regras (tempo de cada interlocutor para responder à questão ou emitir sua opinião, tempo de réplica, entre outros).	■ Deve conhecer o tema com antecedência para informar-se do assunto e poder intervir de maneira clara e concisa na discussão. ■ Só é possível realizar um debate quando há oposições de pontos de vista dos debatedores sobre um determinado assunto. ■ Cada interlocutor terá um tempo estipulado para responder à questão, emitir sua opinião, replicar etc.	■ Para que haja debate, e não respostas formais, o tema escolhido pelo professor deve ser questionável, polêmico, para que possa ser analisado de diversos enfoques e interpretações, em todos os aspectos. ■ Devem-se definir os participantes do debate, o mediador (imparcial) e o público interessado. ■ O professor deverá disponibilizar antecipadamente material de informação sobre o tema (bibliografia, fontes etc.) para que os alunos se preparem, uma vez que não é uma improvisação.

(continua)

(continuação)

Mediador	Debatedor (interlocutor)	Organização do espaço e atuação do professor
■ Uma vez iniciado o debate, o mediador deve agir de maneira prudente, tendo o cuidado de não pressionar ou intimidar os participantes. ■ Caso o debate fuja do objetivo central, o mediador deve fazer um breve resumo do tratado e fazer uma nova pergunta secundária que retorne ao tema. ■ O mediador prestará atenção não somente ao conteúdo do debate, mas também às atitudes dos debatedores. ■ Não deve emitir opinião sobre o tema do debate, sendo sua função a de conduzir, guiar e estimular o debate através de uma atitude cordial, serena e segura.	■ Um dos interlocutores pode ser convencido pelo outro, ou, ainda, é possível que ambas as partes aceitem os argumentos do outro lado (mesmo que parcialmente) e repensem suas opiniões. ■ Cada participante só poderá falar na sua vez e não deverá exceder o tempo estipulado, além de sempre ter que atender ao mediador. ■ Uma das regras principais é o respeito ao outro debatedor. A oposição é de ideias, não de pessoas. ■ Após o debate, o público poderá fazer perguntas diretas, de forma oral, a qualquer um dos debatedores. O tempo para essa etapa deverá ser definido.	■ Fazer comentário crítico do trabalho e remeter a novos estudos para novos debates. ■ *Layout*: os participantes devem permanecer assentados de forma que todos fiquem visíveis uns para os outros. ■ O professor deve mudar de lugar a cada sessão, evitando intimidar o aluno próximo dele. ■ Antes do fim, deve-se apresentar alguma conclusão sobre o assunto discutido, sintetizando as opiniões defendidas.

Pontos relevantes:
- Há também o papel do relator, exercido pelo aluno, cuja função é anotar na lousa ou em painéis as posições dos grupos e as decisões de consenso para as conclusões posteriores.
- Não se trata de uma técnica de comprovação de aprendizagem ou de avaliação de aproveitamento, haja vista que é uma forma de aprendizagem por meio de informações múltiplas e participação ativa na troca e elaboração de ideias.
- Número de membros deve ser compatível com o horário disponível.

Fonte: Adaptado de Castanho (1998);[20] Celestino e Leal (2007)[21] e Pietro (2014).[22]

Para se ter ciência de que esses pontos relatados acima puderam propiciar ao aluno a incorporação do conhecimento à sua estrutura cognitiva, é necessário que o mesmo tenha condições, após o debate, assim como em qualquer outra técnica de ensino, de falar livremente, com as próprias palavras, e expor aos demais colegas de sala o que compreendeu sobre determinado tema, não terminando a aula, portanto, com a realização do debate.[23] O mediador deve ainda ouvir a plateia, no caso, os alunos, instigando-os a fazer uma discussão pós-debate, a fim de mensurar o aprendizado dos mesmos.

Contudo, a discussão pós-debate exige alguns cuidados necessários para sua realização:

> A discussão deve ser uma lição criadora. Para criar é preciso ter informações: o processo criativo se inicia com aquisição de informações, pesquisa de material adicional e descoberta de possibilidades. A criatividade é alimentada por informações. Uma pobreza de conhecimento faz definhar e limita o crescimento da criatividade.[24]

Nesse sentido, a criatividade, assim como as técnicas de debate e discussão, não podem ser confundidas com algazarra e conflito como acontece em muitos casos, quando realizados aleatoriamente, sem planejamento. Em relação às técnicas, "é preciso pensá-las e introduzi-las com critério, tendo clareza que o objetivo é o estudo e não a agitação".[25]

A eficácia dos aspectos fundamentais, apresentados anteriormente, dar-se-á por meio de passos a serem seguidos por professores e alunos, conforme a Figura 2.

Assim, o professor e os alunos devem ficar atentos quanto às suas responsabilidades, bem como às etapas a serem seguidas para a execução e o desenvolvimento dessas tarefas, de uma forma cronológica e planejada.

A ordem sequencial para a execução de um debate é a seguinte:[26]

- **1ª etapa:** abertura e apresentação do tema, dos participantes e das normas estipuladas.
- **2ª etapa:** explanação do tema por cada debatedor, expondo suas controvérsias e pontos de vista.
- **3ª etapa:** comentários do primeiro debatedor sobre a exposição do oponente e posterior réplica; em seguida, o mediador inverte as posições entre os debatedores: o 2º faz comentário e o 1º, a réplica.
- **4ª etapa:** participação da plateia (questionamentos, com tempo definido para respostas).
- **5ª etapa:** recapitulação (comentário de cada debatedor e síntese do debate pelo mediador, por meio das anotações feitas pelo relator referente às posições dos grupos, às decisões e consensos a que chegaram).
- **6ª etapa:** conclusão feita pelo mediador, recomendações de novos estudos e novas leituras para futuras discussões e debates.
- **7ª etapa:** agradecimentos (do mediador para os participantes – debatedores e plateia).

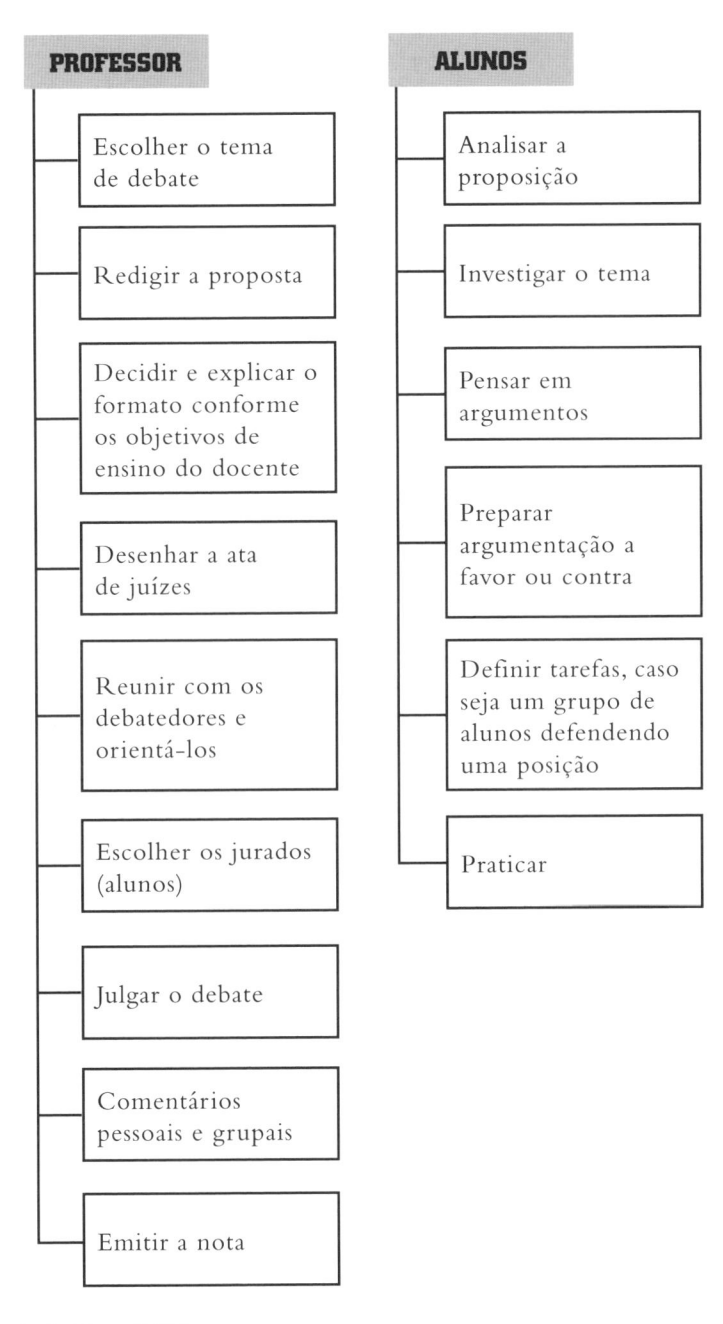

Fonte: Adaptada de Pietro (2014).

Figura 2. Responsabilidades de docentes e discentes em um debate

Diante do que foi abordado sobre a técnica de ensino "Debate", segue exercício abordando um tema específico para alunos do curso superior em Ciências Contábeis (nomes fictícios):

- **1ª etapa:** abertura (etapa a ser cumprida pelo mediador)
  - Ao início da aula, o professor faz seus cumprimentos e, considerando que todos os alunos do 2º período do Curso de Ciências Contábeis já tenham feito uma leitura prévia dos textos complementares enviados via *e-mail*, dá-se início ao debate.
  - O tema a ser abordado nesse debate é: "uso de ferramentas contábeis e gerenciais por produtores de gado de corte para tomada de decisão".
  - Objetivo do debate: compreender a utilidade e as vantagens de se utilizarem ferramentas contábeis e gerenciais para a tomada de decisão, independentemente do setor produtivo da empresa.
  - O papel de mediador será exercido pelo professor da disciplina de Contabilidade Gerencial, aqui chamado de Carlos Daniel; o relator é escolhido por sorteio (Júlio César), assim como os dois debatedores (Fabrício e Sandro). Um debatedor atuará em defesa do uso de ferramentas contábeis pelo produtor rural, e o outro defenderá a não utilização das mesmas, de forma a representar a figura do produtor rural no papel de investidor preocupado apenas em lucrar, sem desmerecer o papel do contador nesse caso.
  - Cada debatedor, em sua explanação (Sandro e Fabrício), terá um tempo de 5 minutos, com réplica de 2 minutos, com exceção da apresentação e exposição inicial em 10 minutos cada. Esse mesmo tempo será aplicado também no momento de respostas aos questionamentos da plateia.
  - O debate terá a duração de dois horários de 50 minutos cada.
- **2ª etapa:** explanação do tema por cada debatedor
  - O Prof. Carlos Daniel (mediador) passa a palavra para o debatedor (Fabrício), o qual discorda da necessidade do uso das ferramentas contábeis no setor de gado de corte para a tomada de decisão, expressando seu ponto de vista (tempo: 5 minutos).

- É dada a palavra para o debatedor que é adepto ao uso de ferramentas contábeis no setor de gado de corte (Sandro), o qual também expressa seu ponto de vista (tempo: 5 minutos).

- **3ª etapa:** comentários dos debatedores

  - O Prof. Carlos Daniel retoma a palavra e a repassa novamente para o primeiro debatedor (Fabrício) para que ele comente a exposição do oponente (Sandro) (5 minutos).

  - Procede-se à réplica do 2º debatedor (Sandro) (2 minutos).

  - O Prof. Carlos Daniel (mediador) inverte as posições: o 2º debatedor (Sandro) faz comentário (5 minutos) e o 1º debatedor (Fabrício), a réplica (2 minutos).

- **4ª etapa:** participação da plateia

  - A plateia, nesse caso os demais alunos (30 alunos), faz questionamentos aos dois debatedores (Fabrício e Sandro) e estes terão 1 minuto cada para responder ao que foi questionado.

- **5ª etapa:** recapitulação

  - O debatedor a favor (Sandro) e o debatedor contra o uso de ferramentas contábeis (Fabrício) por parte dos produtores de gado de corte fazem breves comentários, recapitulando suas posições (cada um tem 5 minutos).

  - O Prof. Carlos Daniel, nesse caso como mediador, faz a síntese de tudo que foi discutido e redigido pelo relator (Júlio César), sem esboçar nenhuma intervenção ou opinião partidária a favor de nenhum dos lados, observando apenas os pontos discutidos e relevantes (10 minutos).

  - Em seguida, o Prof. Carlos Daniel recomenda aos alunos leitura dos trabalhos de Batalha (1997),[27] Zylbersztajn (1995)[28] e Farina, Azevedo e Saes (1997),[29] para futuros debates e discussões.

- **6ª etapa:** conclusão

  - O Prof. Carlos Daniel faz suas considerações finais, concluindo os pontos de vista de cada debatedor, alinhando à teoria ensinada anteriormente por meio de aula expositiva. O professor ainda poderá apontar o que deve ser relevante nas discussões proferidas durante o debate e o que poderá ser reavaliado sob os aspectos positivos e negativos.

- **7ª etapa:** agradecimentos

  - O professor de Contabilidade Gerencial (Carlos Daniel) agradece a participação efetiva dos alunos presentes na plateia (30 alunos), seja como questionadores ou como ouvintes do debate.

  - Finalmente, ele agradece de forma especial também aos dois alunos (Fabrício e Sandro) que debateram e se posicionaram, mediante preparação prévia por meio de leitura de textos complementares.

3. Considerações finais

A discussão acerca do debate como estratégia de ensino busca apenas reforçar a ideia de que o desafio do professor nos dias atuais é aprender a lidar com a multiplicidade de tecnologias que ampliam as possibilidades em sala de aula.[30] Mais que isso, é necessário saber escolher a técnica adequada à condução de temáticas específicas, aqui relacionadas ao campo da educação contábil. Nesse sentido,

> toda técnica é tecida e envolvida por determinados ideais educativos. Não é a técnica que define o ideal educativo, mas o contrário. Assim é possível usar o retroprojetor sem ser tecnicista. É possível realizar estudo dirigido sem aquela auréola planificante que o definia. É possível a aula expositiva sem ser tradicional. Pode-se usar a instrução programada, mesmo conhecendo seus limites, sem a certeza de estar no melhor caminho, ou de que o ensino e a aprendizagem têm garantido o seu sucesso.[31]

Portanto, antes da adoção de determinada técnica de trabalho, conforme o debate aqui abordado, é importante que o docente tenha clareza dos objetivos a serem alcançados. Ao se escolher o debate como estratégia de ensino em sala de aula, é fundamental que o mediador, no caso o professor, propicie um ambiente investigativo junto ao grupo, demonstrando domínio do conteúdo, fomentando a controvérsia para que os discentes possam percorrer o caminho dialético da tese *versus* a antítese, resultando na síntese. E, sobretudo, é fundamental que ocorra a participação efetiva de todos os alunos e não apenas dos debatedores, pois isso sugerirá a absorção da temática trabalhada, mesmo que por meio de diferentes pontos de vista.

6 Seminário: da técnica de ensino à polinização de ideias

SILVANA MALUSÁ

GEOVANA FERREIRA MELO

ROBERTO BERNARDINO JÚNIOR

O papel de um polinizador de ideias é semelhante a um horticultor ou floricultor que se dedica à polinização das suas flores. Equipado com um vasto conjunto de interesses, uma curiosidade ávida, e uma aptidão para o ensino e aprendizagem, a polinização traz grandes ideias do mundo exterior para animar a sua organização.

TOM KELLEY, *The ten faces of innovation*

1. Contexto

Em tempo de terceiro milênio, a questão pedagógica do docente universitário vem sendo objeto de estudos nas reflexões acadêmicas, levantando uma evidência preocupante: cresce o número de professores que revelam desconhecer os processos de ensino e aprendizagem, ainda que detenham uma formação teórica consistente. O que se percebe é que o ingresso na carreira do magistério superior ocorre, quase sempre, de maneira inesperada e não elaborada, ou seja, não é um projeto de vida profissional para o qual se prepara e se busca realizar.

Nessa linha de raciocínio, pode-se dizer que o magistério superior nem sempre é um sonho profissional, mas um acaso, como assinala uma parte do livro *Sou professor universitário: e agora?*.[1] Nessa mesma direção, Vasconcelos[2] afirma que a maioria dos docentes universitários ingressa no ensino superior a convite de amigos e/ou professores que, certamente, reconhecem sua competência técnica. Desse modo, é possível ver a prevalência do aspecto tradicional, ou seja, a docência se estabelece à medida que o professor ensina com base na sua experiência como aluno, inspirado na forma como foi ensinado por seus professores.

A ausência de uma formação pedagógica sistematizada cria uma inquietação, em muitos docentes, do fazer sem saber, como ou mesmo por que fazer. Essa insatisfação quanto ao "fazer" profissional é uma das frequentes portas por onde entra a reflexão pedagógica no ensino superior.

> Os docentes do Ensino Superior praticam muitas vezes pedagogia sem o saberem. A novidade consiste em nos interrogarmos sobre a validade desta ou daquela técnica, deste ou daquele modelo pedagógico, e em introduzirmos novas práticas de ensino, a partir desta interrogação.[3]

Mas por que uma formação didático-pedagógica é necessária, não só na escolha de uma técnica de ensino mais adequada, mas também para a prática da docência universitária de modo geral?

Para responder à questão, é importante avaliar que, embora a universidade se constitua como principal espaço formativo para profissionais de diferentes áreas, pode ser destacado pelo menos um aspecto que tem se mostrado ineficiente: a formação de professores para atuar nas diferentes etapas e modalidades da educação, principalmente na educação superior. Regra geral, é considerado habilitado para assumir a carreira docente, nesse nível, o profissional que possui titulação obtida em programas de pós-graduação.

Nesse sentido, tais práticas baseiam-se no entendimento de que os saberes técnicos da profissão seriam suficientes para que um indivíduo diplomado assumisse a docência como profissão, tendo em vista que a docência universitária continua a ter como foco a competência científica, desprovida da dimensão didático-pedagógica. Esse contexto tem como pressuposto a ideia de que, para atuar no ensino superior, basta ter o "domínio" do conteúdo a ser ensinado, a partir da máxima: "quem sabe, sabe ensinar". Essa situação é referendada pela ausência de políticas públicas de formação específica para o ingresso na carreira do magistério superior. No caso da Lei de Diretrizes e Bases da Educação (LDB – Lei nº 9.394, de 1996), dois artigos mencionam a docência universitária:

> Artigo 65 – A formação docente, exceto para a educação superior, incluirá prática de ensino de, no mínimo, trezentas horas.
>
> Artigo 66 – A preparação para o exercício do magistério superior far-se-á em nível de pós-graduação, prioritariamente em programas de mestrado e doutorado.

Não há, na referida Lei, nenhuma menção quanto à formação didático-pedagógica a ser desenvolvida nos cursos de mestrado e doutorado, cujo modelo formativo tem como característica a especialização aprofundada em determinado campo do conhecimento. Nesse sentido, caracteriza-se a verticalização da formação, ou seja, formam-se, nesses cursos, pesquisadores com amplo domínio do campo específico, no entanto desprovidos de conhecimentos referentes à docência. Essa situação configura-se em um paradoxo, pois boa parte dos profissionais egressos desses cursos atuará na docência, sendo pesquisadores que ensinam, ou que tentam ensinar, ao invés de serem professores pesquisadores.

De acordo com Cunha,[4] "o professor ao fazer sua formação pós-graduada, via de regra constrói uma competência técnico-científica em algum aspecto de seu campo de conhecimento, mas caminha com prejuízos rumo a uma visão mais ampla, abrangente e integrada de sociedade". As consequências desse modelo formativo, centrado no aprofundamento de um determinado campo científico, são sentidas na pele quando o docente assume a tarefa complexa de desenvolver o processo de ensino-aprendizagem. Desprovido em sua formação de questões relacionadas ao campo das ciências humanas e sociais, o professor frequentemente enfrentará dificuldades para compreender e desenvolver sua profissão, que exige o domínio de diferentes saberes.

Se, por um lado, a formação de grande parte dos docentes universitários não contempla questões relacionadas ao exercício da profissão docente, por outro será fundamental criar, nas universidades, espaços para a discussão e reflexão da docência e dos desafios enfrentados no exercício dessa profissão. O objetivo desse processo será buscar um melhor entendimento a respeito do sentido formativo da instituição, bem como do compromisso dos docentes com a melhoria da qualidade da formação pessoal e profissional de seus estudantes.

O contexto de atuação profissional dos professores universitários está cada vez mais complexo. Às universidades tem sido outorgada uma acentuada demanda de crescimento, desde a produção científica até a exigência pelo aumento do número de vagas. Uma série de mudanças ocorreu na educação superior nos últimos anos, quais sejam: massificação e progressiva heterogeneidade dos estudantes, redução de investimentos, inserção de novas tecnologias e educação a distância, reestruturação do projeto pedagógico dos cursos de formação,* além de novas demandas do mundo produtivo e da empregabilidade.[5] Essas questões, tanto de ordem interna quanto externa às universidades, interferem em seu funcionamento e têm como desdobramentos a necessidade de que o corpo docente e administrativo conheça e compreenda tais mudanças e atualize suas propostas de formação.

Além disso, a função histórica da universidade passa por transformações. Há, no imaginário social, cada vez mais, a atribuição de um valor peculiar ao conhecimento, no qual a universidade ocupa dupla tarefa: a de produzir e disseminar o conhecimento nas diferentes áreas.

2. O papel do professor universitário

Nesse sentido, o trabalho do professor universitário consiste, também, em contribuir efetivamente para que os estudantes aprendam a superar a razão instrumental, fruto de vários anos inseridos numa cultura escolar que privilegia o empirismo e o cientificismo, em detrimento do pensamento crítico pautado numa sólida formação teórica nas humanidades. Ao professor caberá a tarefa de despertar nos estudantes a capacidade inventiva, a criatividade, a dúvida metódica, a curiosidade epistemológica e a expressão crítica da realidade.[6] Esse processo deverá propiciar a formação de um profissional preparado para enfrentar um mundo de mudanças e incertezas,[7] no qual é exigido o desenvolvimento de saberes técnicos (específicos para o exercício da profissão), além dos relacionados à convivência humana, dado que somos seres sociais, e as profissões, em sua maioria, são exercidas em contextos coletivos.

Nessa perspectiva, o professor deverá atentar para questões éticas e estéticas da profissão. Há que exercitar, cada vez mais, sua capacidade indagativa no intuito de buscar respostas para algumas questões importantes como: Qual perfil de ser humano/profissional queremos formar? Como desenvolver uma formação que instrumentalize os estudantes para a inserção nessa realidade globalizada, multimidiática e tecnológica? Que pressupostos e metodologias devemos utilizar? Como avaliar se realmente nossos objetivos educacionais estão sendo alcançados?

---

* Em virtude da LBD nº 9.394/96, foram extintos os currículos mínimos e criadas as diretrizes curriculares para os cursos de graduação, tendo como exigência para as universidades a adequação dos projetos pedagógicos de seus cursos às novas diretrizes curriculares.

3. Processo de ensino e aprendizagem

Os elementos ensino e aprendizagem são dois componentes constitutivos da didática, que estão intrinsecamente ligados um ao outro.[8] Na ação integradora dessa dinâmica, estão presentes professor e aluno, os dois protagonistas do processo.

> Por exigir uma interação entre professores e alunos a dinâmica ensino-aprendizagem escolar envolve fatores afetivos e sociais. Essa relação implica um vínculo direto com o meio social que inclui as condições de vida do educando, a sua relação com a escola, sua percepção e compreensão do conhecimento sistematizado a ser estudado. O trabalho docente é a atividade que dá unidade à dinâmica ensino-aprendizagem pelo processo de mediação entre o conhecimento a ser aprendido e a ação de apropriação desse conhecimento.[9]

A relação ensino-aprendizagem é composta pelo conjunto de atividades organizadas por professor e alunos, tendo como ponto de partida o nível de conhecimento dos estudantes e, por propósito, a apropriação de um saber historicamente acumulado.[10] Ou seja, espera-se que haja uma transformação progressiva dos saberes discentes em direção ao domínio do saber sistematizado.[11]

Nessa perspectiva, a ação de ensinar é entendida como uma atividade de mediação em que são fornecidos aos alunos as condições e os meios para que eles se apropriem do saber sistematizado, enquanto sujeitos ativos no processo de ensino-aprendizagem.

Nessa perspectiva, a ação de ensinar é entendida como uma atividade de mediação em que são fornecidos aos alunos as condições e os meios para que eles se apropriem do saber sistematizado, enquanto sujeitos ativos no processo de ensino-aprendizagem.[12, 13, 14]

Como se vê, o exercício da docência não é algo simples. Trata-se de um fazer complexo, que exige do docente uma formação para além do domínio do campo científico de sua área de formação e atuação – imprescindível –, mas não o bastante para o desenvolvimento do processo de ensino-aprendizagem. Nesse sentido, torna-se imperiosa a elaboração de conhecimentos teóricos e práticos relacionados à docência, compreendida como um ofício que exige o domínio de vários saberes. E, neles, o saber em poder selecionar as técnicas de ensino mais adequadas para cada momento. No caso deste texto, o foco volta-se para o "Seminário".

4. Seminários como técnica de ensino

A escolha das técnicas ou estratégias de ensino a serem utilizadas tem como importantes itens a serem analisados os diversos objetivos propostos para o tema/assunto e as características próprias de cada grupo de alunos.

> Não é possível querermos ajudar os alunos a conseguirem tantos objetivos usando apenas uma ou duas técnicas. Há necessidade do conhecimento das diferentes técnicas que sejam mais adaptadas a este ou aquele objetivo. [...] cada grupo de alunos ou cada turma ou cada classe são diferentes uns dos outros. [...] Isto nos alerta para a necessidade de conhecermos e dominarmos várias técnicas que possam ser utilizadas tendo em vista o mesmo objetivo. A necessidade de variar as técnicas no decorrer de um curso, o que se faz oportuno, pois elas são um forte elemento de atuação sobre a motivação dos alunos, assim como a necessidade de propor claramente os objetivos a serem alcançados.[15]

Diferentes estratégias de ensino são apresentadas e propostas. Às vezes, elas aparecem com denominações um pouco diferentes, como: aula expositiva; estudo dirigido; técnicas socializantes (atividades pedagógicas coletivas); sistema personalizado de instrução (Sistema Keller); desempenho de papéis (dramatização); seminários; dinâmica de grupos; e tempestade cerebral (explosão de ideias).[16, 17, 18]

> Ao empreender suas primeiras tentativas didáticas, o professor menos iniciado provavelmente abraçará a técnica padrão do ensino tradicional, que é aula expositiva, também conhecida como aula teórica no meio universitário da área de saúde. Mas, por ser muito comum, a aula expositiva passou a ser chamada simplesmente de aula.[19]

Em paralelo a isso, outra estratégia de ensino bastante mencionada no ensino superior é o Seminário. Etimologicamente, o nome dessa técnica, *Seminário*, vem da palavra latina *seminariu*, que significa viveiro de plantas onde se fazem as sementeiras. Sementeira indica a ideia de proliferação daquilo que se semeia. Em seu sentido mais amplo, Seminário significa congresso científico, cultural ou tecnológico, no qual um grupo relativamente numeroso de pessoas (educadores, alunos) tem como propósito estudar um tema ou questões relacionadas a uma determinada área, sob a coordenação de uma comissão de educadores ou especialistas no assunto.[20]

No sentido restrito, o Seminário, enquanto técnica de ensino, pode ser definido como um grupo de estudo que discute e debate um ou mais temas, que podem ser apresentados por um ou vários alunos, sob a direção do professor responsável pela disciplina do curso. Dentre as orientações voltadas para o êxito da aplicação do Seminário, destacam-se duas delas: o conhecimento prévio sobre o assunto a ser apresentado pelos relatores ou expositores; a necessidade de evitar discursos nas exposições, a fim de não tornar a sessão monótona.[21]

> *No sentido restrito, o Seminário, enquanto técnica de ensino, pode ser definido como um grupo de estudo que discute e debate um ou mais temas, que podem ser apresentados por um ou vários alunos, sob a direção do professor responsável pela disciplina do curso.*

O Seminário pode ser utilizado em qualquer momento do processo de ensino-aprendizagem, sendo aplicável tanto em conteúdos teóricos quanto em conteúdos mais práticos. É importante ressaltar que a implementação da técnica, por sua vez, deverá considerar os objetivos almejados, a habilidade do docente em conduzi-la e o tempo disponível para consolidar o tema proposto.

O Seminário é comumente entendido como a apresentação de um relato de caso ou resumo de um artigo, livro ou capítulo, para um grupo de alunos e professor. Em algumas ocasiões, após a apresentação, são realizados, pelo professor, questionamentos ao expositor do tema, assim como é aberta a palavra aos demais colegas do grupo. Posteriormente, passa-se então a outra apresentação. Esse momento do processo de ensino-aprendizagem é entendido como "apresentação de seminários", o que de fato não o é.

> Entende-se como seminários a apresentação e discussão de artigos ou casos clínicos. O envolvimento com pesquisas, obtendo seus resultados e então os levando para o grupo conhecê-los e discuti-los, o que constituiria um seminário completo, não é a realidade. Uma das explicações para isto é a falta de tempo para se envolver com uma atividade que seria de longa duração existindo tantas outras disciplinas e conteúdos a serem apresentados e abordados no decorrer do curso.[22]

O Seminário é uma das técnicas mais comuns no vocabulário de professores e alunos do ensino superior. E se executado de forma correta e adequada seria um processo excelente de proliferação de ideias.

Por sua natureza, o Seminário é uma técnica que deveria demandar ampliação e polinização de ideias. Não é e não pode ser aquela técnica de ensino em que cada aluno apresenta uma parte de um texto (capítulo), ou quando alguém fala: "ah! vamos pular essa parte porque fulano faltou". Nenhuma estratégia de ensino

> *O Seminário é uma técnica que deveria demandar ampliação e polinização de ideias. Não é e não pode ser aquela técnica de ensino em que cada aluno apresenta uma parte de um texto (capítulo), ou quando alguém fala: "ah! vamos pular essa parte porque fulano faltou". Nenhuma estratégia de ensino foi tão mal utilizada pelos professores do ensino superior como o Seminário, apesar de ser bem conhecido pelos universitários em geral.*

> *A realização de um Seminário requer o desenvolvimento de algumas habilidades por parte dos docentes, tais como: a inter-relação de temas e pessoas; a elaboração de planos de ensino que contemplem outras atividades, enquanto os trabalhos concernentes ao Seminário estão em construção fora do ambiente da sala de aula; e, ainda, a capacidade de atuar como estrategista do ensino, mediando todas essas práticas em acontecimento concomitante.*

foi tão mal utilizada pelos professores do ensino superior como o Seminário, apesar de ser bem conhecido pelos universitários em geral.[23]

Como estratégia de ensino, o Seminário contribui de forma significativa com o desenvolvimento de habilidades como: comunicação, planejamento, trabalho em equipe, pesquisa, dentre outras. Nesse sentido, percebe-se a relevância dessa técnica, principalmente no que se refere à construção do conhecimento em diversas áreas, por exemplo a de negócios.

Em pesquisa realizada com docentes e discentes de um Curso de Ciências Contábeis, observou-se que há uma convergência de opiniões quanto às técnicas de ensino mais utilizadas e a obtenção de melhores resultados. O Seminário, com base na opinião dos discentes, aparece em terceiro lugar (14,01% das respostas) como a técnica mais eficaz. Entre os docentes, o Seminário também ocupa o terceiro lugar, com 16,13% das respostas.[24]

5. Realizando Seminários

A realização de um Seminário requer o desenvolvimento de algumas habilidades por parte dos docentes, tais como: a inter-relação de temas e pessoas; a elaboração de planos de ensino que contemplem outras atividades, enquanto os trabalhos concernentes ao Seminário estão em construção fora do ambiente da sala de aula; e, ainda, a capacidade de atuar como *estrategista do ensino*, mediando todas essas práticas em acontecimento concomitante.

Ao abordar a mediação docente em sala de aula e nas necessárias conduções e orientações dos diferentes momentos que compõem o processo de ensino-aprendizagem, Marques[25] afirma que

> A condução pedagógica das aprendizagens sistemáticas em sala de aula se constitui na configuração concreta das práticas educativas e na específica correlação de temas e respectivas tramas conceituais com que são tratadas naquele determinado estágio do processo da interlocução dos saberes e na sequência exigida pela dinâmica curricular.

O Seminário oportuniza aos alunos desenvolver a capacidade de pesquisa, de produção do conhecimento, de comunicação, de organização, de fundamentação de ideias, bem como de produção do conhecimento em equipe.[26]

Num mundo cada vez mais interconectado, onde fatos e informações são divulgados de maneira quase instantânea ao acontecimento, no qual a criatividade e as inovações que oportunizem melhor qualidade de vida e sustentabilidade são valorados, de forma antes inimaginável, e onde a concorrência por cada milímetro dos diversos mercados exige dos profissionais uma formação cada vez mais globalizada, o ensino na área de negócios e empreendedorismo ganha mais e mais matiz.

O ensino do empreendedorismo alberga vários quesitos entendidos como relevantes, tais como o estímulo constante do aprendizado, o desafio de problemas, o rompimento dos limites de aprendizado, a construção de habilidades, a mudança de comportamento, a comunicação, apreender a lidar com meios competitivos, dentre outros.[27] Com base nesses fatores, o Seminário se mostra como uma ferramenta que permite trabalhar todas essas facetas do aprendizado.

Em trabalho realizado por Garavan e O'Cinneide[28] foram analisados seis programas de empreendedorismo europeus. Os autores observaram que quase a metade do tempo desses cursos é dedicada à construção de habilidades empreendedoras. Tendo em vista tais habilidades, dentre as estratégias utilizadas nesses programas estão: os estudos de caso, os jogos e simulações de situações-problema e também os seminários.

O uso de estratégias de ensino adequadas, aliado a uma formação bem orientada, é fundamental para a construção de habilidades na área de negócios. Nesse sentido,

> [...] os seminários, na perspectiva dialética, vêm atender às demandas que estão ocorrendo na área educacional e que apontam a valorização de um conjunto de habilidades como autonomia de pensamento e ação, capacidade de integrar novos e antigos elementos nas diversas áreas do conhecimento, instituindo-se assim relevantes alicerces do ensino superior.[29]

O processo de elaboração de um Seminário é composto por dois momentos: pesquisa e coleta de informações e dados. A busca, inicialmente, é um trabalho solitário. Após a coleta de material, é feita a organização e análise dele para que então seja elaborado um texto que atenda aos objetivos propostos para o trabalho em execução. Caso essa atividade esteja sendo executada por grupos de alunos, após o cumprimento da etapa individual eles se reúnem para analisar os trabalhos realizados.

Coletivamente, o grupo deve completar a coleta de dados para, em seguida, fazer uma nova análise e confeccionar o trabalho final referente a essa primeira etapa. Tais ações caracterizam o ensino

> *O processo de elaboração de um Seminário é composto por dois momentos: pesquisa e coleta de informações e dados. A busca, inicialmente, é um trabalho solitário. Após a coleta de material, é feita a organização e análise dele para que então seja elaborado um texto que atenda aos objetivos propostos para o trabalho em execução.*

com pesquisa, outra estratégia que pode ser aliada à utilização de seminários como ferramenta de ensino.

Esse primeiro momento, dependendo do tema/assunto, do tamanho do grupo e do acesso aos materiais necessários na coleta, poderá prolongar-se por mais de dois meses. Nesse ínterim, outras atividades pedagógicas estarão acontecendo, as quais já terão sido anteriormente previstas e planejadas pelo docente. O papel do professor é fundamental em todas as etapas: desde as orientações iniciais, o desenvolvimento e a culminância no momento da apresentação e elaboração da síntese.

Tem-se, nessas atividades, uma excelente oportunidade de trabalhar um dos pilares da educação, o "aprender a viver juntos, aprender a viver com os outros".[30] Nessa linha de análise,

> Quando se trabalha em conjunto sobre projetos motivadores e fora do habitual, as diferenças e até os conflitos interindividuais tendem a reduzir-se, chegando a desaparecer em alguns casos. Uma nova forma de identificação nasce destes projetos que fazem com que se ultrapassem as rotinas individuais, que valorizam aquilo que é comum e não as diferenças.[31]

Findada essa fase, passa-se para o segundo momento. Nele, o professor atua como mediador do Seminário, sugerindo a discussão de um tema ainda não trabalhado diretamente por nenhum aluno ou grupo, mas no qual todos dispõem de dados suficientes para discuti-lo.

Findada essa fase, passa-se para o segundo momento. Nele, o professor atua como mediador do Seminário, sugerindo a discussão de um tema ainda não trabalhado diretamente por nenhum aluno ou grupo, mas no qual todos dispõem de dados suficientes para discuti-lo.

Caso os trabalhos tenham sido realizados em grupos, pode-se sortear um representante de cada um deles para atuar como apresentador e debatedor. Com isso, uma construção coletiva de informações embasará a elaboração de novos conhecimentos, favorecidos a partir de pesquisas que os próprios debatedores e demais componentes dos grupos fizeram.

6. Em resumo

Resumidamente, tem-se:

- **Características gerais do Seminário**
  O Seminário é uma técnica de ensino socializado, na qual os alunos se reúnem em grupo com o objetivo de estudar e investigar um ou mais temas, sob a direção do professor, que terá a função de orientar o trabalho.

- **Objetivos do Seminário**
  - Investigar um problema de um ou mais temas, sob diferentes perspectivas, tendo em vista alcançar profundidade de compreensão.
  - Analisar criticamente fenômenos observados ou ideias do autor estudado.
  - Propor alternativas para resolver as questões levantadas.
  - Trabalhar em sala de aula de forma cooperativa.
  - Instaurar o diálogo crítico sobre um ou mais temas, tentando desvendá-los, observando as razões pelas quais eles existem, bem como o contexto político e histórico em que se inserem.

- **Etapas do Seminário**
  1. Preparação que envolve tarefas tanto para o professor quanto para os alunos:
     - Cabe ao professor explicitar os objetivos, sugerir o(s) tema(s), justificando a importância do(s) mesmo(s). Ele deve, ainda, recomendar a bibliografia, orientando os alunos na busca por fontes de pesquisa.
     - Aos alunos compete obter informações, dados e ideias por intermédio da pesquisa. Além disso, esses alunos devem ler e estudar com profundidade a bibliografia sugerida e preparar os materiais e recursos necessários à apresentação.
  2. Apresentação do tema e discussão deles por meio de exposição oral. Nessa etapa, o papel do professor é o de direcionar o processo e instalar o diálogo crítico. Lembrar que as atividades básicas dos participantes são: apresentação do trabalho escrito (relatório ou síntese), exposição do tema com objetividade, formulação de questões críticas, solicitação de esclarecimentos para sanar dúvidas, argumentar e contra-argumentar, buscar respostas às questões levantadas, estabelecer confrontos, encaminhar conclusões.

- **Critérios gerais:**
  - Clareza e estruturação lógica do texto, correção ortográfica, pontuação, concordância nominal e verbal.
  - Coerência, articulação das concepções do grupo com os pressupostos teóricos estudados.
  - Domínio do conteúdo e argumentação crítica.
  - Adequação às normas (ABNT) para elaboração de trabalhos acadêmicos.

Ao finalizar essa reflexão, vale enfatizar que, no sentido de construção de saberes e conhecimentos, é essencial a avaliação de todo o processo e do que foi alcançado por seus participantes. Nesse olhar, os seminários oportunizam tal avaliação. Segundo Krasilchik, "[p]esquisas demonstram que, quando os cursos envolvem alunos em atividades além da mera presença nas aulas para ouvir preleções, estes evoluem de superficial para profundo".[32] Diagnosticar a profundidade do mergulho no trabalho realizado, entendendo as características do grupo de alunos envolvidos no processo, e refletir sobre novas formas de conduções e mediações dentro das possibilidades e necessidades do conteúdo são algumas das análises que os seminários, como estratégia de ensino e aprendizagem, fornecem de matéria-prima para também se realizar uma avaliação.

O Seminário, quando bem planejado, bem orientado, desenvolvido de acordo com seus pressupostos metodológicos e avaliado qualitativamente, pode constituir-se em excelente técnica de ensino, de modo a "polinizar" ideias, socializar pensamentos e contribuir para a dinâmica de relações coletivas na sala de aula universitária.

7

O estudo é dirigido, mas o aluno é o piloto!

ALINE BARBOSA DE MIRANDA

O bom professor é o que consegue, enquanto fala, trazer o aluno até a intimidade do movimento de seu pensamento. Sua aula é assim um desafio e não uma "cantiga de ninar". Seus alunos cansam, não dormem. Cansam porque acompanham as idas e vindas de seu pensamento, surpreendem suas pausas, suas dúvidas, suas incertezas.

PAULO FREIRE

1. Introdução

O ambiente acadêmico está repleto de teorias e experiências didático-pedagógicas bem-sucedidas. Com o passar do tempo, algumas teorias se tornam obsoletas, outras são renovadas e outras ainda são criadas e aperfeiçoadas, constituindo-se o campo do ensino em uma área extremamente fértil no que concerne às experiências didáticas inovadoras.

As técnicas de ensino vêm acompanhando a evolução tecnológica e se tornando cada vez mais importantes no contexto da sala de aula. A literatura nessa área é rica e contempla os mais variados públicos: salas de aula cheias, salas com menos alunos, laboratórios, espaços abertos, entre outros. Mas a melhor técnica dependerá dos objetivos almejados pelo docente.

> *As técnicas de ensino vêm acompanhando a evolução tecnológica e se tornando cada vez mais importantes no contexto da sala de aula.*

Neste capítulo, a técnica explorada será o Estudo Dirigido. Esse método surgiu a partir da necessidade de ensinar os alunos a estudar. No decorrer do texto, buscamos colocar em evidência alguns aspectos como: do que se trata o Estudo Dirigido; o uso inadequado dessa técnica e suas consequências; a importância de elaborar Estudos Dirigidos que tornem o aluno ativo, crítico, criativo, independente. Para alcançar os objetivos almejados com a técnica do Estudo Dirigido, qual seja, ensinar os alunos a estudar e a desenvolver habilidades que os tornem autônomos, é necessária a elaboração de roteiros que estimulem atividades cerebrais que contribuam para um processo de ensino-aprendizagem dinâmico, em detrimento das atividades mecânicas e que não estimulam o desenvolvimento intelectual dos alunos.

> *Para alcançar os objetivos almejados com a técnica do Estudo Dirigido, qual seja, ensinar os alunos a estudar e a desenvolver habilidades que os tornem autônomos, é necessária a elaboração de roteiros que estimulem atividades cerebrais que contribuam para um processo de ensino-aprendizagem dinâmico, em detrimento das atividades mecânicas e que não estimulam o desenvolvimento intelectual dos alunos.*

Buscar-se-á, ainda, problematizar algumas questões como: objetivos, conteúdos indicados para o uso da técnica, público a que se destina, habilidades docentes para o uso da técnica, cronograma para aplicação, melhor espaço físico, tipologias dos conteúdos e, por fim, será apresentado um exemplo prático para a utilização dessa técnica.

2. Do que trata essa estratégia (técnica)?

O Estudo Dirigido refere-se a uma das várias técnicas utilizadas no processo de ensino-aprendizagem. Trata-se de uma atividade realizada pelos alunos, com roteiros de perguntas desenvolvidas previamente pelos professores. Essa é uma atividade ativa e não passiva, pois requer

> *O Estudo Dirigido é considerado o método de "ensino independente" mais conhecido e pode ser realizado em grupo ou individualmente.*

do aluno o uso da própria criatividade na interpretação e análise do conteúdo do texto, sendo consideradas na elaboração do roteiro, sobretudo, as necessidades dos alunos.

O Estudo Dirigido é considerado o método de "ensino independente" mais conhecido e pode ser realizado em grupo ou individualmente. Ele está relacionado[1] a atividades propostas pelo professor aos alunos para que estes as resolvam de maneira independente e criativa.

O Estudo Dirigido[2] surgiu da necessidade de orientar os alunos em como estudar, tendo sido desenvolvido como técnica pedagógica a partir de 1915, nos Estados Unidos, sendo reconhecido como *supervised study*. O método se propagou para outros países 20 anos mais tarde, em 1935. Essa técnica baseava-se em certas considerações filosóficas:

> Se nossa civilização está em constante mudança e se atualmente o progresso cultural é vertiginoso, tornando parte do conhecimento adquirido nas escolas em pouco tempo ultrapassado e obsoleto, o mais importante é aprender a estudar e desenvolver o gosto de estudar.[3]

Etimologicamente, Estudo Dirigido significa: o ato de estudar sob a orientação do professor. Para o êxito na aplicação da técnica, entretanto, é preciso ir além da sua definição etimológica, pois o Estudo Dirigido[4] não é um estudo vigiado, implicando outras ações que não se restringem ao instrumental e aos recursos utilizados pelo professor para orientar seus alunos.

O Estudo Dirigido[5] é uma técnica desenvolvida no processo de ensino-aprendizagem, na qual os alunos desenvolvem em sala de aula, ou fora dela, atividades determinadas pelo docente, relacionadas a um capítulo de livro, a um artigo, a um texto didático ou a um livro (referencial bibliográfico). O professor e a profesora assumem o papel de responsáveis por orientá-los e acompanhá-los na realização dessas atividades.

O Estudo Dirigido[6] pode ser considerado um caminho para que o aluno aprenda a fazer pesquisas bibliográficas, pois essa estratégia não fica restrita à sala de aula, podendo se estender para fora dela, desde que seja bem orientada pelo professor.

> *O Estudo Dirigido é um método de estudo que consiste em levar o educando – individualmente ou em grupo – a estudar um tema ou unidade, na extensão e profundidade desejadas pelo professor, tendo como referência um roteiro elaborado por este.*

O Estudo Dirigido[7] é um método de estudo que consiste em levar o educando – individualmente ou em grupo – a estudar um tema ou unidade, na extensão e profundidade desejadas pelo professor, tendo como referência um roteiro elaborado por este.

Existem duas funções principais relacionadas ao Estudo Dirigido:[8] (i) consolidar conhecimentos por meio da combinação explicação do professor com exercícios; e (ii) buscar a solução de problemas por meio de questionamentos propostos aos alunos, para que os mesmos possam resolvê-los de forma criativa e independente.

O Estudo Dirigido, embora seja bastante conhecido e utilizado em sala de aula, requer alguns cuidados em sua utilização para que sejam alcançados os objetivos previamente definidos. Um exemplo bastante conhecido do mau uso dessa técnica ocorre quando ela é utilizada para manter o aluno "ocupado". Com essa finalidade, o emprego do Estudo Dirigido fica comprometido. Assim, é necessário ter uma função didática programada, assistida e, ao final, é importante avaliar os resultados, assim como acontece na aplicação de qualquer outra técnica.

> *Um exemplo bastante conhecido do mau uso dessa técnica ocorre quando ela é utilizada para manter o aluno "ocupado". Assim, é necessário ter uma função didática programada, assistida e, ao final, é importante mensurar os resultados, assim como acontece na aplicação de qualquer outra técnica.*

É necessário outro cuidado ao empregar a técnica do Estudo Dirigido.[9] Estudiosos,[10] ao analisar livros didáticos e atividades de professores, deparam-se com uma grande quantidade de atividades chamadas, "indevidamente", de Estudo Dirigido, tendo em vista que a maioria dos exercícios observados exigiam apenas a habilidade de memorizar e reproduzir conteúdos.

> Encontrei exercícios de completar lacunas, em que é solicitada ao aluno somente a transcrição de trechos inteiros do livro ou texto didático; perguntas, tipo questionário, registradas no quadro de giz ou ditadas pelo professor, exigindo respostas curtas e diretas; uma outra variedade são os exercícios objetivos, como palavras cruzadas, questões de múltipla escolha, correlação de colunas, etc.[11]

O resultado dessa modalidade de "Estudo Dirigido" é a simplificação e fragmentação da proposta de estudo de determinado conteúdo e transformação do ensino em uma forma de adestramento. A finalidade dessas atividades é reter certa quantidade de conteúdo sem compreendê-lo, sendo esse conteúdo considerado dogmático e inquestionável, responsável por proporcionar uma aprendizagem memorística (em que os conteúdos são apresentados de forma final e precisam ser simplesmente assimilados), por meio da qual o aluno é treinado para resolver problemas específicos ou memorizar conceitos, definições, datas, nomes etc.[12]

> *O resultado dessa modalidade de "Estudo Dirigido" é a simplificação e fragmentação da proposta de estudo de determinado conteúdo e transformação do ensino em uma forma de adestramento.*

Em uma pesquisa realizada,[13] 80% das atividades contidas em livros didáticos estão reservadas às respostas curtas e 20%, aos outros tipos de tarefa, não havendo, dessa forma, espaço para as atividades que desenvolvam raciocínios intelectuais mais complexos como: compreensão, aplicação, análise, síntese e avaliação. Essa visão do Estudo Dirigido[14] está relacionada aos pressupostos teóricos iniciais calcados na proposta escolanovista.

É necessário superar essa visão reducionista[15] dada ao Estudo Dirigido, no sentido de avançar em direção a uma perspectiva que leve à emancipação do educando de forma reflexiva e que estimule o pensamento crítico e o espírito pesquisador dos alunos.

A estratégia de ensino Estudo Dirigido[16] sofreu várias influências teóricas com o decorrer do tempo. Entre elas, destacam-se: o escolanovismo, o tecnicismo, a crítico-reprodutivista, até chegar à visão contemporânea calcada na formação de um tipo de pessoa empenhada em transformar a realidade social de forma crítica e emancipatória, que é capaz de romper com a visão de passividade que imperou e que, às vezes, ainda existe em algumas escolas.

> *É necessário superar essa visão reducionista dada ao Estudo Dirigido, no sentido de avançar em direção a uma perspectiva que leve à emancipação do educando de forma reflexiva e que estimule o pensamento crítico e o espírito pesquisador dos alunos.*

Nesse sentido, a perspectiva de Estudo Dirigido adotada neste estudo está relacionada a uma estratégia fundamentada no princípio didático de que o professor deverá elaborar propostas visando desenvolver as habilidades e operações de pensamento significativo. Com isso, os alunos devem ser capazes de selecionar, comparar, experimentar, analisar, solucionar problemas, aplicando o conteúdo aprendido.

3. O que pretendo alcançar com o uso do Estudo Dirigido no ensino superior?

Ao estabelecer os objetivos que o docente quer alcançar com determinado Estudo Dirigido, ele precisa, previamente, fazer alguns questionamentos, tais como: a partir de que recorte de informações almejo que meus alunos construam seus conhecimentos? Que habilidades intelectuais eles precisam adquirir? Que perfil de profissional quero desenvolver?

Na literatura corrente, deparamo-nos com inúmeros objetivos e, dentre eles, destacamos: provocar os alunos criticamente, buscando, na leitura, os fundamentos necessários à explicação e compreensão das questões propostas; aprofundar o conteúdo do texto didático para além das informações superficiais e da mera opinião; buscar a conexão entre o texto didático e seu contexto, vinculando também ao contexto do autor e do leitor, ou seja, propiciar a leitura polissêmica ("processo de significação, lugar de sentidos");[17] desenvolver no aluno a reflexão, a criticidade e a criatividade; capacitar os alunos à leitura de textos ou livros didáticos necessários à sua instrumentalização, em outras palavras, apropriação das ferramentas de caráter histórico, matemático, científico, literário, artístico, tecnológico etc.[18]

> *A partir de que recorte de informações almejo que meus alunos construam seus conhecimentos? Que habilidades intelectuais eles precisam adquirir? Que perfil de profissional quero desenvolver?*

Ainda, outros objetivos podem ser estabelecidos, como: tornar o aluno competente, no sentido de desenvolver habilidades e hábitos de trabalho inovadores e independentes; organizar, sistematizar e consolidar conhecimentos e hábitos; possibilitar a resolução individual de problemas, superar dificuldades e desenvolver métodos próprios de aprendizagem; propiciar aos alunos meios de desenvolver suas capacidades de trabalhar, de forma livre e criativa, no que concerne a problemas cotidianos da sua vivência e a problemas mais amplos da vida social; oportunizar ao professor a observação de seus alunos em suas dificuldades e progressos, bem como avaliar seu trabalho, sua prática pedagógica.[19]

São objetivos importantes a serem alcançados, também, incentivar o aluno a ter o hábito da pesquisa, motivando-o a desvendar por si mesmo as informações que busca e a construir seu conhecimento, assim como instrumentalizá-lo para recorrer a diferentes fontes de consulta e estudo, tais como dicionários, mapas, revistas, enciclopédias, manuais, também são objetivos importantes a serem alcançados. Por fim, constitui-se em objetivo a ser levado em consideração o conhecer os limites e possibilidades de cada estudante, incentivando-os a vencer desafios pelo seu próprio esforço e, por outro lado, buscar favorecer o aprendizado dos estudantes que tenham um ritmo mais lento, já que cada um terá seu próprio ritmo respeitado.[20] Em síntese, são os

> *Em síntese, são os seguintes objetivos que normalmente os docentes procuram alcançar com a técnica Estudo Dirigido: criar, corrigir e aperfeiçoar hábitos de estudo; servir como técnica de fixação, integração e ampliação da aprendizagem; proporcionar condições para o aluno aprender por meio de seu próprio esforço.*

seguintes objetivos que normalmente os docentes procuram alcançar com a técnica Estudo Dirigido: criar, corrigir e aperfeiçoar hábitos de estudo; servir como técnica de fixação, integração e ampliação da aprendizagem; proporcionar condições para o aluno aprender por meio de seu próprio esforço.[21]

Mediante a exposição dos objetivos supracitados, é possível verificar que os objetivos da técnica Estudo Dirigido estão direcionados para a formação de educandos criativos, que reflitam sobre a realidade de forma crítica, que extrapolem, por meio de pesquisas, o conteúdo estudado. O método é importante, ainda, para desenvolver habilidades essenciais como: analisar, sistematizar, refletir, realizar leituras mais criteriosas.

> *O método é importante, ainda, para desenvolver habilidades essenciais como: analisar, sistematizar, refletir, realizar leituras mais criteriosas.*

O emprego do Estudo Dirigido como técnica de ensino é também uma forma de motivar os alunos a refletir sobre o texto, já que os mesmos terão a responsabilidade de empregar suas capacidades analítica e criativa e não simplesmente realizar uma leitura "somente por ler". A capacidade analítica é desenvolvida quando o aluno é desafiado a interpretar e sustentar, por meio de argumentos válidos, a sua resposta. Dessa forma, a técnica possibilita a integração de ideias, já que o aluno precisa organizar, raciocinar e sintetizar essas ideias para responder aos questionamentos propostos. Além de despertar no educando seu potencial criador e criativo, o método o leva a refletir sobre sua opinião, bem como sobre eventuais soluções propostas. De modo geral, pode-se afirmar que o Estudo Dirigido é uma boa estratégia para ensinar os alunos a estudar, a fixar conteúdos e a aprender de maneira a desenvolver sua consciência crítica.

Os conteúdos são conhecimentos historicamente acumulados e sistematizados, sendo selecionados pelo docente de acordo com: sua formação, o contexto educativo, as pressões sociais e a trajetória profissional dos professores.[22] Os conteúdos são estudados durante o período em que são ministradas as disciplinas que compõem a grade curricular de um curso.

> *O emprego do Estudo Dirigido como técnica de ensino é também uma forma de motivar os alunos a refletir sobre o texto, já que eles terão a responsabilidade de empregar suas capacidades analítica e criativa e não simplesmente realizar uma leitura "somente por ler".*

Os temas dos conteúdos são selecionados e organizados a partir da definição dos objetivos da ementa. As fases de planejamento,[23] aplicação e avaliação asseguram um sentido integral ao processo

> *Os conteúdos podem ser divididos em três tipologias da aprendizagem: conceitual e factual (o que se deve aprender?); procedimental (o que se deve fazer?); e atitudinal (como se deve ser?).*

de ensino. Os conteúdos podem ser divididos em três tipologias da aprendizagem: conceitual e factual (o que se deve aprender?); procedimental (o que se deve fazer?); e atitudinal (como se deve ser?).

Os **conteúdos conceituais** dizem respeito à construção ativa de capacidades intelectuais para operar símbolos, imagens, ideias e representações que permitam organizar as realidades.[24] Para aprender um conceito, é necessário: identificar, reconhecer, classificar, descrever, comparar, conhecer, explicar, relacionar. Os seguintes materiais poderão ser utilizados para desenvolver essa categoria: quadro-negro, recursos audiovisuais e livros didáticos.

Os **conteúdos procedimentais** têm como objetivo fazer com que os alunos construam instrumentos para analisar, por si mesmos, os resultados que obtêm e os processos que colocam em ação para atingir as metas a que se propõem. Aprender um conteúdo procedimental advém de seu caráter de "saber fazer", ou seja, confeccionar, construir, aplicar, coletar, representar, observar, experimentar, testar, elaborar, executar, entre outros, podendo, para tanto, ser utilizados textos, dados estatísticos, revistas e jornais.[25]

E os **conteúdos atitudinais** buscam o desenvolvimento de atitudes e valores em relação à informação recebida, visando à intervenção do aluno em sua realidade. São exemplos de valores a serem adquiridos e/ou aperfeiçoados: comportar-se (de acordo com), respeitar, tolerar, apreciar, ponderar (positiva ou negativamente), aceitar, praticar, ser consciente de, reagir a, conformar-se com, agir. No que se refere aos conteúdos atitudinais, a sugestão é o uso de vídeos e textos que estimulem o debate.[26]

Tendo como direção essa categorização,[27] depreende-se que o Estudo Dirigido poderá ser utilizado, se for opção do professor, nas três tipologias propostas. Para isso, basta construir um roteiro que leve o aluno a desenvolver cada uma das três categorias: conceitual, atitudinal e procedimental.

4. Que tipo de conteúdos (assuntos) e aprendizagens podemos desenvolver ao utilizar a técnica do Estudo Dirigido?

O Estudo Dirigido é bastante utilizado na fase de fixação e integração dos conteúdos, bem como na fase de acompanhamento e recuperação da aprendizagem. "Quanto aos momentos da ação didática mais frequentemente enfatizados, o Estudo Dirigido está situado, predominantemente, entre as técnicas de fixação e integração da aprendizagem, subfase da realização do ensino."[28]

> *Como o Estudo Dirigido tem como característica a versatilidade, ele se torna aplicável a mais de uma etapa do ciclo docente.*

No entanto, como o Estudo Dirigido tem como característica a versatilidade, ele se torna aplicável a mais de uma etapa do ciclo docente, como: "na apresentação da matéria, na direção das atividades discentes, na fixação e integração de conhecimentos e no controle e retificação da aprendizagem".[29]

Nessa direção, o Estudo Dirigido pode ser aplicado em qualquer momento

> *O Estudo Dirigido pode ser aplicado em qualquer momento da aprendizagem, em todas as áreas e em todos os níveis do ensino.*

da aprendizagem, em todas as áreas e em todos os níveis do ensino. Pode ser utilizado, ainda, como técnica de ensino para apresentar novos conteúdos, como técnica de reforço e integração da aprendizagem, como técnica de ampliação da aprendizagem e como técnica para atendimento diferenciado.[30]

Há duas estratégias[31] importantes que complementam o uso do Estudo Dirigido: (i) a pesquisa bibliográfica; e (ii) as soluções de problemas.

Nas pesquisas bibliográficas, o Estudo Dirigido ajudará o aluno a desenvolver habilidades como: hábito de ler com um lápis na mão; hábito de ler partes de livros e textos na íntegra, não se atendo somente aos elementos textuais, mas também consultando elementos pré-textuais e os pós-textuais (índices, apêndices, tabela, resumos, entre outros), localização da ideia central do texto, deixando os pormenores para uma segunda leitura; organização de fichas sobre o conteúdo estudado, seja para resumir, transcrever trechos importantes ou ainda para bibliografia; hábito de destacar pontos em que tenham dúvidas, dos considerados essenciais e daqueles que não estejam de acordo ou que mereçam revisão.

Quanto às soluções de problemas,[32] com o Estudo Dirigido, o aluno poderá, a partir de um roteiro básico, ser conduzido a: realizar leituras do problema quantas vezes forem necessárias à compreensão do enunciado; construir um esquema; verificar leis, princípios, fórmulas, soluções que estejam ligadas ao problema; substituir símbolos por seus valores; fazer cálculos; e realizar verificação e interpretação dos resultados.

5. Existe um público-alvo específico para se trabalhar com o Estudo Dirigido?

O Estudo Dirigido é considerado, no meio acadêmico, uma técnica que contribui para que os alunos aprendam a estudar. Ao optar por utilizar essa técnica em sua prática pedagógica, o docente baseia-se no pressuposto de que a aprendizagem efetiva exige a atividade mental/intelectual do aluno, ou seja, para aprender, o aluno deve realizar atividades mentais.[33] Nesse sentido, não existe uma regra precisa que determine qual tipo de

> *Nesse sentido, não existe uma regra precisa que determine qual tipo de aluno ou nível/grau de conhecimento os educandos devem ter para que esse tipo de estudo seja utilizado.*

> *A partir do planejamento do docente, o Estudo Dirigido poderá ser aplicado no momento que ele considerar mais adequado, sendo observados os objetivos a serem alcançados por meio de roteiros que permitam aos alunos realizar operações cognitivas que levem à construção do conhecimento.*

aluno ou nível/grau de conhecimento os educandos devem ter para que esse tipo de estudo seja utilizado. Esse tipo de estudo poderá, ainda, ser utilizado em qualquer momento: no início, para se inteirar do tema estudado; no meio, para aprofundar conhecimentos; ou no final, para consolidar conhecimentos já estudados.

O importante é ter clara a abrangência que o Estudo Dirigido possui. Ao traçar os objetivos, o docente poderá propor um roteiro e direcionar o estudo para que esses objetivos sejam alcançados. Veja alguns exemplos:

- ler um texto e depois responder às perguntas;
- manipular materiais ou construir objetos e chegar a certas conclusões;
- observar objetos, fatos ou fenômenos e fazer anotações;
- realizar experiências e fazer relatórios, chegando a certas generalizações.[34]

A partir do planejamento do docente, o Estudo Dirigido poderá ser aplicado no momento que ele considerar mais adequado, sendo observados os objetivos a serem alcançados por meio de roteiros que permitam aos alunos realizar operações cognitivas que levem à construção do conhecimento. São exemplos de operações cognitivas: classificar, seriar, relacionar, analisar, reunir, sintetizar, localizar no tempo e no espaço, representar, conceituar, e definir, provar, transpor, julgar, induzir, deduzir.[35]

6. Quais habilidades o docente precisa ter para fazer uso da técnica Estudo Dirigido?

O docente, ao realizar seu planejamento, deve estabelecer alguns aspectos que irão contribuir para o bom desempenho de sua prática docente. Ter uma visão clara, ampla e profunda de seu público-alvo e do contexto no qual irá trabalhar é essencial. Essa visão irá favorecer o docente a escolher a técnica mais adequada à sua realidade.

> *Ter uma visão clara, ampla e profunda de seu público-alvo e do contexto no qual irá trabalhar é essencial.*

Nesse sentido, uma sala repleta de alunos requer uma técnica diferente de uma sala que possui menos alunos. O Estudo Dirigido, se aplicado individualmente, poderá ser utilizado em salas com grande número de alunos, diferentemente de trabalhos em grupo que são inviáveis em salas cheias, sendo esses mais indicados para classes com número reduzido de alunos.

Para que o professor tenha êxito em sua proposta de trabalho, é preciso estar atento a alguns aspectos: conhecer bem a técnica, nesse caso, o Estudo Dirigido; definir a técnica, apresentar os objetivos e

> *O Estudo Dirigido, se aplicado individualmente, poderá ser utilizado em salas com grande número de alunos, diferentemente de trabalhos em grupo que são inviáveis em salas cheias, sendo esses mais indicados para classes com número reduzido de alunos.*

resultados esperados; enumerar as etapas da aplicação da técnica; esclarecer os papéis dos envolvidos nos grupos; apresentar o material que será utilizado; e, ao final, realizar um *feedback*, verificando com os alunos se os objetivos foram alcançados ou não. Se os objetivos não tiverem sido alcançados, avaliar como poderiam ser readequados para o êxito da proposta.

O professor[36] que optar por utilizar o Estudo Dirigido em sua prática pedagógica

> não deve assumir um papel autoritário e nem deve ser espontâneo. A ele compete ser democrático, responsável e diretivo. Como dirigente do processo de ensino, o professor não deve esquecer que a regra fundamental é a atividade do aluno, para o aluno, e com o aluno.[37]

O professor, ao optar pelo Estudo Dirigido, deverá, portanto, assumir a postura de orientador e coordenador da proposta, acompanhando os alunos, sanando eventuais dificuldades, incentivando a busca pela construção do conhecimento, sem, no entanto, entregar as respostas prontas ou planejar roteiros com perguntas e respostas mecânicas.

Algumas habilidades[38] são necessárias, por parte do docente, para a boa organização de um Estudo Dirigido:

> *O professor, ao optar pelo Estudo Dirigido, deverá assumir a postura de orientador e coordenador da proposta, acompanhando os alunos, sanando eventuais dificuldades, incentivando a busca pela construção do conhecimento, sem entregar as respostas prontas ou planejar roteiros com perguntas e respostas mecânicas.*

> a) especificar para o aluno a natureza da tarefa, seus objetivos, suas fases, sua profundidade (ou seja, delimitação do campo horizontal e verticalmente, determinando o foco), as fontes de consulta, os métodos ou processos a serem empregados, o prazo de entrega do trabalho e os modos de valer-se dos diversos recursos disponíveis;
>
> b) orientar o aluno na maneira como estudar e ler inteligentemente;
>
> c) dar informações claras, precisas e objetivas para que o aluno saiba "o que" fazer e "como" fazer;

d) auxiliar o aluno, sem dar a solução, orientar o raciocínio do aluno, complementar informações, sugerir novos caminhos, estimular os alunos que apresentem dificuldades;

e) observar no decorrer do estudo para verificar se toda a classe trabalha, avaliar o rendimento de cada um e desenvolver atitudes favoráveis de estudo.[39]

> *O professor deve conhecer bem uma técnica antes de utilizá-la, já que, ao saber adequar a realidade de que dispõe à técnica mais apropriada, obterá mais facilmente o êxito de seus objetivos.*

De modo geral, observa-se que, na aplicação de qualquer técnica de ensino, a experiência didática do docente, aliada à espontaneidade e segurança, proporcionará maiores chances de sucesso. Logo, o professor deve conhecer bem uma técnica antes de utilizá-la, já que, ao saber adequar a realidade de que dispõe à técnica mais apropriada, obterá mais facilmente o êxito de seus objetivos.

7. Como planejar o tempo sem prejudicar a execução da técnica?

A noção de tempo necessário para desenvolver a técnica do Estudo Dirigido é um aspecto muito importante a ser observado. No planejamento do professor, ele deverá elaborar um cronograma, definindo o tempo que será dedicado às diversas etapas que envolvem o Estudo.

Um planejamento[40] baseado em dois horários de 50 minutos, ou seja, 100 minutos, pode ser distribuído da seguinte forma: a) acomodação, chamada e motivação – 5 minutos; b) preparação do estudo – 5 minutos; c) execução ou realização do estudo dirigido – 50 minutos; d) apresentação do trabalho e discussão – 35 minutos; e) apreciação do professor – 5 minutos.

Como já mencionado acima, o Estudo Dirigido é bastante versátil, podendo o docente adequá-lo ao tempo de que dispuser, pois o bom planejamento irá assegurar o alcance dos objetivos previstos. A organização do espaço e a noção do tempo[41] devem ser previstas antecipadamente para manter a fluência do trabalho e a qualidade da interação durante o Estudo Dirigido.

> *No planejamento do professor, ele deverá elaborar um cronograma, definindo o tempo que será dedicado às diversas etapas que envolvem o Estudo.*

8. É necessário um ambiente específico para se utilizar a técnica?

O Estudo Dirigido é classificado[42] como um "método de trabalho independente", na realidade o mais conhecido. Em outras palavras, refere-se a atividades dirigidas e orientadas pelo professor para os alunos resolverem de maneira independente e criativa. Esse tipo de estudo apresenta as fases: tarefa preparatória, tarefa de assimilação de conteúdos e tarefa de elaboração pessoal. O Estudo Dirigido poderá ser desenvolvido individualmente, ou em grupo, em sala de aula, ou em casa, dependendo da proposta e dos objetivos propostos pelo docente.

> *O Estudo Dirigido poderá ser desenvolvido individualmente, ou em grupo, em sala de aula, ou em casa, dependendo da proposta e dos objetivos propostos pelo docente.*
>
> *Se a opção for utilizá-lo individualmente, a sala de aula, mesmo com um número maior de alunos, poderá ser a opção. Na realidade, em salas cheias, essa é uma das técnicas mais utilizadas.*

Se a opção for utilizar essa técnica individualmente, a sala de aula, mesmo com um número maior de alunos, poderá ser a opção. Na realidade, em salas cheias, essa é uma das técnicas mais utilizadas.

Caso a opção seja o estudo em grupo, a classe com número elevado de alunos inviabiliza a técnica. Isso se explica porque: há falta de espaço para a formação dos grupos; o professor tem dificuldade em orientar os mesmos; barulho em excesso, pois, em grupo, trocas de visões e opiniões sobre o tema estudado são esperadas.

E, se a opção for o Estudo Dirigido para ser realizado no ambiente extraclasse, é muito importante que o docente proponha tarefas claras, compreensíveis e adequadas ao conhecimento e à capacidade dos alunos. Posteriormente, deve ser reservado um momento durante o horário de aula para apreciação coletiva do trabalho realizado pelos alunos. O professor deverá, ainda, indicar fontes que ajudem os alunos a pesquisar e buscar a informação, além de instrumentalizá-los com recursos como: ler, resumir e expor resultados.[43]

A sala de aula tem muitas vantagens como local para realização do Estudo Dirigido, pois a presença do professor como orientador e facilitador assegura que o aluno resolva de forma relativamente independente e criadora a proposta, com possibilidade de ter esclarecidas as eventuais dúvidas.

> *Se a opção for o Estudo Dirigido para ser realizado no ambiente extraclasse, é muito importante que o docente proponha tarefas claras, compreensíveis e adequadas ao conhecimento e à capacidade dos alunos.*

Desse modo, independentemente da opção, se bem planejado, o Estudo Dirigido propicia boas oportunidades de aprendizagem.

9. Exemplo prático do emprego da técnica Estudo Dirigido

O exemplo prático proposto a seguir refere-se ao tema estudado neste capítulo, ou seja, sobre o conteúdo relacionado à técnica Estudo Dirigido, estando estruturado em três blocos e tendo como objetivo contemplar as três categorias supracitadas. Em uma aplicação em sala, não é necessária essa divisão, tendo sido aqui realizada para que o leitor identifique mais facilmente a aplicação das três tipologias. Essa proposta poderá ser realizada em grupo ou individualmente, mas aqui trataremos como estudo individualizado.

O cronograma adotado[44] compreende dois horários geminados de 50 minutos.

Estudo Dirigido

Parte I (acomodação, chamada, motivação e preparação para o estudo – 10 minutos)

Tema: A técnica de ensino: Estudo Dirigido

Problematização: Que informações desejo que meus alunos adquiram? Que habilidades intelectuais eles precisam desenvolver? Como elaborar e executar a técnica Estudo Dirigido?

Objetivo: O objetivo precípuo dessa atividade é contribuir com a formação acadêmica dos alunos do ensino superior e possibilitar compreensão, análise, elaboração e execução da técnica Estudo Dirigido.

Orientações: Leia atentamente o capítulo que trata da técnica Estudo Dirigido. Se julgar necessário, utilize marcações no texto para destacar as informações principais e/ou eventuais dúvidas. Refaça a leitura se necessário. Após a leitura, responda às questões propostas abaixo. Outras fontes poderão ser consultadas (outros artigos, internet, livros etc.).

Parte II (50 minutos)

Bloco I – Conteúdos conceituais

1. Conceitue com suas palavras a técnica Estudo Dirigido.
2. Identifique alguns cuidados mencionados no texto para que o resultado esperado do Estudo Dirigido seja alcançado. Quais poderão ser as consequências do mau uso dessa técnica?
3. Quais conteúdos podem ser abordados com o Estudo Dirigido?
4. Como o docente poderá se preparar para aplicar a técnica do Estudo Dirigido e obter bons resultados?
5. Existe um local (estrutura física) mais adequado para aplicação do Estudo Dirigido? Qual sua opinião?

Bloco II – Conteúdos procedimentais

1. A partir da leitura e análise dos objetivos da técnica Estudo Dirigido, elabore dois novos objetivos.

2. Escolha dois trechos que você achou mais importantes e faça um breve resumo deles. Justifique sua escolha.

3. Disserte sobre as três tipologias relacionadas aos conteúdos.

Bloco III – Conteúdos atitudinais

1. O texto menciona que a técnica apresenta pontos positivos e negativos. Descreva os pontos negativos e diga se concorda ou não, justificando sua resposta.

2. Explique por que o Estudo Dirigido é considerado uma técnica versátil. Você concorda? Por quê?

3. Elabore um pequeno roteiro de Estudo Dirigido, abordando um conteúdo da disciplina. Tome como exemplo as sugestões e orientações dadas nesse texto. Fontes extras podem e devem ser consultadas, se desejar.

Parte III (35 minutos)

Apresentação do trabalho e discussão coletiva

Parte IV (5 minutos)

Apreciação do professor

10. Considerações finais

O Estudo Dirigido refere-se a uma técnica de ensino considerada, a princípio, como muito simples e, por isso, muito utilizada em sala de aula. Sua aparente simplicidade, entretanto, pode conduzir a resultados possivelmente indesejáveis.

Os estudos demonstram que, se desenvolvido considerando-se aspectos relevantes, tais como público a que se destina, ambiente físico disponível, experiência do docente, cronograma, além de ter bem elaborados os objetivos e delimitados os conteúdos, a técnica Estudo Dirigido poderá ser um instrumento bastante eficaz no processo de ensino-aprendizagem.

Sua aparente simplicidade, entretanto, pode conduzir a resultados possivelmente indesejáveis.

Além disso, a técnica dá aos alunos autonomia para que eles sejam capazes de organizar suas atividades mentais de modo a desenvolver não somente o que compete às suas atribuições como estudantes, mas também como futuros profissionais. Nesse sentido, o Estudo Dirigido desperta nos alunos uma postura criativa, inovadora, crítica, para que possam se tornar sujeitos dinâmicos, responsáveis pela transformação e superação dos modelos obsoletos existentes em nossa realidade social.

> *Os estudos demonstram que, se desenvolvido, considerando-se aspectos relevantes, além de ter bem elaborados os objetivos e delimitados os conteúdos, a técnica Estudo Dirigido poderá ser um instrumento bastante eficaz no processo de ensino-aprendizagem.*

> *O Estudo Dirigido desperta nos alunos uma postura criativa, inovadora, crítica, para que possam se tornar sujeitos dinâmicos, responsáveis pela transformação e superação dos modelos obsoletos existentes em nossa realidade social.*

> *A técnica Estudo Dirigido é marcada por uma linha muito tênue entre o ensino bancário preconizado por Paulo Freire e o ensino autônomo e emancipador, que é o verdadeiro objetivo do Estudo Dirigido.*

Por outro lado, se o Estudo Dirigido for empregado como uma técnica que o professor utiliza apenas como uma forma de manter o aluno ocupado, ou não forem observados aspectos importantes em sua elaboração, e, ainda, se sua proposta ficar restrita a um roteiro que conduz a perguntas e respostas mecânicas, o resultado obviamente não será o que foi previamente proposto.

A técnica Estudo Dirigido é marcada por uma linha muito tênue entre o ensino bancário preconizado por Paulo Freire e o ensino autônomo e emancipador, que é o verdadeiro objetivo do Estudo Dirigido.

O Estudo Dirigido é uma técnica complexa e requer conhecimento por parte do docente para desenvolvê-la, tendo em vista que cabe a ele orientar seus alunos quanto ao papel que estes deverão assumir. Se desenvolvido da maneira indicada, esse tipo de estudo conduzirá a resultados que os ajudarão a se preparar para a vida profissional, além de desenvolver habilidades importantes ensejadas pela evolução dinâmica que caracteriza os tempos atuais.

8 O uso do método do caso de ensino na educação na área de negócios

EDVALDA ARAÚJO LEAL
CÍNTIA RODRIGUES DE OLIVEIRA MEDEIROS
LAYNE VITÓRIA FERREIRA

O conhecimento resulta do esforço científico por respostas a perguntas formuladas, não da inércia de aceitar ideias dominantes e conservadoras.

(MACHADO; CALLADO, 2008, p. 5)

1. Introdução

Neste capítulo, focalizamos a estratégia de ensino "estudo de caso" ou o "método do caso" ou, ainda, o *teaching case*. Importante destacar que o método do caso não é "uma metodologia de pesquisa, como vem a ser o estudo de caso, mas uma ferramenta pedagógica".[1]

> *O método do caso não é "uma metodologia de pesquisa, como vem a ser o estudo de caso, mas uma ferramenta pedagógica".*

Os professores que atuam na área de gestão e negócios utilizam o método do caso com o objetivo de analisar um caso já elaborado. Um caso na área de gestão[2] consiste na "descrição de uma situação administrativa recente, comumente envolvendo uma decisão ou um problema". O caso é redigido na perspectiva de quem está envolvido na situação decisória,

e permite aos estudantes acompanhar os passos de quem tomou a decisão e analisar o processo, decidindo se o analisaria sob enfoques diferentes ou se enveredaria por outros caminhos no processo de tomada de decisão.[3]

> *O caso é redigido na perspectiva de quem está envolvido na situação decisória.*

Nesse sentido, o método do caso no processo de ensino-aprendizagem é uma ferramenta pedagógica importante a ser aplicada em cursos de gestão. Nas próximas seções, apresentaremos os conceitos, os objetivos e a finalidade do uso do método do caso na educação.

2. Método do caso ou o caso de ensino como ferramenta pedagógica

Os métodos de ensino[4] são os meios pelos quais os professores desenvolverão ações estratégicas e mecanismos para a organização de atividades de ensino, a fim de permitir que os estudantes possam alcançar objetivos relacionados a determinado conteúdo, "tendo como resultado a fixação dos conhecimentos e o desenvolvimento das capacidades cognitivas dos alunos". Nesse sentido, a aprendizagem se dá em maior grau quando o novo conteúdo é associado ao conhecimento prévio do estudante. Em contrapartida, a aprendizagem fica limitada à medida que ela se dá de forma mecânica ou repetitiva.[5]

A metodologia de ensinar utilizando casos foi criada na Escola de Direito de Harvard, por Christopher Langdell, na década de 1880 e, embora tenha sido contestada, foi vista como "uma revolução na forma de ensino, uma vez que esse método objetivava o estudo prático da lei".[6] Com a utilização de casos na área do Direito, o método sofreu modificações para que fosse utilizado no estudo e ensino das práticas gerenciais. Assim, "Langdell inovou os métodos por priorizar o estudo de casos originais provenientes de histórias reais. A interação estudante-professor levava o estudante a analisar a situação contextual, criar um plano de ação e tomar as decisões".[7]

Nos cursos de graduação, como Direito, Administração de Empresas, Marketing e mesmo naqueles pertencentes à área da saúde, a aplicação do método do caso, também chamado *case*, tem se propagado como uma ferramenta de ensino adequada, pois, "partindo da experiência, de realidades vivenciadas, os estudantes confrontam a teoria com a prática".[8]

O método do caso é considerado uma ferramenta pedagógica que se desenvolve por meio do envolvimento e da participação dos estudantes como indivíduos atuantes no processo de aprendizagem.[9] Logo, ao descrever casos reais ou fictícios para os estudantes, o professor busca que os mesmos reflitam e encontrem uma solução para a situação exposta.

O Instituto de Pesquisa e Ensino (Insper)* define o estudo de caso como uma ferramenta pedagógica que traz um problema mal estruturado. Segundo a instituição, o problema mal estruturado é "aquele que não tem uma solução predefinida, exigindo empenho do aluno para identificar o problema, analisar evidências, desenvolver argumentos lógicos, avaliar e propor soluções". Esse problema pode ainda reproduzir "os questionamentos, as incertezas e as possibilidades de um contexto empresarial que dispara a necessidade de uma tomada de decisão".

> *O método do caso é considerado uma ferramenta pedagógica que se desenvolve por meio do envolvimento e da participação dos estudantes como indivíduos atuantes no processo de aprendizagem.*

Como estratégia educacional,[10] o método do caso se propõe a fazer com que os estudantes reflitam sobre as situações abordadas, o que envolve a tomada de decisões sobre os fatos relatados. Assim, várias escolas e docentes adotam a utilização do método, com vistas a **desenvolver algumas habilidades específicas dos estudantes**. A técnica permite ir ainda mais além, já que "o uso do caso como estratégia educacional está relacionado, sobretudo, ao estímulo à motivação, à participação ativa, ao *feedback*, à transferência de aprendizagem".[11]

O método do caso é uma técnica[12] que permite ao estudante ter maior proximidade com a situação profissional real ou simulada. É real quando a situação apresentada aos estudantes existe, e simulada quando o professor compõe uma situação a partir de

---

* Disponível em: <http://www.insper.edu.br/casos/estudo-caso/>. Acesso em: 13 set. 2014.

> *O método do caso é uma técnica que permite ao estudante ter maior proximidade com a situação profissional real ou simulada.*

vários aspectos reais, de modo que seja possível a aprendizagem de conceitos, teorias, habilidades e valores.

Esse método parte da perspectiva de que estudantes e professores são figuras atuantes no processo de aprendizagem.[13]

Embora o professor possa ter maior familiaridade com o conteúdo de um caso, seu conhecimento também pode ser enriquecido, já que os estudantes podem trazer novas ideias e perspectivas sobre a situação apresentada.

A análise de casos representa um desafio para os estudantes à medida que essa metodologia propõe uma forma de aprendizado que não lhes é familiar, pois a passividade quanto ao recebimento das informações transmitidas pelo professor dá

> *A passividade quanto ao recebimento das informações transmitidas pelo professor dá lugar a uma postura do estudante como agente ativo no processo de aprendizagem.*

lugar a uma postura do estudante como agente ativo no processo de aprendizagem. Há situações que os estudantes têm que trabalhar em equipe, bem como há momentos em que o estudo de caso requer o trabalho individual. Além disso, o fato de não haver uma resposta correta pode, na maioria dos casos, provocar certa insatisfação em alguns participantes, pois, "devido à ambiguidade inerente aos casos, os estudantes serão chamados a tomar decisões baseadas em informações incompletas".[14]

Uma das responsabilidades do professor é despertar nos estudantes o interesse pelo caso, de modo que os mesmos se sintam motivados a participar ativamente da situação proposta, contribuindo com suas análises e sugestões. Ao estudante cabe aceitar a tarefa em benefício da sua própria aprendizagem, contribuindo com ideias, observações, expressando suas impressões.[15]

A dinâmica da aula é uma das razões para a escolha do método do caso. Como a preparação e o debate dos casos no ambiente escolar exigem a participação efetiva dos estudantes, isso acaba "reduzindo o desinteresse pela aula causado normalmente pela necessidade de memorização, decorrente de um método alternativo baseado em leituras ou aulas expositivas".[16]

Como ferramenta pedagógica aplicada aos cursos de gestão e negócios,[17] o método: a) melhora a criatividade e as inovações no processo decisório; b) fixa a mente do estudante em uma situação específica, o que facilita desenvolver decisões inteligentes por meio da prática; c) proporciona aos estudantes vislumbrar situações da vida real na organização, o que permite a eles tentar; d) simula situações que exigem decisões estratégicas e táticas; e e) exige que os estudantes se posicionem por meio de uma dada situação, estimulando a sua capacidade de resolução.

3. Objetivos educacionais e a utilização do método do caso

Como qualquer estratégia de ensino, o método do caso deve ser aplicado conforme os objetivos educacionais que o professor considera adequados para os conteúdos a serem ensinados. Sobre os objetivos educacionais proporcionados pelo uso do método de ensino,[18] tem-se:

- entrar em contato com uma situação real ou simulada de sua profissão, buscando uma solução para o problema;
- fazer uma análise diagnóstica da situação, levando em conta as variáveis componentes;
- buscar informações necessárias para o encaminhamento da situação-problema;
- aplicar as informações à situação real, integrando teoria e prática;
- ser capaz de aprender a trabalhar em equipe, se a técnica, a juízo do professor, incluir a possibilidade de discussão entre os colegas na busca de solução;
- desenvolver a capacidade de analisar problemas, encaminhar soluções e preparar-se para enfrentar situações reais e complexas, mediante a aprendizagem em ambiente não ameaçador (sala de aula).

Na metodologia do caso de ensino, a solução é vista como irrelevante. A discussão entre os participantes é o grande objetivo dessa metodologia, pois "é através da discussão do caso em sala de aula que os participantes têm a oportunidade de, ao defenderem seus pontos de vista, colaborar de forma decisiva para uma maior reflexão sobre o problema contido no caso".[19]

O mercado de trabalho demanda um profissional que não apresente somente conhecimentos técnicos, pois a capacidade em antecipar problemas e a de exercer atividades diversas no ambiente corporativo também são cruciais. As empresas estão em busca de indivíduos que sejam capazes de identificar e solucionar problemas, que pensem de maneira crítica, bem como demonstrem disposição em aprender. Conforme aponta o Instituto de Ensino e Pesquisa (Insper),* o estudo de caso se mostra como uma importante ferramenta para

> *O método do caso deve ser aplicado conforme os objetivos educacionais que o professor considera adequados para os conteúdos a serem ensinados.*

> *As empresas estão em busca de indivíduos que sejam capazes de identificar e solucionar problemas, que pensem de maneira crítica, bem como demonstrem disposição em aprender.*

---

* Disponível em: <http://www.insper.edu.br/casos/beneficios/>. Acesso em: 13 set. 2014.

o desenvolvimento de tais competências, à medida que essa metodologia coloca "o aluno no papel de protagonista em situações realistas e complexas que simulam o cotidiano corporativo". Além disso, ao debater um caso com os demais colegas, o aluno percebe que não há resposta certa ou errada, mas diferentes possibilidades.

4. Habilidades desenvolvidas com o método

Dentre as principais habilidades desenvolvidas que podem ser atribuídas ao método de estudo de caso,[20] enfatiza-se:

- Trabalho em grupo – o trabalho em grupo, no estudo de casos, proporciona aos estudantes compartilhar com os demais o conhecimento, suas experiências pessoais e impressões acerca do tema. Além disso, essa metodologia permite a eles o contato com opiniões diferentes, levando-os, consequentemente, a aprender a lidar com os conflitos.
- Habilidades individuais de estudo – os estudos de caso são um bom mecanismo de incentivo aos estudantes para a realização de pesquisas extraclasse.
- Coleta e análise de informações – há diversos estudos de caso que requerem dos estudantes a pesquisa. Por isso, às vezes cabe a eles recorrer a diferentes fontes, como internet, bibliotecas e até mesmo especialistas no assunto.
- Gestão de tempo – estudos de caso mais complexos exigem que os estudantes aprendam a lidar com o tempo, de forma que o trabalho seja cumprido da melhor forma, dentro do prazo determinado.
- Habilidades de apresentação – boa parte dos estudos de casos exige que os trabalhos sejam apresentados pelos estudantes, por meio de relatórios, cartazes, apresentações em PowerPoint, orais etc.
- Habilidades práticas – existem estudos de caso que envolvem trabalhos práticos acerca dos elementos que estão sendo abordados.

A discussão desencadeada pela aplicação do caso como estratégia de ensino envolve outros importantes aspectos, tais como "a necessidade de desenvolver argumentação crítica para defender seus pontos de vista, descobrir e ter que respeitar novas e diferentes abordagens sobre a situação descrita, aprender a negociar, a criar capacidade de convencimento, a fazer alianças e até a ceder".[21]

A aplicação do método do caso de ensino permite que os estudantes se relacionem melhor com os conteúdos ministrados ao longo do curso.[22] Em virtude do conhecimento teórico acumulado, o estudante do último período demonstra um melhor aproveitamento em relação à aplicação dessa metodologia, não impedindo, entretanto, que o método seja aplicado nos demais períodos do curso.

5. Onde e como aplicar o método estudo de caso?

O uso do estudo de caso como estratégia de ensino é uma forma de dar dinamismo à aula. Empregá-lo não implica abandonar os métodos tradicionais de ensino. Ao contrário, o método do caso pode ser um aliado, servindo de complemento para os métodos convencionais. A aplicação da metodologia do estudo de caso nem sempre é adequada a todas "as necessidades da situação de ensino-aprendizagem",[23] sendo dever do professor verificar a viabilidade do uso dos casos como mecanismo de ensino na disciplina a ser ministrada, pois pode ser que outros meios didáticos cumpram melhor o papel de ensinar, se comparados a essa metodologia.

O método do estudo de caso permite flexibilidade no que se refere ao tempo, à estrutura física e ao tipo de conteúdo, tendo em vista que esses aspectos dependerão da forma como o professor irá aplicar o método. Logo, ao optar pelo método do caso como instrumento pedagógico,[24] devem-se considerar o nível da classe, o tipo de curso oferecido, bem como os objetivos a serem buscados. Na graduação, por exemplo, sugere-se que sejam utilizados os casos mais simples, com questões que se aproximem do nível iniciante.

Além disso, ressalta-se o papel do professor antes e depois da aula.[25] No momento que antecede a aula, cabe ao professor "definir o material para a preparação dos alunos, e preparar a aula propriamente dita, atentando para o foco da discussão". Já no decorrer da aula, o professor deve ser o mediador do debate, a fim de garantir que a discussão não perca o foco proposto. Após a aula, o professor deve analisar a contribuição dos estudantes, avaliando a participação dos mesmos em relação ao objetivo buscado.

Cabe lembrar que alguns fatores podem prejudicar as discussões.[26] Dentre eles, são citados: salas grandes, lotadas e a média de idade dos estudantes. Conforme a experiência relatada no estudo de Silva e Benegas[27] sobre a utilização do método em sala de aula, as principais dificuldades enfrentadas foram: o número de estudantes por sala e o fato de os casos utilizados não apresentarem relação com a região sobre a qual discutiam. Ao aplicarem casos baseados em outros casos regionais – a fim de narrar uma história ligada à região –, os autores notaram um maior comprometimento e envolvimento por parte dos estudantes.

Nesse sentido, a infraestrutura adequada é fundamental para a aplicação do método do caso.[28] Os casos e o espaço físico da sala de aula seriam os principais elementos da infraestrutura. Em relação aos casos, cabe ao professor selecionar o material que será empregado, podendo-se utilizar tanto casos elaborados pelo próprio professor como casos já publicados, sejam eles nacionais ou internacionais.

Sobre o espaço físico,[29] recomenda-se uma sala semelhante a um anfiteatro ou uma sala em "curva de nível", pois isso facilitaria a discussão de um grupo maior por comportar um grande número de pessoas. Além disso, esses espaços permitiriam aos estudantes ver uns aos outros, bem como ao professor ter total visão da classe.

Sugere-se,[30] no caso de cursos com um número representativo de participantes, que, na frente de cada estudante, seja colocada uma placa em que constem os seus respectivos nomes, já que isso favoreceria a identificação dos mesmos pelos demais, permitindo também ao professor avaliar o desempenho individual dos alunos no debate. Para a discussão com grupos menores, aconselha-se salas pequenas e fechadas, que contenham mesa, cadeiras, um quadro para que os estudantes possam ilustrar suas ideias e, caso esteja disponível, acesso à internet para eventuais pesquisas.

O tempo para a aplicação do método de caso em sala de aula é variável. Normalmente, o tempo de discussão varia de uma a duas horas, sendo dedicado para as discussões propostas pelos participantes, que já terão lido e buscado as prováveis soluções para o caso. Em algumas situações, os professores utilizam o tempo em sala de aula para a formação dos grupos e resolução do caso. Assim, será necessário dividir a aula em dois momentos: (1) análise do caso e busca da solução; e (2) apresentação e discussão dos argumentos apresentados para a solução do caso.

O estudo de caso pode ainda ser aplicado na modalidade *on-line*. Watson e Sutton[31] discutiram a efetividade do método do caso quando aplicado *on-line*, comparando a utilização de tecnologias de comunicação síncrona e assíncrona. Os autores investigaram, além da efetividade, a percepção da aprendizagem e a satisfação do estudante quanto à aplicação do método a partir de tecnologias diferentes, tendo encontrado que esses dois aspectos são afetados pelo tipo de tecnologia utilizada para implementar o estudo de caso. Segundo eles, o tipo de tecnologia utilizada é importante, principalmente para o engajamento do estudante e a sua interação com o professor.

O método do caso de ensino pode ser empregado em qualquer disciplina.[32] A aplicação dessa metodologia estará ligada ao modo como a grade curricular da instituição de ensino tiver sido formulada, podendo ser utilizada nos diferentes níveis acadêmicos.

> *Destaca-se como uma vantagem da aplicação do método do caso a oportunidade de experimentar, através de um único caso, a sensação de multidisciplinaridade.*

Destaca-se como uma vantagem da aplicação do método do caso "a oportunidade de experimentar, através de um único caso, a sensação de multidisciplinaridade. Esta característica estende as possibilidades de integração entre várias áreas do conhecimento relacionadas – ou não – entre si".[33] Em relação ao conteúdo, o caso tanto pode se limitar a determinada disciplina, como também pode conter aspectos que evidenciem a interdisciplinaridade. Essa interdisciplinaridade pode ser constatada, inclusive, por meio de elementos característicos de outras ciências que não a relacionada ao assunto em questão.

A versatilidade do estudo de caso permite que o método seja aplicado tanto no ensino presencial quanto no ensino a distância.[34] Isso porque os casos podem ser estudados e debatidos sem que haja necessariamente a presença física do professor e dos estudantes. O debate fica a cargo dos participantes e o professor apenas conduz essa discussão.

A versatilidade do estudo de caso permite que o método seja aplicado tanto no ensino presencial quanto no ensino a distância.

Ainda, alerta-se para os cuidados a serem considerados na aplicação do caso de ensino:[35] a) o método requer envolvimento sério do professor e dos estudantes, pois, se isso não ocorre, o estudo de caso pode tornar-se contraprodutivo; b) cada caso é único, assim como suas soluções. Tais soluções, portanto, não devem ser generalizadas e aplicadas universalmente; c) soluções ótimas dependem dos recursos disponíveis. Assim, decisões podem exigir alterações frente aos requisitos necessários para sua implantação; d) é difícil tomar decisões em situações de tensão, já que isso pressiona nossas mentes para possíveis crises; e) os casos não devem ser utilizados se os estudantes tiverem acesso às melhores respostas; e f) problemas da vida real requerem muita atenção. Logo, soluções podem não ser muito simples, mas podem ser obtidas por meio da análise teórica, evidenciando este último aspecto a necessidade do conhecimento teórico. Esse conhecimento é adquirido, na maioria das vezes, por meio da leitura de livros, artigos, revistas, textos e outros materiais indicados pelo professor para a discussão e proposição de soluções.

6. Aplicando o método...

A preparação prévia para a aula, bem como a participação do estudante contribuem para a eficácia do uso do método do caso como estratégia de ensino.[36] Daí a responsabilidade do estudante em buscar entender como funciona essa metodologia, assim como a de se preparar para analisar os casos propostos.

O processo de aprendizado pretendido com o uso do método pode ser dividido em três etapas: o estudo individual, a discussão em pequenos grupos e, por fim, o debate em sala de aula. Logo, "a ideia central por trás desta estratégia é que o conhecimento a ser adquirido através da preparação e discussão de casos possa ir se expandindo à medida que o número de colaboradores aumenta".[37]

Na etapa dedicada ao estudo individual, o estudante deverá fazer uma leitura inicial, porém atenta, a fim de se familiarizar com o conteúdo apresentado no caso. Já a segunda leitura deverá dar maior ênfase aos detalhes, de modo que os aspectos mais importantes do caso sejam destacados, com o intuito de que o problema seja identificado e as suas possíveis soluções sejam formuladas. A bibliografia sugerida pelo professor e a troca de ideias com profissionais que já tenham vivenciado situações semelhantes às descritas no caso auxiliarão o estudante a elaborar sua própria estratégia, a qual culminará na tomada de decisão.[38]

A discussão em pequenos grupos servirá de preparação para o debate com o grupo maior, já que, nesse momento, o estudante poderá apresentar a resolução do caso para os demais participantes. Por isso, é importante que os estudantes tenham fundamentação teórica para sustentar suas opiniões acerca da resolução do caso, bem como sejam capazes de persuadir os demais sobre o seu ponto de vista. Assim, "o objetivo desta reunião não é buscar o consenso entre o grupo, mas refinar a elaboração do caso, ampliando o conhecimento proporcionado pelo caso".[39]

O estágio final do processo de aprendizado promovido pelo estudo de caso é a discussão em sala de aula. Nesse estágio, todos os estudantes participam, cabendo ao professor mediar o debate. Alguns dos aspectos importantes que caracterizam essa etapa são:[40] o fato de a participação do estudante ser individual, ainda que tenham ocorrido as discussões nos pequenos grupos; a participação dos estudantes quando o professor solicitá-la ou quando o estudante achar que é conveniente; o estudante aguardar a oportunidade de falar, bem como se dispor a ouvir as considerações dos demais colegas. Isso porque "ouvir as ideias dos outros e se fazer ouvido durante uma discussão de caso acentua a importância do indivíduo e enfatiza o esforço de uma equipe para apoiar uma discussão".[41] A Figura 1 ilustra as etapas da aplicação do método do caso.

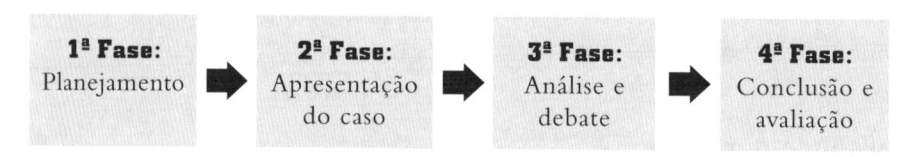

1ª Fase: Planejamento ➡ **2ª Fase:** Apresentação do caso ➡ **3ª Fase:** Análise e debate ➡ **4ª Fase:** Conclusão e avaliação

Figura 1. Etapas de aplicação do método do caso

Ainda, os participantes na resolução do estudo de caso deverão assumir o compromisso com os 4Ps:[42] preparação, presença, pontualidade e participação. O Quadro 1 apresenta o papel do professor e o do estudante na aplicação do método do caso.

Quadro 1. Papel do professor e do estudante no uso do método do caso

Quando	Professor	Estudante ou participante
Antes da aula	■ Selecionar o caso e material de leitura. ■ Preparar a aula e o plano de ensino (incluídos os objetivos pedagógicos). ■ Consultar colegas sobre o uso do caso.	■ Receber o caso e ler o material bibliográfico indicado. ■ Preparar e ler individualmente o caso. ■ Participar da reunião com pequenos grupos, refinando a preparação inicial do caso.

(continua)

(continuação)

Quando	Professor	Estudante ou participante
Durante a aula	■ Apresentar o caso e indicar os materiais bibliográficos para leitura. ■ Orientar a discussão do caso e registrar os pontos importantes apresentados pelos estudantes, seguindo o planejamento da aula.	■ Levantar questões sobre as leituras recomendadas. ■ Participar da discussão em sala, defender seus pontos de vista e ouvir os colegas atentamente, fazendo anotações.
Após a aula	■ Avaliar a participação dos estudantes e registrar suas novas observações sobre o caso. ■ Propor uma autoavaliação do estudante sobre a aplicação do método. ■ Reavaliar o planejamento da aula. ■ Atualizar o material para nova aplicação do caso.	■ Rever os pontos discutidos em sala e os principais conceitos aprendidos. ■ Revisar a apresentação do caso e as soluções propostas.

Fonte: Erskine, Leenders e Mauffette-Leenders (1981 apud GOMES, 2006).

Importante destacar que o professor deve, entretanto, tomar precauções quanto ao uso do método do caso em sala de aula, sendo necessário verificar as etapas de planejamento e a escolha do caso que mais se adapte aos objetivos de aprendizagem buscados.

7. Considerações finais

O estudo de caso é uma metodologia ativa de ensino e aprendizagem que proporciona ao estudante tomar uma decisão, pois permite a ele aprender por meio da análise de casos práticos (de empresas reais), bem como propor possíveis soluções para os problemas apresentados. A discussão dos casos em sala de aula, ou mesmo *on-line*, contribui para que os estudantes exercitem sua capacidade de antecipar problemas, além de tornar a aula mais dinâmica.[43, 44] Entende-se que esse método pedagógico seja benéfico para o processo de ensino-aprendizagem, na medida em que ele aproxima o conhecimento teórico da realidade profissional, fazendo com que o aluno não só exercite o seu pensamento crítico, mas também reflita sobre os problemas enfrentados por uma organização. Além disso, a utilização do método do estudo de caso no processo educacional favorece o desenvolvimento de algumas habilidades nos estudantes, tais como a analítica, de trabalho em equipe, estimulando, ainda, a motivação, a participação ativa e a transferência de aprendizagem entre os participantes.[45]

Conforme mencionado anteriormente, o planejamento, a apresentação e o acompanhamento na aplicação do método do caso são cruciais para que os objetivos propostos possam ser alcançados. Diante disso, ao escolher o caso que será aplicado, o docente deverá analisar os objetivos pedagógicos pretendidos e o conteúdo a ser abordado, para melhor adequação do caso no processo de ensino-aprendizagem.

O estudo de gestão e negócios é algo para ser aprendido e praticado. Nesse sentido, o método do caso configura-se como uma ferramenta pedagógica importante para que os estudantes atinjam os objetivos a serem alcançados pelas diferentes disciplinas. Essa metodologia funciona como uma espécie de plataforma para que os alunos vislumbrem situações diferentes e aprendam com a prática ao resolver vários problemas. Enquanto os livros-textos contribuem para que os estudantes adquiram mais conhecimento acerca dos conteúdos, o método do caso auxilia no desenvolvimento do conhecimento adquirido, pois cria espaços para a sua aplicação.

9 Aprendizagem Baseada em Problemas (ABP) ou *Problem-Based Learning* (PBL): podemos contar com essa alternativa?

MARA ALVES SOARES
REINER ALVES BOTINHA
SILVIA PEREIRA DE CASTRO CASA NOVA
SANDRO VIEIRA SOARES
CHRISTOPHER BULAON

Mestre, mestre é aquele que de repente aprende.

JOÃO GUIMARÃES ROSA

1. Introdução

Muitos desafios têm surgido para o ensino e para as Instituições de Ensino Superior (IES), devido às demandas por novas ofertas de ensino em função das necessidades do mundo do trabalho. As transformações ocorridas no ambiente de negócios, nas duas últimas décadas, foram suscitadas pela passagem da sociedade industrial para a sociedade do conhecimento, que tem provocado mudanças tanto na formação acadêmica e profissional quanto nas práticas educativas.[1]

Estudos anteriores apontam que as IES, diante desse cenário, preparam-se para "a transição do ensino tradicional para uma prática baseada na eficiência do processo de ensino e aprendizagem, voltada para o desenvolvimento de competências determinadas para cada uma das disciplinas que compõem a grade curricular dos cursos".[2]

As metodologias ativas de aprendizagem ou o ensino centrado no aluno têm contribuído com essa transição e o método de Aprendizagem Baseada em Problemas (ABP) é um exemplo. Também conhecido por *Problem-Based Learning* (PBL), esse método é centrado na discussão e tem foco na resolução de problemas. O PBL encoraja o aprendizado individual do estudante, direcionando-o para um conhecimento mais profundo e significativo, permitindo que seja o responsável pela sua própria aprendizagem, assumindo um papel ativo no processo,[3] coerente com um contexto em que a educação contínua e o autoaprendizado se tornarão cada vez mais importantes, dada a mudança constante e rápida no cenário da contabilidade.[4]

> *O PBL encoraja o aprendizado individual do estudante, direcionando-o para um conhecimento mais profundo e significativo, permitindo que seja o responsável pela sua própria aprendizagem, assumindo um papel ativo no processo, coerente com um contexto em que a educação contínua e o autoaprendizado se tornarão cada vez mais importantes, dada a mudança constante e rápida no cenário da contabilidade.*

Este capítulo tem como objetivo descrever e apresentar o PBL, demonstrando passo a passo como pode ser aplicado na contabilidade e em áreas afins. Espera-se contribuir com professores e instrutores que pretendam explorar o método, oferecendo um embasamento para a sua utilização.

2. Problem-Based Learning (PBL): histórico e evolução

O PBL surgiu em meados da década de 1960. Dado o descontentamento com a formação geral dos cursos de medicina, um grupo de 20 professores liderados por John Evans desenvolveu na McMaster University, no Canadá, uma metodologia de aprendizagem chamada *Problem-Based Learning*, que viria a ser conhecida pela sigla

PBL.[5] Ele iniciou o uso de problemas no processo de ensino-aprendizagem de medicina, baseado no método de casos de ensino da Escola de Direito da Universidade de Harvard, nos Estados Unidos, na década de 1920, e no modelo de currículo baseado em sistemas para o ensino de medicina, que foi desenvolvido na década de 1950 pela Case Western Reserve University em Cleveland, também nos Estados Unidos.[6]

> *Dado o descontentamento com a formação geral dos cursos de medicina, um grupo de 20 professores liderados por John Evans desenvolveu na McMaster University, no Canadá, uma metodologia de aprendizagem chamada Problem-Based Learning, que viria a ser conhecida pela sigla PBL.*

Nesse mesmo sentido, vale mencionar a Universidade de Alborg, que há mais de 30 anos adota em seu sistema de ensino uma abordagem baseada em projetos e problemas, com foco, sobretudo, na aprendizagem dos estudantes.[7] Considerado como o método que melhor se adapta ao estudo científico, são várias as escolas de medicina, ao redor do mundo, que têm utilizado o PBL, entre elas: a Escola de Medicina de Harvard (Estados Unidos), a Universidade de Limburg, em Maastricht (Holanda), a Universidade de Newcastle (Austrália), a Universidade de Novo México (Estados Unidos), a Faculdade de Medicina da Universidade de Hong Kong (China), a Escola de Ciências, Artes e Humanidades da Universidade de São Paulo (Brasil) e a Faculdade de Medicina FAMEMA (Brasil).[8]

O método, ademais, extrapolou os limites do curso de Medicina, no qual sua história se iniciou, e se expandiu para outros cursos da área de saúde e de outras áreas como arquitetura, economia, direito, engenharia, agronomia, ciências políticas, ciências sociais e educação.[9] Foram encontradas ainda pesquisas que estudaram o uso de PBL nas áreas de administração, bioquímica, física, geografia, matemática, psicologia e química.[10]

Embora sua utilização em diversos cursos, em todas as regiões do país, no caso do Brasil provavelmente a Escola de Artes, Ciências e Humanidades (EACH) da Universidade de São Paulo (USP) seja o caso mais notório da implantação do PBL. Criada em 2005, a EACH oferta dez cursos de diferentes áreas do conhecimento criados para que adotassem como metodologia de ensino a resolução de problemas proposta pelo PBL com a Aprendizagem Orientada por Projetos.[11]

Na sua forma original, o método PBL é implementado em todo o curso, mas há relatos de sua aplicação bem-sucedida como estratégia educacional parcial e até mesmo em disciplinas isoladas.[12]

Um dos fundamentos do método é ensinar o aluno a aprender por meio da busca do conhecimento, utilizando

> *Um dos fundamentos do método é ensinar o aluno a aprender por meio da busca do conhecimento, utilizando diferentes recursos. O objetivo do método é sair da unicidade do conhecimento do professor para a diversidade.*

diferentes recursos. O objetivo do método é sair da unicidade do conhecimento do professor para a diversidade. Assim, é possível que o aluno reveja e atualize o conteúdo dos primeiros anos do curso. Dessa forma, pesquisas anteriores ressaltam que "além de manter-se atualizado, o aluno desenvolve agilidade para solucionar problemas e criatividade para explorar novos métodos de organização profissional".[13]

3. Objetivos educacionais e o PBL

Os objetivos de aprendizagem serão estabelecidos pelos professores das disciplinas, de acordo com o projeto político e pedagógico do curso, que deve atender às Diretrizes Curriculares Nacionais (DCN). Nesse sentido, com a intenção de identificar o desenvolvimento dos estudantes, os Projetos Pedagógicos dos Cursos trazem o perfil do aluno ingressante e do aluno egresso, coerente com os objetivos sociais e profissionais específicos para o curso e para a universidade a que o curso pertence.[14]

Nessa seara dos objetivos específicos para o curso, cumpre destacar que o perfil do profissional contábil

> vem acompanhando a evolução do próprio ser humano e da civilização, de forma que são exigidas observações bem além dos limites da simples legalidade dos atos da riqueza, abandonando-se o pragmatismo de outras épocas.[15]

Diante desses fatores, torna-se necessária também uma adequação em sua formação, com o intuito de formar profissionais que saibam agir frente aos desafios e situações inesperadas e ainda lidar com pessoas, dirigindo-as e trabalhando em equipe.

A construção de competências se dá na articulação entre um saber e um contexto, e o profissional deve ser capaz de transpor a aprendizagem para outros contextos. Segundo pesquisadores da área,[16] ser competente é: "a) saber agir com competência; b) saber mobilizar saberes e conhecimentos em um contexto profissional; c) saber integrar ou combinar saberes múltiplos e heterogêneos; d) saber transpor; e) saber aprender e aprender a saber; e f) saber envolver-se".

Em uma pesquisa sobre a avaliação das competências no PBL, foram elencados elementos a serem avaliados, tendo em vista a aquisição de conhecimento, habilidades e atitudes (do inglês KSA, knowledge, skills, and aptitude).

Em uma pesquisa sobre a avaliação das competências no PBL, foram elencados elementos a serem avaliados, tendo em vista a aquisição de conhecimento, habilidades e atitudes (do inglês *KSA, knowledge, skills, and aptitude*).[17] Esses elementos são, para os autores da pesquisa, o desdobramento das competências a serem desenvolvidas.

Para os **conhecimentos**, fazem-se necessários o desenvolvimento do domínio da bibliografia referente ao problema, o conhecimento profissional, o domínio das ferramentas de pesquisa e de metodologia de pesquisa. No caso das **habilidades**, destacam-se trabalho em equipe, criatividade e inovação, visão

> *Na aplicação do PBL, os alunos são expostos a problemas reais que surgem na prática empresarial ou podem ser elaborados visando conhecimentos, habilidades e atitudes a serem adquiridos.*

sistêmica, comunicação, planejamento, integração com a empresa, integração com outras disciplinas, desenvolvimento de projetos, análise crítica, capacidade de solução de problemas, autoavaliação, estudo independente e trabalho autorregulado. E, para **atitudes**, comprometimento, ética, proatividade, empatia, flexibilidade, interesse, curiosidade, experiência profissional, respeito pelas opiniões de outros, colaboração/cooperação e liderança.[18]

Na aplicação do PBL, os alunos são expostos a problemas reais que surgem na prática empresarial ou podem ser elaborados visando conhecimentos, habilidades e atitudes a serem adquiridos. O Quadro 1 apresenta os principais benefícios da aplicação do PBL.

Quadro 1. Benefícios da aplicação do PBL

Auxilia na integração universidade-empresa	Ao utilizar-se de problemas apresentados pelas empresas e trazidos para o ambiente de aula pelo próprio aluno ou pelo professor. Torna-se oportuno o contato do professor com a empresa, a fim de obter mais informações para a orientação.
Auxilia na integração ensino-pesquisa	Durante a aplicação da técnica com os grupos de alunos, no caso de os problemas apresentados não serem resolvidos, seja por dificuldade dos alunos ou por falta de consenso entre eles, os professores devem levar esses alunos a novos estudos e pesquisas.
Auxilia na integração pesquisa-empresa	Os problemas extraídos da sociedade e da empresa são analisados na universidade, para obter soluções que retornarão para a empresa e para a sociedade.
Auxilia na construção do conhecimento interdisciplinar	Uma vez que os problemas enfrentados pela sociedade, bem como pelas empresas, requerem conhecimento de várias áreas ao invés de apenas de uma. Os alunos, ao desenvolverem as atividades de PBL, são encorajados a buscar informações e referências bibliográficas em diversas áreas do conhecimento para solucionar o problema apresentado.

(continua)

(continuação)

Estimula a busca por conhecimentos atuais	Os problemas extraídos da sociedade e da empresa exigem dos alunos a busca por novos conhecimentos, sendo o conteúdo orientado pelo próprio problema o que torna o processo de aprendizagem dinâmico. O aluno poderá buscar informações em diversas fontes: biblioteca, internet, consulta a um especialista ou pesquisador com experiência no assunto, desde que as fontes sejam confiáveis.
Estimula a atualização dos professores	Os problemas extraídos, seja da sociedade ou da empresa, não exigem conhecimento atualizado apenas dos alunos, mas também dos professores, uma vez que os estudantes requererão do docente auxílio na procura pelas respostas ao problema, assim como necessitarão de um parecer sobre o que eles têm encontrado por meio de referências bibliográficas e outras fontes.
Estimula a criatividade	O PBL não parte de um problema derivado da teoria, ou seja, o aluno não encontrará a solução para o problema na resolução de exercícios similares, tampouco em soluções prontas das referências bibliográficas. Logo, o aluno será instigado a apresentar novas soluções, novas ideias, o que estimula a sua capacidade criativa e inovadora.
Estimula a capacidade de desenvolvimento de projetos	O PBL estimula os estudantes a trabalhar com projetos, além de permitir que novas experiências sejam testadas ao se buscarem teorias que fundamentem a solução de um problema, avaliando os resultados e seus possíveis impactos. Isso estimula o desenvolvimento da capacidade de formular projetos, bem como o de elaborar relatórios e artigos científicos.
Estimula habilidades de comunicação	O PBL fomenta a capacidade de comunicação em vários momentos. Primeiro, estimula a capacidade de comunicar-se com o grupo em que está sendo buscada a solução para o problema, pois, em uma aplicação de PBL, todos devem ser estimulados a opinar e discutir sobre uma possível solução. Em um segundo momento, o grupo discute com o professor que orienta a aplicação do PBL, recebendo sugestões e discutindo a ideia proposta. Em um terceiro momento, o grupo deve apresentar para os demais estudantes os resultados, bem como a solução levantada para o problema em questão.

(continua)

(continuação)

Cria um ambiente de aprendizado eficaz	O PBL funciona como um grupo de estudo, de modo que sua estrutura e sua técnica permitam que o conhecimento seja construído e compartilhado entre seus membros. Uma vez que os membros estão geralmente em um mesmo nível de ensino, isso favorece que os participantes expliquem aquilo que entenderam da teoria uns para os outros, contribuindo para que o conhecimento adquirido seja compreendido.
Cria um entorno social	Por meio do PBL, as pessoas criam um vínculo social entre si durante o desenvolvimento do projeto e isso se mantém, muitas vezes, dentro e fora do ambiente de sala de aula.

Fonte: Elaborado pelos autores com base em Enemark e Kjaersdam (2009).[19]

Estudos anteriores concluíram que o PBL é aplicável à Contabilidade e que: o conteúdo a ser ensinado, utilizando-se o PBL, pode ser genérico ou especializado, isso dependerá dos discentes, do docente e do contexto em que for implementado; a aplicação do método seria mais adequada para as disciplinas gerenciais; pode ser implementado em qualquer área que requeira aplicação do conhecimento em um contexto da vida real; depende da experiência e criatividade do docente que aplicará o método.[20]

Estudos anteriores concluíram que o PBL é aplicável à Contabilidade e que: o conteúdo a ser ensinado, utilizando-se o PBL, pode ser genérico ou especializado, isso dependerá dos discentes, do docente e do contexto em que for implementado; a aplicação do método seria mais adequada para as disciplinas gerenciais; pode ser implementado em qualquer área que requeira aplicação do conhecimento em um contexto da vida real; depende da experiência e criatividade do docente que aplicará o método.

4. Estratégias para implantação do PBL

No Brasil, a contabilidade passa por um período de mudanças, em virtude do processo de convergência para as Normas Internacionais de Contabilidade (*International Financial Reporting Standards* – IFRS), que promoveu alterações profundas na Lei Societária. Os profissionais da área, bem como os futuros egressos, precisarão conhecer os novos conceitos contábeis, conceitos esses que não teriam sido objeto de estudo sistemático nas universidades brasileiras até poucos anos atrás,[21] mesmo considerando-se que muitos dos conceitos já viessem sendo aplicados no país desde meados dos anos 1990. Essas mudanças, por sua vez, não evitam que novas alterações sejam feitas no futuro.

Portanto, os futuros profissionais precisam entender que "[o] poder de manipular conhecimentos é o ponto-chave das grandes decisões. E para isso ele[s] precisa[m] estar sempre atualizado[s] e [devem] procurar estudar a situação econômica e financeira da empresa".[22] Logo, essa percepção e consciência do discente são essenciais para a aplicação de novas técnicas, como as metodologias ativas, no caso o PBL.

> *Portanto, os futuros profissionais precisam entender que "[o] poder de manipular conhecimentos é o ponto-chave das grandes decisões. E para isso ele[s] precisa[m] estar sempre atualizado[s] e [devem] procurar estudar a situação econômica e financeira da empresa". Logo, essa percepção e consciência do discente são essenciais para a aplicação de novas técnicas, como as metodologias ativas, no caso o PBL.*

É de suma importância que o discente esteja engajado na aplicação do método, uma vez que "o perfil do aluno aberto para participar da técnica é um ponto favorável".[23] Caso o discente não se sinta, em um primeiro momento, motivado a participar, pode, ao longo da aplicação da técnica, experimentar essa motivação e se engajar na atividade, não só obtendo aprendizagem, mas também somando ao grupo na resolução do problema.[24]

A utilização de metodologias ativas de ensino promove mudanças no papel do docente. Não só o papel do docente muda, mas o do discente também. Logo, o discente deve estar ciente sobre o seu papel na atividade e sobre seu desempenho, que deve se pautar na "criatividade, liderança, espírito investigativo, relacionamento interpessoal e expressão escrita e oral em muitas etapas".[25]

Diante disso, é importante esclarecer os papéis que cada participante da técnica do PBL deve desempenhar. O Quadro 2 traz os agentes e suas respectivas atribuições. É necessário esclarecer que os participantes podem exercer papéis diferentes, com funções diversas.

Quadro 2. Agentes participantes do PBL, seus papéis e funções

Participante	Papel	Função
Discente	Secretário/ Relator	■ registrar fielmente os principais pontos discutidos pelo grupo; ■ auxiliar o grupo a organizar as ideias; ■ registrar e participar das discussões; ■ anotar os recursos e meios utilizados pelo grupo para a resolução do problema.
	Líder (ou presidente, coordenador)	■ liderar o grupo; ■ incentivar a participação ativa de todos os membros, garantindo a participação dos colegas e verificando se os mesmos estão executando as tarefas delegadas; ■ manter a dinâmica e o foco do grupo; ■ controlar o tempo.
	Membros do Grupo (estudantes)	■ colaborar com os secretários, líderes e tutores; ■ ler e buscar compreender o problema; ■ destacar e buscar compreender os termos desconhecidos; ■ participar das discussões, apontando ao grupo as ideias relevantes e as hipóteses relacionadas ao problema; ■ saber ouvir e respeitar as demais contribuições; ■ estabelecer metas de aprendizagem e um cronograma para o desenvolvimento das atividades, tais como: estudar, pesquisar, falar com os tutores, trabalhar em estudos solicitados pelos tutores e outros; compartilhar informações com os demais componentes do grupo.

(continua)

(continuação)

Participante	Papel	Função
Docente	Tutor/ Docente	■ ter conhecimento dos objetivos e do tema abordado, ou seja, o tópico da disciplina; ■ ser responsável pelo processo de aprendizagem previsto com a aplicação da técnica; ■ auxiliar na atribuição dos papéis de líder, secretário, bem como na separação dos grupos; ■ estimular a participação ativa dos estudantes no grupo e, consequentemente, no seu processo de aprendizagem; ■ acompanhar a abordagem do problema e do tema proposto; ■ participar da elaboração e/ou seleção do problema; ■ participar da avaliação de desempenho dos estudos individuais, em grupos e das sessões tutoriais; ■ auxiliar o líder tanto no controle do tempo, quanto no foco do grupo; ■ acompanhar as anotações do secretário.
	Consultor ou Convidado	■ orientar os estudantes e esclarecer possíveis dúvidas; ■ participar de sessões teóricas por meio de palestras, debates etc.

Fonte: Construído a partir dos estudos de Wood (2003, p. 328), Martins (2013, p. 91)[26] e Pinto, Santos e Pereira (2004, apud FREZATTI; SILVA, 2014, p. 35).[27]

Impende destacar que, no método PBL, o "aluno é exposto a situações motivadoras nos grupos tutoriais, nos quais por meio dos problemas passados pelo tutor, é levado a definir objetivos de aprendizado cognitivo sobre os temas do currículo".[28]

O processo de utilização do PBL é realizado por etapas que formarão os sete passos, os quais direcionam a aplicação do método. Essas etapas são apoiadas por diversas atividades como pesquisa bibliográfica, aulas, estudo em grupo, tutoria, trabalho prático e experimentos. Percebe-se, assim, o quanto o método de ensino PBL se aproxima da pesquisa.

Esses passos são apresentados, na Figura 1, visando a um melhor processo de aprendizagem do estudante, e estão dispostos de maneira circular, representando um ciclo, que pode ser repetido quantas vezes forem necessários para a resolução do problema proposto.

Impende destacar que, no método PBL, o "aluno é exposto a situações motivadoras nos grupos tutoriais, nos quais por meio dos problemas passados pelo tutor, é levado a definir objetivos de aprendizado cognitivo sobre os temas do currículo".

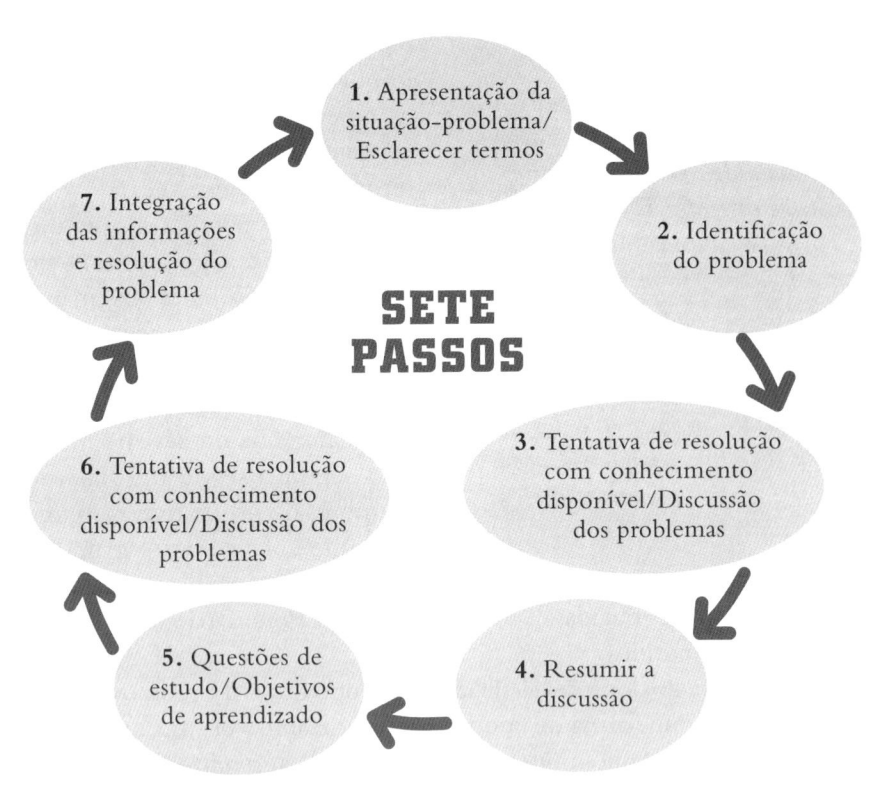

Fonte: Elaborada pelos autores, baseado em Iochida (2001),[29] Park (2006),[30] Sakai e Lima (1996),[31] Schmidt (1983)[32] e Soares (2008).[33]

Figura 1. Sete passos do PBL

No **primeiro passo**, é importante apresentar a situação-problema, esclarecendo os termos envolvidos. Devem ser identificados quaisquer palavras, expressões, termos técnicos. Os membros do grupo que conheçam os termos ajudam a esclarecer seu significado. Os termos que não ficarem claros devem ser incluídos entre os objetivos de aprendizagem.

Os problemas são identificados no **segundo passo**, sem por enquanto termos preocupação em explicar os motivos ou chegar nos diagnósticos sobre como resolvê-los.

Em uma primeira sessão tutorial, no **terceiro passo**, são discutidos os conhecimentos prévios do grupo sobre a situação-problema. Para trabalhar em grupo, é importante aprender a ouvir e respeitar a opinião dos outros, transformando a discussão em uma oportunidade para o aprendizado conjunto.

O **quarto passo** envolve resumir a discussão, relembrando os problemas listados, os conhecimentos e informações sobre o problema e os diagnósticos levantados.

Diante dos problemas identificados, no **quinto passo**, pontos obscuros são identificados, formando o conjunto de assuntos ou temas que precisam ser estudados

> *A principal tarefa do docente/ facilitador no grupo tutorial é promover o processo de aprendizagem como forma de cooperação mútua entre os discentes. Isso porque é no grupo tutorial que muitos dos princípios da aprendizagem do adulto são aplicados, dentre os quais estão: a elaboração e ativação dos conhecimentos prévios e adquiridos, a construção das estruturas cognitivas, a aprendizagem no contexto e a motivação.*

para resolver a situação-problema. É importante ser objetivo, formulando os objetivos com base nos problemas, concentrando-se no que o grupo decidir ser mais relevante estudar.

No **sexto passo**, o estudo ou busca de informações são essencialmente individuais. É importante buscar informações em mais de uma fonte, confrontar as informações coletadas e trocar essas informações na discussão em grupo.

Finalmente, no **sétimo passo**, em uma segunda sessão tutorial, todos os membros do grupo trazem as informações que coletaram e o grupo discute e identifica o que pode ser útil para resolver a situação-problema. O objetivo é integrar as informações trazidas, para resolver o caso. Porém, não há a pretensão de esgotar os temas discutidos.

A principal tarefa do docente/facilitador no grupo tutorial é promover o processo de aprendizagem como forma de cooperação mútua entre os discentes.[34] Isso porque é no grupo tutorial que muitos dos princípios da aprendizagem do adulto são aplicados, dentre os quais estão: a elaboração e ativação dos conhecimentos prévios e adquiridos, a construção das estruturas cognitivas, a aprendizagem no contexto e a motivação. Dessa forma, o Quadro 3 apresenta, na aplicação dos sete passos, a função do docente/facilitador.

Quadro 3. Função do docente/facilitador conforme aplicação dos sete passos

Manter o fluxo das discussões	Assegurar que nenhuma das fases do processo seja esquecida ou negligenciada e que cada passo seja feito em uma sequência correta. Devem-se evitar desvios, mantendo o foco da discussão.
Estimular	Assegurar que os estudantes trabalhem nas atividades com suficiente profundidade. Para isso, o facilitador deve fazer perguntas, questionamentos, durante a análise e resolução do problema, estimulando o grupo a pensar crítica e profundamente.
Fazer perguntas	Ao fazer perguntas, o facilitador controla a discussão preliminar e final, influenciando em particular a relevância, profundidade e aplicabilidade do assunto em estudo. Os questionamentos podem ajudar os estudantes a descobrir erros de concepção.

(continua)

(continuação)

Prover informações	O facilitador não deve dar informações, mas, ao detectar erros ou observar que o grupo não encontrará sozinho o caminho correto, poderá intervir, fazendo uma breve explicação do tema, ou citar exemplos práticos, a fim de estimular uma discussão mais profunda entre os participantes.
Observar e analisar	Detectar os pontos positivos e negativos do grupo durante as reuniões, bem como suas consequências para o processo de ensino-aprendizagem, com o objetivo de dar *feedback* sobre o método utilizado, bem como sobre a qualidade das discussões, da contribuição de cada membro e da cooperação mútua.
Dar *feedback*	O facilitador deve informar aos alunos os aspectos positivos e negativos do grupo tutorial, em particular sobre o desempenho do coordenador, do relator e do restante dos membros do grupo. Deve dar sua opinião sobre a qualidade do conteúdo das discussões, com o objetivo de melhorar a participação individual de cada membro do grupo.

Fonte: Elaborado pelos autores conforme Tomaz (2001).[35]

Na dinâmica de grupo, a função do facilitador é: (i) ajudar o grupo de estudantes a lidar com problemas de relações interpessoais; (ii) assegurar que todos os estudantes estejam envolvidos no processo de discussão de grupo; (iii) favorecer o desenvolvimento individual e do grupo.[36]

Cabe destacar ainda que, de maneira semelhante ao que ocorre no ambiente empresarial, o PBL requer a formação de equipes. Assim, destaca-se a aplicação feita na FAMEMA (Faculdade de Medicina de Marília), em que os grupos eram constituídos por cinco a oito estudantes, orientados por um tutor.[37] Deve haver clareza em relação às etapas, às funções, bem como alinhamento quanto à apresentação do relatório final e da postura distinta que será exigida dos alunos, a qual difere daquela do ensino tradicional, no qual os estudantes vão à escola, sobretudo para assistir às aulas.[38]

> *Deve haver clareza em relação às etapas, às funções, bem como alinhamento quanto à apresentação do relatório final e da postura distinta que será exigida dos alunos, a qual difere daquela do ensino tradicional, no qual os estudantes vão à escola, sobretudo para assistir às aulas.*

Importante reforçar algumas condições para que o PBL possa ser aplicado, tais como: "turmas menores e investimento em biblioteca – necessário para que se concretize o anseio do aluno assumir a responsabilidade por sua formação, […] maiores investimentos em sala de aula, contratação de professores e compra de livros e periódicos, por exemplo".[39] Cumpre salientar, porém, que tais necessidades devem ser encaradas como meios que contribuem para um melhor aprendizado do discente. É importante ainda ressaltar a importância de investir na formação e capacitação dos professores, bem como no desenvolvimento de material didático.

As principais mudanças que, com a aplicação do PBL, fluem para as instituições de ensino, de acordo com as pesquisas utilizadas como referência, são: (i) trabalho em equipe dos docentes, formação continuada, ampliação da sensação de pertencimento à escola;[40] (ii) necessidade de adaptações na instituição, como investimento em biblioteca, investimentos em sala de aula, contratação de docentes, compra de livros e periódicos, entre outros.[41]

Para auxiliar os docentes, foram adotadas, em universidades pioneiras no uso do PBL (Aalborg e Maastricht), práticas como a capacitação de professores, a autoavaliação e os programas de qualidade educacional, sendo que "[o] processo de avaliação e formação certamente auxilia no gerenciamento dos cursos e implementação mais efetiva do método".[42]

Corroborando com a necessidade de práticas relacionadas à capacitação docente, é importante enfatizar que a adoção do PBL deveria ser acompanhada ou precedida da capacitação do docente para atuar nesse ambiente educacional.[43] Diante disso, "essa capacitação parece ser fundamental mesmo no caso de professores de universidades que realizam pesquisa, cujo trabalho acadêmico (orientação de alunos de pós-graduação e pesquisa) assemelha-se à atuação docente no PBL".[44]

O trabalho docente em equipe requer a abordagem de uma série de questões – organizacionais, pedagógicas ou de relação interpessoal – que possibilitem a eficácia do trabalho e a estabilidade desta equipe.[45] Mas as vantagens do trabalho em equipe não beneficiam apenas o aluno e o professor. Elas contribuem também com as instituições.

A forma de se iniciar o método PBL difere de uma instituição para outra e exige que alguns pré-requisitos sejam observados.[46] Estes pré-requisitos a serem considerados são "espaço livre para o autoaprendizado do estudante, revisão no papel do docente, revisão no conceito de autonomia departamental, mudança dos critérios de seleção dos estudantes e investimentos financeiros na infraestrutura".[47]

A forma de se iniciar o método PBL difere de uma instituição para outra e exige que alguns pré-requisitos sejam observados. Estes pré-requisitos a serem considerados são "espaço livre para o autoaprendizado do estudante, revisão no papel do docente, revisão no conceito de autonomia departamental, mudança dos critérios de seleção dos estudantes e investimentos financeiros na infraestrutura".

Vale salientar que "o sucesso do PBL está além da simples aplicação do método em uma sala de aula", ressaltando a necessidade de condições para sua aplicação.[48] Dessa forma, verificam-se diversos benefícios para os agentes envolvidos na aplicação do PBL, embora sejam necessárias também adaptações estruturais na instituição para que o método seja aplicado.

5. Aplicando o PBL

Os currículos dos cursos de graduação, assim como os dos cursos de pós-graduação, abarcam, geralmente, disciplinas que abordam tanto aspectos teóricos quanto aspectos práticos, e em que os projetos são meios que permitem aos estudantes "aprender a fazer", "aprender na ação", com base nas disciplinas curriculares.[49]

O PBL configura-se como uma forma de trabalho por meio de projeto. Para os autores, há duas possibilidades de utilização de projetos: a baseada em disciplinas (o método mais tradicional) e a baseada em problemas (com o uso do PBL).[50] A primeira está voltada para o ensino do conhecimento e o desenvolvimento de habilidades. A segunda consiste em analisar uma situação e buscar a solução de um problema. É a partir desse problema que serão determinadas as disciplinas, as teorias, os recursos, bem como as fontes de conhecimento que nortearão a análise e a resolução.[51] Torna-se importante que o projeto baseado em problemas seja realizado ao final do curso, pois nesse momento espera-se que o aluno já esteja mais seguro, dado o conhecimento profissional e científico (teórico) acumulado. Contudo, isso não impede que o método seja aplicado em outros períodos do curso, uma vez que algumas aplicações práticas e pontuais do PBL já foram desenvolvidas em outros períodos com sucesso. Algumas instituições aplicam o PBL ao longo de todo o curso.

É interessante que haja uma apresentação prévia do assunto e do tema, a fim de despertar no estudante uma percepção crítica acerca do contexto, assim como permitir que ele possa captar as informações necessárias para a solu-

> *É interessante que haja uma apresentação prévia do assunto e do tema, a fim de despertar no estudante uma percepção crítica acerca do contexto, assim como permitir que ele possa captar as informações necessárias para a solução do problema, mesmo quando nos períodos iniciais do curso. Após resolver o problema, os grupos devem apresentar um relatório final, expondo os resultados e métodos utilizados. É importante também que haja uma exposição oral dos resultados aos demais estudantes e grupos.*

ção do problema, mesmo quando nos períodos iniciais do curso. Após resolver o problema, os grupos devem apresentar um relatório final, expondo os resultados e métodos utilizados. É importante também que haja uma exposição oral dos resultados aos demais estudantes e grupos.

Como o PBL é um método de aprendizagem ativa, o estudante desenvolverá o estudo autônomo e aspectos interdisciplinares estarão envolvidos.[52] Por isso, é preciso

> *A aplicação do PBL poderá levantar problemas reais do cotidiano das empresas, elaborados com base nos problemas delas ou mesmo problemas encontrados pelos estudantes em seus respectivos ambientes de trabalho, para serem solucionados em aula por meio de análises, pesquisas e discussões. Assim, os estudantes "não perderão tempo estudando coisas que nunca usarão".*

que o aluno disponha de certo tempo para recorrer a diversas fontes (artigos, livros e outros recursos referenciais), a fim de esclarecer conceitos e termos que não tenham sido abordados no decorrer da disciplina.

O tempo dedicado à consulta às fontes de conteúdo é de suma importância para o processo de aprendizagem do aluno, mesmo que o tópico consultado não seja inerente à disciplina. Esse tempo de estudo pode ser aplicado em uma atividade extraclasse ou realizado em classe.

A aplicação do PBL poderá levantar problemas reais do cotidiano das empresas, elaborados com base nos problemas das empresas ou mesmo problemas encontrados pelos estudantes em seus respectivos ambientes de trabalho, para serem solucionados em aula por meio de análises, pesquisas e discussões. Assim, os estudantes "não perderão tempo estudando coisas que nunca usarão".[53] Sugere-se que os problemas sejam escolhidos pelos alunos a partir da experiência profissional dos mesmos nas empresas e, após a discussão desses problemas com os professores, sejam adotados para serem a base do projeto a ser desenvolvido em grupo.[54]

5.1 Um exemplo do PBL

Após a apresentação da estrutura de aplicação do PBL e o direcionamento de cada uma das etapas do processo, apresenta-se um exemplo de utilização da técnica. Será utilizado um minicaso que servirá de base para o desenvolvimento do projeto. Embora o caso traga um problema rotineiro, o profissional contábil necessita de auxílio para solucioná-lo.

Problema PBL – Contas Ativo e Passivo

João, um jovem estudante do curso de Ciências Contábeis, acaba de ser contratado para a função de auxiliar de contabilidade da empresa Magazine S.A. A Magazine S.A. é uma grande empresa, que atua há mais de 40 anos no ramo atacadista de vestuário e, por isso, é reconhecida nacionalmente, sendo considerada uma empresa sólida.

Como toda empresa, a Magazine S.A. possui em sua carteira de clientes bons e maus pagadores. Ao chegar à empresa, em seu primeiro dia de trabalho, João vai até o escritório e analisa as demonstrações contábeis. Ao observar o Balanço Patrimonial,

(continua)

(continuação)

fica muito curioso ao ver que no saldo do Ativo Circulante consta um total de R$ 4.800.950,00. Sobre esse total, sabe-se que R$ 1.530.820,00 estão registrados na conta de Duplicatas a Receber.

Diante de tal situação, João decide analisar o relatório gerencial da empresa. Encontra uma observação que deduz ser pertinente: "Tendo em vista o perfil de nossos clientes, a empresa considera que 10% do valor constante na conta Duplicatas a Receber corresponde a clientes que não pagarão suas duplicatas. Consequentemente, isso representará uma perda para a empresa." Surge então a primeira dúvida de João: "O que isso quer dizer?"

Após avaliar o Ativo, João faz uma análise sobre o Passivo. No Passivo Circulante, ele encontra o registro de parte do 13º salário e das férias. Para o primeiro, o pagamento será feito no final do ano. No caso das férias, o pagamento será feito quando for adquirido o direito a gozo das mesmas. Nesse momento, outra dúvida o deixa intrigado: "O que significam a nomenclatura das contas e o motivo de seu registro no Passivo Circulante?"

Para esclarecer suas dúvidas, João busca informações. O auxiliar de contabilidade resolve então contar com a ajuda dos seus amigos, também estudantes do curso de Ciências Contábeis. Diante do contexto apresentado, ajude João a solucionar o problema, identificando a nomenclatura de tais contas, bem como outros eventos que podem ser classificados de forma semelhante.

A partir de algumas aplicações do PBL em conteúdos específicos, o Quadro 4 evidencia um plano de aula condizente com o minicaso apresentado anteriormente, apresentando a disciplina a ser aplicada, o tópico da disciplina, os conhecimentos, atitudes e habilidades a serem desenvolvidos, outros conhecimentos e recursos didáticos. É interessante notar que o método PBL abrange igualmente objetivos de aprendizagem de vários domínios, não somente do domínio cognitivo, mas também atitudes e comportamentos do domínio afetivo.

> *É interessante notar que o método PBL abrange igualmente objetivos de aprendizagem de vários domínios, não somente do domínio cognitivo, mas também atitudes e comportamentos do domínio afetivo.*

Quadro 4. Plano de Aula

Disciplina a ser aplicada	Contabilidade
Tópico da disciplina	Provisões
Conhecimento, habilidades e atitudes a serem adquiridos	▪ **Conhecimento:** domínio do conteúdo específico sobre provisões, compreensão sobre ativos, passivos, formas e métodos de pesquisa. ▪ **Habilidades:** trabalho em equipe, comunicação, planejamento, desenvolvimento de projetos, solução de problemas, elaboração de relatórios, autoavaliação e estudo independente. ▪ **Atitudes:** comprometimento, flexibilidade, interesse, curiosidade, respeito pelas opiniões dos outros e colaboração/cooperação.
Conhecimento mínimo	Contas de provisão (criação, lançamentos e cálculos)
Outros conhecimentos que podem ser alcançados	Compreensão de aspectos envolvendo ativos e passivos e de análise de balanços. Aspectos jurídicos relacionados com o pagamento de obrigações.
Recursos didáticos	Demonstrações contábeis, relatórios gerenciais, entrevistas com contadores.

Fonte: Elaborado pelos autores.

Conforme mencionado anteriormente, é necessário que os agentes envolvidos no processo de ensino-aprendizagem tenham conhecimento das etapas do PBL. Além disso, é importante que sigam a estrutura proposta nos sete passos, que direcionarão a aplicação da metodologia ativa por meio do método do PBL.

Idealizando a aplicação do PBL em quatro aulas compostas de dois horários geminados de 50 minutos cada, a primeira aula pode ser usada para informar sobre o método, separar as equipes e esclarecer dúvidas quanto à metodologia. Na segunda aula apresenta-se a situação-problema e vai até a 1ª sessão tutorial, ou seja, compreende do 1º ao 5º passo. A terceira aula foca no 6º passo, sendo usada para pesquisa e atividades extraclasse, caso seja preciso valer-se do horário de aula, como normalmente ocorre nos cursos noturnos. E na quarta aula acontece a 2ª sessão tutorial, que é o 7º passo, no qual os discentes integram as informações e resolvem o problema. Durante a primeira aula um modelo de formulário (Quadro 5) é apresentado, a fim de ser preenchido pelos discentes durante as demais aulas, para orientá-los sobre os sete passos.

Quadro 5. Formulário a ser preenchido pelo Discente/Secretário

Equipe
Identificação do(s) problema(s) (Passo 2)
Tentativa de resolução do problema, com base no conhecimento disponível (Passo 3)
Resumo da discussão (Passo 4)
Questões de estudo (Passo 5)
Relatório (Passo 7)

Obs.: o 1º e 6º passos não necessitam de anotações.

Fonte: Elaborado pelos autores.

Após a apresentação da solução do problema proposta pelos grupos, socialização e entrega do relatório, os discentes fazem a avaliação entre pares e a autoavaliação. Como se trata de um trabalho em grupo é importante que os participantes façam a autoavaliação e a avaliação dos demais participantes do grupo. Cada avaliação deve ser justificada e atender a critérios discutidos previamente. Avalia-se, assim, o avaliando e o avaliador. O professor, por fim, efetua a sua avaliação de cada grupo e discute os pontos fortes e fracos de cada proposta de solução apresentada.

6. Considerações finais

Na aplicação do PBL, além da dedicação e do esforço dos professores para o planejamento, a aplicação e a supervisão do método, a possibilidade de dedicar-se ao desenvolvimento de atividades de pesquisa, investigação e laboratório mostra-se, também, como uma vantagem. Sublinhe-se que, "[p]ara os alunos, a principal contribuição é a satisfação psicológica por participarem ativamente de seu próprio processo de aprendizagem".[55]

O método do PBL é visto pelos estudantes como motivador, na medida em que ele proporciona a superação de obstáculos e o trabalho em equipe, ao contrário do método tradicional, que exige apenas uma carga superior de leitura.[56] Ribeiro[57] aponta que as vantagens do método PBL estão relacionadas

> *Na aplicação do PBL, além da dedicação e do esforço dos professores para o planejamento, a aplicação e a supervisão do método, a possibilidade de dedicar-se ao desenvolvimento de atividades de pesquisa, investigação e laboratório mostra-se, também, como uma vantagem. Sublinhe-se que, "[p]ara os alunos, a principal contribuição é a satisfação psicológica por participarem ativamente de seu próprio processo de aprendizagem".*

ao favorecimento da aquisição de conhecimento de forma mais significativa e dura-doura e ao desenvolvimento de habilidades e atitudes profissionais positivas por parte dos alunos. Estes ganhos aparentam independer do contexto de implantação, ou seja, da área do conhecimento, do nível educacional, da abordagem (PBL e PBL reitera-tivo) e do formato adotado (curricular, híbrido e parcial), guardadas as proporções.

> *Como o PBL é uma metodologia ativa e diversa da tradicional, na qual o discente busca seu conhecimento, percebe-se que, por vezes, a aceitação por parte de professores constitui-se em um desafio. O discente, ao buscar respostas para os questionamentos propostos nessa metodologia, sente-se mais motivado ao entender que é o artífice de seu conhecimento. Tal fato apresenta um desafio ao professor, que passa a participar de forma efetiva na produção do conhecimento, mas precisa abrir mão do papel de condutor desse processo, delegando o protagonismo aos estudantes.*

E, como desvantagens, cita-se "a imprecisão no conhecimento das teo-rias mais avançadas e a insuficiência de conhecimento de memória. O PBL obriga os alunos a trabalharem no ritmo do grupo, e isto pode ser frustrante para alunos que têm dificuldade em trabalhar desta forma".[58]

De maneira geral, como o PBL é uma metodologia ativa e diversa da tradicional, na qual o discente é um sujeito que busca seu conhecimento, percebe-se que, por vezes, a aceitação por parte de professores constitui-se em um desafio. O discente, ao buscar respostas para os questionamentos pro-postos nessa metodologia, sente-se mais motivado ao entender que é o artífice de seu conhecimento. Tal fato apresenta um desafio ao professor, que passa a participar de forma efetiva na produção do conhecimento, mas precisa abrir mão do papel de condutor desse processo, delegando o protagonismo aos estudantes.

10

Filmes no processo de ensino e aprendizagem

ROMUALDO DOUGLAS COLAUTO

OSCAR LOPES DA SILVA

JOYCE MENEZES DA FONSECA TONIN

SIDNEY PIRES MARTINS

*Num filme, o que importa não
é a realidade, mas o que dela
possa extrair a imaginação.*

CHARLES CHAPLIN

1. Introdução

Muitos professores estão familiarizados com o termo *ritmo*, mas sua definição pode não ser clara para muitos deles. O ritmo no sentido de velocidade como se ensina não se sustenta, porque a maioria dos professores percebe uma discrepância entre a velocidade com que o ensino ocorre e a percepção da aprendizagem por parte dos alunos.[1] Os alunos podem, por exemplo, achar que o professor está ensinando com mais rapidez os procedimentos para a apuração da Equivalência Patrimonial, quando, na verdade, esse está prolongando o tempo empregado para melhorar as habilidades necessárias para se realizarem os cálculos de apuração da Equivalência Patrimonial, ou seja, esse professor está utilizando mais tempo para garantir o domínio daquele conhecimento ministrado.

> *O ritmo no sentido de velocidade como se ensina não se sustenta, porque a maioria dos professores percebe uma discrepância entre a velocidade com que o ensino ocorre e a percepção da aprendizagem por parte dos alunos.*

Cabe destacar que o professor pode dobrar o tempo para atingir determinado objetivo de aprendizagem, mas ainda assim dar a impressão de que está indo duas vezes mais rápido.[2] Ou o professor pode usar muito pouco tempo para apresentar determinado conteúdo, avançando rápido demais em termos de cobertura curricular, embora possa dar aos alunos a impressão de uma aula lenta e chata. O autor explica que, no contexto do ensino e da aprendizagem, o ritmo pode ser definido como a ilusão da velocidade. Assim, não é a velocidade com que o conteúdo é apresentado, mas, sim, a velocidade com que ele parece ser apresentado. Assim, o **ritmo seria a habilidade de criar a percepção de rapidez.**

A inserção da reflexão sobre o ritmo nesse início de capítulo tem por objetivo explicitar que os alunos gostam de novidades com mais frequência do que nós, professores, conseguimos oferecer. Isso significa que nem sempre conseguimos inserir estratégias ludopedagógicas para cobrir determinado tópico curricular na velocidade que seria necessária para agradar a sede de novidades dos alunos.

> *A utilização de filmes no processo de ensino e aprendizagem, como uma estratégica lúdica, ajuda a criar um ritmo próprio e a estimular o domínio afetivo dos alunos.*

Essa sede alimenta o ritmo e, quando o professor intensifica esse ritmo, a sua aula fica mais interessante e encoraja mais os alunos, dando a eles a sensação de progresso e de mudanças.[3] Uma forma de se criar a ilusão de velocidade é valer-se de atividades diferentes para alcançar o seu objetivo, passando de uma atividade a outra ao longo da aula. A utilização de filmes no processo de ensino e aprendizagem, como uma estratégica lúdica, ajuda a criar um ritmo próprio e a estimular o domínio afetivo dos alunos.

O conhecimento prévio dos estudantes, a crença na sua própria capacidade, a disponibilidade para aprender, o sentimento de pertença ao grupo de colegas e a valorização dos saberes escolares são algumas condições subjetivas que explicam por que, a partir de um mesmo ensino, há sempre espaço para construção de diferentes níveis de aprendizagem. No entanto, a aprendizagem depende sumariamente de como o ensino se organiza em suas diferentes dimensões, isto é, de condições mais objetivas. Desse modo, as propostas didáticas devem sempre resultar do entrecruzamento de duas variáveis essenciais: (1) os objetivos do ensino; e (2) as possibilidades de aprendizagem oferecidas aos alunos.[4] Do contrário, não se garante um ensino que promova, efetivamente, a aprendizagem.

As propostas didáticas devem sempre resultar do entrecruzamento de duas variáveis essenciais: (1) os objetivos do ensino; e (2) as possibilidades de aprendizagem oferecidas aos alunos.

Os professores de escolas públicas nos Estados Unidos lidam com os objetivos curriculares todos os dias.[5] A maioria deles faz referências intencionais, em cada aula, aos objetivos curriculares que estão buscando atingir naquele momento. O autor explica que, de um lado, há certos professores que planejam uma aula diária e, depois, decidem em quais objetivos essa aula está referenciada. De outro lado, há professores que estabelecem todos os objetivos a serem cobertos em um período e, depois, decidem as atividades mais adequadas para alcançá-los naquele dia específico. Os primeiros começam com uma pergunta: (1) "O que vou fazer hoje?" Já os professores do segundo grupo começam se perguntando: (2) "Como vou colocar em prática o que devo ensinar aos meus alunos hoje?" A primeira questão coloca o professor em risco de se distrair com as qualidades intrínsecas da atividade: "Vai ser divertido? Estimulante? Será que vou conseguir usar uma técnica de que gosto?" Já quanto à segunda pergunta, o professor foca o resultado: "O que desejo exatamente que os alunos sejam capazes de fazer quando a aula acabar?" Os dois casos envolvem objetivos curriculares, mas o rigor da segunda abordagem tem maior probabilidade de dar bons resultados.

O autor explica que, de um lado, há certos professores que planejam uma aula diária e, depois, decidem em quais objetivos essa aula está referenciada. De outro lado, há professores que estabelecem todos os objetivos a serem cobertos em um período e, depois, decidem as atividades mais adequadas para alcançá-los naquele dia específico.

Alguns especialistas comparam o ambiente de aula a arenas dramáticas.[6] O autor expõe ainda que a reação emocional na educação universitária é um tema recorrente e que há muitas maneiras pelas quais as emoções influenciam no diálogo interpessoal na sala de aula.

As emoções positivas encorajam o esforço máximo e a confiança dos estudantes e as emoções negativas os minam. Desse modo, professores universitários precisam estimular a emoção positiva, embora seu propósito difira daquele dos artistas. A meta dos dramaturgos é estimular a emoção por ela mesma, enquanto o professor, em sala de aula, se utiliza da emoção para envolver totalmente a atenção do estudante no conteúdo ou nos exercícios de aprendizagem selecionados, bem como para transferir a eles o seu interesse apaixonado pela disciplina ou conteúdo.

Nesse sentido, a sala de aula tornou-se um espaço de múltiplas atenções, tendo o professor um papel fundamental a fim de contribuir para que o aluno queira conviver melhor nesse espaço. Diversas formas didáticas para desenvolver o aprendizado devem ser levadas em consideração. Este capítulo menciona, como exemplo, a utilização de filmes como didática de aprendizagem. Gostar de determinadas cinematografias promove os recursos necessários para apreciar os mais diferentes tipos de filmes etc. Longe de ser apenas uma escolha de caráter exclusivamente pessoal, essa constitui uma prática social importante que atua na formação geral das pessoas e contribui para distingui-las socialmente.[7] A utilização de filmes antigos, modernos ou contemporâneos em sala de aula faz com que os alunos se coloquem diante de cenários reais, por mais que seja um contexto de ficção, pois permite interagir negócios com ciência.

> *A sala de aula tornou-se um espaço de múltiplas atenções, tendo o professor um papel fundamental a fim de contribuir para que o aluno queira conviver melhor nesse espaço.*

Os filmes propiciam ao ambiente doméstico um clima envolvente e naturalmente dispersivo, contribuindo para o preenchimento da rotina humana. Um filme é uma obra de arte, entretenimento, digestivo cultural. Mas também é uma janela, uma vitrine e um espelho: nele, observamos outras realidades, admiramos nossos escolhidos e reconhecemo-nos de relance. Essa é uma ilusão de ótica que, paradoxalmente, nos faz enxergar melhor, visto que os filmes são dispositivos de representação e linguagem.[8] Em sociedades audiovisuais como a nossa, o domínio dessa linguagem é requisito fundamental para se transitar bem pelos mais diferentes campos sociais.[9] E a sua utilização eficaz no processo de ensino e aprendizagem requer a habilidade de compreensão.

> *Os filmes propiciam ao ambiente doméstico um clima envolvente e naturalmente dispersivo, contribuindo para o preenchimento da rotina.*
>
> *Em sociedades audiovisuais como a nossa, o domínio dessa linguagem é requisito fundamental para se transitar bem pelos mais diferentes campos sociais.*

O aprendizado, utilizando o filme como um instrumento, quer impor ritmo e tornar a aula mais envolvente na medida em que o professor consegue trazer aos alunos uma conexão do mundo real com a ciência aplicada, desenvolvendo habilidades conceituais, procedimentais e atitudinais. Sabe-se que os filmes são utilizados por professores nos mais diversos níveis de ensino. Na educação infantil, a utilização de filmes pode ser meramente recreativa, mas, nos patamares mais avançados da instrução formal, o cinema – como recurso pedagógico – se amplia no seu potencial de aplicabilidade. No ensino superior,

> *O aprendizado, utilizando o filme como um instrumento, quer impor ritmo e tornar a aula mais envolvente na medida em que o professor consegue trazer aos alunos uma conexão do mundo real com a ciência aplicada, desenvolvendo habilidades conceituais, procedimentais e atitudinais.*

possivelmente esse dispositivo poderia cumprir funções mais auxiliares, sendo mais influente e decisivo na formação dos futuros profissionais. Em ambas as situações, o professor deve ter claros os propósitos de ensino envolvidos e a percepção do que sejam as habilidades conceituais, procedimentais e atitudinais.

2. Habilidades conceituais, procedimentais e atitudinais

Os conteúdos a serem desenvolvidos na escola podem ser classificados em **habilidades conceituais**, **procedimentais** e **atitudinais**. Para facilitar o entendimento dessa tipologia, cada dimensão do conteúdo está relacionada a uma pergunta, com o propósito de alcançar as capacidades propostas nas finalidades educacionais, a saber: (1) dimensão **conceitual – o que se deve saber?**; (2) dimensão **procedimental – o que se deve saber fazer?**; e (3) dimensão **atitudinal – como se deve ser?**

As habilidades conceituais são aquelas que se relacionam ao saber sobre alguma coisa, isto é, os fatos e princípios expressos por palavras significativas que produzem imagens mentais e promovem atividade cognitiva para ampliação de significados de fatos memoráveis.[10] As habilidades conceituais expressam os saberes declarativos; dizem respeito a fatos, conceitos e princípios científicos, podendo as capacidades somente ser expressas ou desenvolvidas por meio do ensino deles. Para se desenvolverem habilidades conceituais, é preciso ensinar uma base teórica.

A base teórica leva a desenvolver a memória, o raciocínio, o intelecto, conduzindo à construção do conhecimento, por meio de conceitos científicos, intelectuais, filosóficos, calculistas ou de outros parâmetros. Nesse sentido, o ser humano desenvolve compreensão do mundo que o rodeia, o que lhe dá bagagem e capacidade para o mercado de trabalho. Essas habilidades conceituais fazem parte da construção do pensamento, englobando fatos, conceitos e princípios, e é por meio desse pensamento construído que a pessoa

> *Para se desenvolverem habilidades conceituais, é preciso ensinar uma base teórica.*

questiona, abrindo assim espaço para as dúvidas, aprendendo a discernir o real do ilusório, gerando, consequentemente, conhecimento em um processo infinito. Os conteúdos conceituais fazem parte da construção do pensamento e é por meio desse pensamento que o indivíduo aprende a discernir o real do abstrato, ou ilusório.[11] Abrem-se, então, as portas da dúvida. Essa dúvida estimula a descoberta do conhecimento, gerando novas dúvidas, possibilitando descobertas infinitas, sendo esse um processo em que "o conhecimento é múltiplo e evolui infinitamente". O processo de aprendizagem do conhecimento nunca está acabado. Os conteúdos conceituais são a base do aprender a conhecer, concedendo-nos a oportunidade de lembrar que aprendemos vastamente com as experiências que adquirimos durante a nossa vivência. Assim, "aprender a conhecer e aprender a fazer são, em larga medida, indissociáveis".

As habilidades atitudinais têm como principal característica as atitudes dos alunos. As habilidades atitudinais como tendências ou disposições adquiridas e relativamente duradouras para avaliar, de um modo determinado, um objeto, uma pessoa, um acontecimento ou uma situação e a atuar de acordo com essa avaliação. As habilidades atitudinais não são ensinadas diretamente. A aprendizagem depende do comportamento do professor e esse servirá de "modelo" para os seus alunos.[12] As habilidades atitudinais proporcionam ao aluno posicionar-se perante o que aprende. Detentor dos fatos e de como resolvê-los, é imprescindível que o aluno tenha uma postura perante eles.[13]

> *As habilidades atitudinais proporcionam ao aluno posicionar-se perante o que aprende.*

O estudo de conhecimentos atitudinais está relacionado às normas de conduta e às posturas/posições frente a determinadas situações, ou valores.[14] Dentro dessa tipologia, os conteúdos atitudinais estão subdivididos em três linhas: (1) valores – são princípios ou ideias éticas que permitem às pessoas emitir um juízo sobre as condutas e seu sentido, como, por exemplo: solidariedade, respeito aos outros e às diferenças, responsabilidade, liberdade etc.; (2) atitudes – são tendências ou predições das pessoas para atuar de certa maneira. Elas são as formas de conduta de acordo com valores determinados, como, por exemplo: cooperar com o grupo, ajudar os colegas, respeitar opiniões, participar das tarefas escolares; (3) normas – são padrões ou regras de comportamento que devemos seguir em determinadas situações a que se obrigam todos os membros de um grupo social, indicando o que se pode fazer e o que não se pode fazer nesse grupo.[15]

As habilidades procedimentais são como "um conjunto de ações ordenadas, orientadas para consecução de uma meta".[16] As habilidades procedimentais são decorrentes do ensino de conteúdo ligado ao saber fazer, isto é, às técnicas de estudo, aos métodos investigativos e às estratégias e habilidades que possibilitam a execução de tarefas ou de ações relacionadas à aprendizagem. Tais conteúdos são ações dirigidas para se atingir uma meta. Podem-se expressar/indicar conteúdos procedimentais mediante algumas ações, como ler, desenhar, observar, calcular, classificar, relacionar, sintetizar, inferir etc.

Habilidades procedimentais são decorrentes do ensino de conteúdo ligado ao saber fazer, isto é, às técnicas de estudo, aos métodos investigativos e às estratégias e habilidades que possibilitam a execução de tarefas ou de ações relacionadas à aprendizagem.

Em nenhum momento é retirada do conteúdo dos currículos a importância das Competências e das Habilidades.[17] O conteúdo continua se destacando no processo, deixando apenas de ser o fim para tornar-se o meio pelo qual o aluno adquire suas competências, o que, sem o conteúdo, não seria possível. A avaliação é o processo de ajuizamento, apreciação, julgamento ou valorização do que o educando revelou ter aprendido durante um período de estudo ou de desenvolvimento do processo de ensino-aprendizagem.

3. Os filmes como instrumentos pedagógicos

A utilização de filmes pode servir de base para analisar a sociedade e fomentar a discussão de assuntos relevantes que visam contribuir para a formação e socialização dos discentes na atualidade. Nesse sentido, a universidade é um espaço privilegiado para incentivar esses encontros e favorecer a degustação da arte do cinema, abrindo espaço-tempo para que as obras possam reverberar e se revelar a cada um, segundo a sua sensibilidade.

A utilização de filmes pode servir de base para analisar a sociedade e fomentar a discussão de assuntos relevantes que visam contribuir para a formação e socialização dos discentes na atualidade.

O professor exerce o papel fundamental de mediar o conhecimento aos seus alunos por meio de análise cinematográfica.

O professor exerce o papel fundamental de mediar o conhecimento aos seus alunos por meio de análise cinematográfica,[18] ou seja, a instituição deve propiciar um local privilegiado para se trabalhar o saber científico e sistematizado, bem como momentos para que os alunos se apropriem da diversificação da cultura audiovisual. Dessa forma, os filmes representam uma expressão artística que deve ter na escola um espaço privilegiado para que professores possam trabalhar diferentes leituras de mundo, competências e habilidades específicas dos alunos.

A linguagem cinematográfica pode viabilizar a aprendizagem dos conteúdos acadêmicos e ampliar a visão de mundo do aluno, à medida que a instituição propicia o acesso à cultura, à arte e à comunicação audiovisual.[19] O sistema educativo tem, pois, por missão explícita e implícita preparar cada estudante para ser um cidadão. A utilização dessa técnica pode despertar habilidades atitudinais, para deixar o aluno se situar diante de cenários que irão envolvê-lo no mundo dos negócios, gerando, assim, competências para o seu desenvolvimento profissional.

Nesse sentido, a utilização de filmes como recurso facilita o processo de ensino- -aprendizagem, mas é necessário que o moderador fomente as discussões acerca daquele conhecimento exposto. Dessa forma, as imagens tornam-se um poderoso instrumento de aproximação do real, por sua sutileza de discurso e sedução de linguagem, sendo possível associar o estímulo verbal à reflexão para fins pedagógicos.[20] Como toda arte, os filmes são capazes de gerar curiosidades, questionamentos, reflexões, sentimentos, identificações. Os filmes apresentam diversidade de olhares, realidades desconhecidas, inimagináveis, inacreditáveis, por isso eles podem causar incômodos, desconfortos, desequilíbrios. Na verdade, os **filmes têm o poder de tirar o aluno da zona de conforto** e fazer com que ele se situe em cenários que exijam uma postura e desenvolvimento intelectual para gerar soluções ao dia a dia da sua vida profissional.[21]

> *A utilização de filmes como recurso facilita o processo ensino- -aprendizagem, mas é necessário que o moderador fomente as discussões acerca daquele conhecimento exposto.*

Ao escolher um filme para dinamizar e prover ritmo ao processo de ensino e aprendizagem dos alunos em sala de aula, o professor deve levar em conta o problema da adequação do conteúdo e da abordagem por meio de reflexão prévia sobre os objetivos. Alguns fatores, contudo, interferem na conformação e desenvolvimento desse tipo de abordagem, sendo eles: as possibilidades técnicas e de organização na exibição de um filme; a articulação com o conteúdo discutido; os conceitos que deverão ser trabalhados e ajustados, conforme a faixa etária da turma.[22]

Assim, os vídeos ajudam a atrair a atenção dos alunos, mas não modificam substancialmente a relação pedagógica. Além disso, esses vídeos aproximam a sala de aula do cotidiano, das linguagens de aprendizagem e comunicação da sociedade urbana, bem como introduzem novas questões no processo educacional. Os vídeos combinam a comunicação sensorial cinestésica com a audiovisual, a intuição com a lógica, a emoção com a razão, embora comecem pelo sensorial, seguido pelo emocional e pelo intuitivo, para atingir, posteriormente, o racional.

> *Os filmes enriquecem as aulas e tornam-se uma ótima alternativa como extensão do ambiente formal de ensino e podem contribuir com o desenvolvimento da autonomia para a promoção da aprendizagem.*

Os filmes enriquecem as aulas e tornam-se uma ótima alternativa como extensão do ambiente formal de ensino e podem contribuir com o desenvolvimento da autonomia para a promoção da aprendizagem.[23] Nesse sentido, o recurso audiovisual possui um grande potencial educativo, mas a sua utilização didática exige um esforço permanente por parte do professor na procura das soluções mais adequadas a cada situação. Recomenda-se que o aluno seja preparado pelo professor para o trabalho com cinema em sala de aula. O aluno preparado para aprender com filmes torna-se mais autônomo na extensão de seu aprendizado fora de ambientes formais de ensino, estendendo para sua vida cotidiana uma capacidade interpretativa mais apurada.[24]

O aluno preparado para aprender com filmes torna-se mais autônomo na extensão de seu aprendizado fora de ambientes formais de ensino, estendendo para sua vida cotidiana uma capacidade interpretativa mais apurada.

Seguem algumas modalidades de filmes que podem ser utilizados em sala de aula, tendo sido eles adaptados para o contexto do curso de Ciências Contábeis, Administração, Economia e Negócios:[25]

- *Filmes para sensibilização* – utilizados para introduzir um novo assunto, despertar a curiosidade e a motivação para novos temas. Isso facilita o desejo de pesquisa por parte dos alunos e ajuda a aprofundar determinados conteúdos programáticos. Como exemplo para a área de Custos Industriais, podemos citar um filme que mostra a substituição de uma matéria-prima que provoca degradação ao meio ambiente por uma matéria-prima reciclável. A ideia é sensibilizar para o uso eficiente do meio ambiente e mostrar as oscilações de custos provocadas pela substituição dos insumos produtivos.

- *Filmes para ilustrações* – ajudam a demonstrar o que se expõe durante a aula a fim de compor cenários desconhecidos pelos alunos, como, por exemplo, um vídeo que exemplifica como funcionava a impressão do *Diário de Escrituração Contábil* em sua forma manual antes do emprego de sistemas informatizados atualmente utilizados pelos escritórios de Contabilidade.

- *Filmes de simulações* – constituem-se em ilustrações mais sofisticadas. Como exemplo de simulações, podemos citar vídeos que mostram o comportamento do mercado de ações em período de crise ou de negociações.

- *Conteúdo de ensino* – empregado para mostrar determinado assunto de forma direta ou indireta. De forma direta, quando informa sobre um tema específico, orientando a sua interpretação. De forma indireta, quando mostra um tema, permitindo abordagens múltiplas, interdisciplinares, como, por exemplo, a Teoria da Agência, que pode ser claramente percebida no Filme *Inside Job*, de 2010. Esse filme, vencedor do Oscar para Melhor Documentário em 2011, mostra as causas do *crash* financeiro de 2008 e os responsáveis pela maior crise desde a Grande Depressão de 1929.

- *Filmes sobre produção* – utilizados como documentação, registro de eventos, de aulas, de estudos do meio, de experiências, de entrevistas, depoimentos. Esse tipo de filme facilita o trabalho do professor, dos alunos e dos futuros alunos. Ainda, diversos filmes instrucionais sobre Ponto de Equilíbrio, Custeio por Absorção, Análise das Demonstrações Financeiras, entre muitos outros, podem ser encontrados facilmente no YouTube. A ideia é que o professor prepare o seu próprio material audiovisual para não depender sempre de empréstimos ou de materiais desenvolvidos por outros professores que não atendem, especificamente, todas as suas necessidades. Com as tecnologias hoje disponíveis, o professor pode documentar o que é mais importante para sua aula e ter um material audiovisual customizado, assim como tem seus livros e apostilas utilizados em suas aulas.

- *Filmes para avaliação* – utilizados como forma de avaliar a percepção dos alunos sobre determinada situação. Em uma aula de Contabilidade Financeira, podemos utilizar, por exemplo, trechos do documentário do "Caso Enron Corporation era uma companhia de energia estadunidense, localizada em Houston, Texas" para discutir a ética na contabilidade e inúmeras situações sobre o Gerenciamento de Resultados Contábeis e suas semelhanças e dessemelhanças com a Fraude Contábil. A Enron empregava cerca de 21.000 pessoas, tendo sido uma das companhias líderes no mundo em distribuição de energia (eletricidade, gás natural) e comunicações. Seu faturamento atingia US$ 101 bilhões em 2000, pouco antes do escândalo financeiro que ocasionou sua falência.

O professor deve, entretanto, tomar cuidado ao utilizar filmes na sala de aula, verificando qual modalidade mais se adapta aos seus objetivos de aprendizagem. Os meios de comunicação audiovisuais contribuem decisivamente para o alargamento das fronteiras da instituição de ensino superior, e do ensino como um todo. No entanto, os filmes não devem ser trabalhados de forma casual, como se os alunos os estivessem assistindo em casa. Esse recurso precisa de atenção e tratamento especial, pois pode ser uma ferramenta eficiente dentro do contexto escolar e da realidade cultural em que nos encontramos atualmente, desde que observados os passos, conforme apresentados na Figura 1, sobre os momentos de sua utilização.[26]

> *O professor deve, entretanto, tomar cuidado ao utilizar filmes na sala de aula, verificando qual modalidade mais se adapta aos seus objetivos de aprendizagem.*

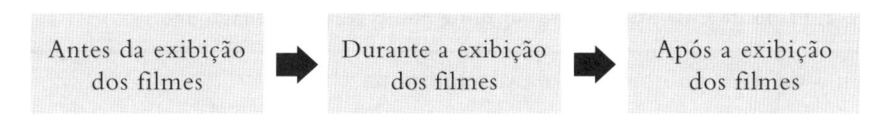

Fonte: Adaptada de Pertarnella et al. (2009).

Figura 1. Momentos de utilização dos filmes

Dessa forma, antes da exibição, o professor deve informar somente aspectos gerais do vídeo (autor, duração, prêmios, entre outros). Ainda, tomar determinadas atitudes: não interpretar o filme antes da exibição, não pré-julgar (para que cada um possa fazer a sua leitura); assistir várias vezes ao vídeo antes de sua exibição a fim de conhecê-lo inteiramente; verificar a qualidade da cópia, deixá-lo no ponto de exibição e checar a qualidade do som; durante a exibição, deve anotar as cenas mais importantes; e, se for o caso, fazer brevíssimos comentários para não dispersar o grupo; por fim, voltar a observar as reações do grupo. Após a exibição, o professor pode rever as cenas mais importantes ou difíceis. Se o vídeo for exibido na sua totalidade, o professor deve exibi-lo uma segunda vez, chamando a atenção para determinadas cenas, para a trilha musical, diálogos ou situações. Além disso, deve mostrar detalhadamente as imagens mais significativas e propor alguns caminhos, entre muitos possíveis, para a análise do filme juntamente com todos os alunos presentes.

4. Um exemplo da utilização de filmes

Para exemplificar o emprego de filmes como recursos pedagógicos, utilizaremos uma aula preparada para a disciplina de Custos, em que a ementa, no contexto da disciplina, envolva Estratégias de Custos e Produção. O tema da aula é Introdução ao Processo de Produção, e o objetivo geral é apresentar processos de produção de forma indireta, mostrando um esquema de produção, permitindo abordagens múltiplas, interdisciplinares, tais como custos, contabilidade de custos, administração da produção, direitos e comportamentos éticos.

Como habilidades, busca-se propiciar aos alunos um refinamento do conhecimento sobre as diferentes formas de processo de produção, utilizando o filme *Vida de inseto* como base da aula, com a finalidade de propiciar aos alunos um conhecimento sobre a relação Custos e Processo de Produção. Em termos de competências, a aula busca propiciar aos alunos uma contextualização de formas de trabalhar com diferentes leituras de mundo, tendo o filme como instrumento pedagógico para os conteúdos de custos e processo de produção. Os conteúdos programáticos são apresentados no Plano de Aula, reportado no Quadro 1.

Quadro 1. Plano de Aula utilizando-se o filme como recurso pedagógico

Ementa da aula no contexto da disciplina de Custos Estratégias de custos e produção
Tema da aula Introdução ao Processo de Produção
Objetivo geral da aula Apresentar processos de produção de forma indireta, mostrando um esquema de produção, permitindo abordagens múltiplas, interdisciplinares, tais como custos, contabilidade de custos, administração da produção, direitos e comportamentos éticos. **Objetivos específicos** a) **Habilidades:** propiciar aos alunos um refinamento do conhecimento sobre as diferentes formas de processo de produção, utilizando o filme *Vida de inseto* como base da aula; e desenvolver nos alunos um conhecimento sobre a relação Custos e Processo de Produção. b) **Competências:** propiciar aos alunos uma contextualização de formas de trabalhar com diferentes leituras de mundo, tendo o filme como instrumento pedagógico para os conteúdos de custos e processo de produção.
Conteúdo programático ■ Processos de custos. ■ Organização e trabalho. ■ Empreendedorismo, inovação e criatividade. ■ Tipos de custeio.
Desenvolvimento do tema: Abertura da aula – 5 minutos – utilização de um vídeo de introdução como acontece durante uma sessão de cinema – no estilo desligue seu celular; *trailler* próximas aulas – para os alunos entrarem no clima da aula. Introdução da aula – expor o tema da aula – 5 minutos. Desenvolvimento dos pontos constantes no Conteúdo Programático: 30 minutos. Processos de Custos. Organização e Trabalho. Empreendedorismo, inovação e criatividade. Tipos de Custeio. Apresentação do filme e discussão relacionada aos pontos constantes no Conteúdo Programático – 30 minutos. Encerramento pelo professor – 10 minutos.

(continua)

(continuação)

Recursos didáticos:
Computador; Projetor multimídia; Material impresso entregue para os alunos (*slides*; plano de aula; sinopse).
Metodologia:
Aula expositiva com o auxílio do filme *Vida de inseto*.

Dados do filme

Nome do Filme: *Vida de inseto*	Título Original: *A bugs life*
Diretores: John Lasseter, Andrew Stanton	Produção: Darla K. Anderson, Kevin Reher
Roteiro: Andrew Stanton, Donald McEnery, Bob Shaw	Fotografia: Sharon Calahan
Trilha Sonora: Randy Newman	Duração: 96 minutos
Ano: 1998	País: EUA
Gênero: Animação	Cor: Colorido
Distribuidora: Buena Vista Pictures	Estúdio: Disney/Pixar
Classificação: Livre	

4.1 Sinopse do filme

O filme se passa em torno de uma colônia de formigas que coleta comida durante a primavera e o verão com a finalidade de estocar para o inverno, tendo ainda que dar uma parte para os gafanhotos. *Flik*, uma formiga atrapalhada, derruba todo o suprimento que eles haviam juntado. Quando os gafanhotos vêm buscar a comida, ficam enfurecidos e ameaçam matar as formigas se elas não juntarem mais mantimentos. *Flik* sai em uma aventura à procura de heróis que ajudem sua colônia e encontra um grupo de insetos circenses que, graças a um mal-entendido, aceita dar uma força para as formigas. E a aventura fica cada vez mais divertida.

4.2 Temas a serem trabalhados com o filme (roteiro)

Vários são os temas que podem ser explorados quando se opta pela exibição de um filme como instrumento pedagógico; por exemplo: como apresentar novos processos de trabalho a fim de otimizar o tempo e produzir em escala; discutir os direitos e deveres de todos os envolvidos no processo – delimitação de poder; apresentar processos de inovação e criatividade, vislumbrar os tipos de custeios e de alocação de custos nos diversos tipos de organizações; introduzir relações de custo × volume e lucro.

Na sequência, apresenta-se como trabalhar as habilidades conceituais, procedimentais e atitudinais com o uso de filmes como estratégia de ensino:

- **Habilidades conceituais** – elaborar perguntas sobre os conceitos presentes no filme, podendo-se questionar quais conceitos são percebidos no desenvolvimento do filme no que tange a processos de custos, organização e trabalho, empreendedorismo, inovação e criatividade, e quais tipos de custeio são observados no filme.

- **Habilidades procedimentais** – elaborar situações técnicas de como fazer o sistema de custeio, associando-se ao filme, além de ilustrar, por exemplo, se caberia a aplicação do Custeio por Atividades no problema vivido pelos personagens.

- **Habilidades atitudinais** – discutir as situações limites e sobre como o gestor deveria se posicionar diante dos diversos cenários apresentados no filme. Nesse aspecto, o filme questiona a sociedade em massa e reflete sobre liberdade e direitos. Podem-se trabalhar, ainda, questões como a liberdade, a cidadania, os processos de produção, a busca de inovação e comportamentos éticos no desenvolvimento dessas habilidades.

4.3 O que observar no filme

Durante a exibição da película, retornar às cenas o número de vezes necessário para contextualizar bem os objetivos da aula, observando-se, entre outros pontos:

- A pressão psicológica dos gafanhotos sobre as formigas – submissão do trabalho, exploração do trabalho, persuasão quanto ao trabalho, falta de ética.

- A discussão do *Flik* como autoridade sobre as formigas – estruturação de poder e da cidadania.

- As formigas em fila para armazenar seus alimentos – trabalho em série. Defesa da Escola Fayol, ou seja, aumentar a eficiência da organização por meio da definição dos vários níveis de responsabilidade. Destacam-se, ainda, a falta de incentivos, os conflitos entre capatazes e operários, início de estudos de tempos e movimentos pelas pressões de *Flik*.

- *Flik* apresentando suas criações – inovações tecnológicas. Defesa da Escola Fordista e Taylorista, ou seja, fabricação em série, aumento da eficiência, baixo custo, processos de custos, aumento da eficiência da organização por meio da especialização dos operários e de uso de novas tecnologias para reduzir custos e dinamizar processos.

- *Flik* com a máquina de cortar e armazenar maior volume. Defesa da Escola Fordista no que se refere à linha de montagem, realização de tarefas específicas pelos funcionários e máquinas ditando o ritmo de trabalho, bem como a otimização do processo, o planejamento, a organização, controle e definições de funções. Além disso, a dinamização de processos e de custos, a exigência de resultados dinamizados, a organização e trabalho, a visão empreendedora, a inovação e a criatividade.

5. Considerações finais

Uma das formas de o professor, na função de orientador, coordenador e mediador, gerar emoções positivas é valorizar o caráter construtivo do processo de ensino-aprendizagem, priorizando a capacidade e as competências que os estudantes possuem para assimilar, processar e interpretar as informações compartilhadas no ambiente escolar. Nesse sentido, o processo de ensino-aprendizagem implica a interação de três polos: o estudante que busca aprender; o objetivo do conhecimento; e o professor que interage, buscando favorecer a aprendizagem. Este último deve fazer uso de adequadas técnicas de ensino-aprendizagem, contribuindo para que o estudante, frente às motivações do contexto educacional, desenvolva sua capacidade de realizar aprendizagens significativas, construindo seus próprios conhecimentos.[27]

> *Uma das formas de o professor, na função de orientador, coordenador e mediador, gerar emoções positivas é valorizar o caráter construtivo do processo de ensino-aprendizagem, priorizando a capacidade e as competências que os estudantes possuem para assimilar, processar e interpretar as informações compartilhadas no ambiente escolar.*

O principal alvo do processo de ensino-aprendizagem é a construção do conhecimento pelo estudante, o qual recebe influência direta do assunto e do estilo adotado pela instituição e pelo professor. O aprender do estudante consubstancia-se à medida que suas atitudes são alteradas por meio da assimilação do conteúdo, permitindo-lhe a solução de tarefas que antes não poderiam ser resolvidas pela falta de profundidade conceitual. A interação do aluno na escolha das estratégias de ensino é de indubitável importância, uma vez que o

> *O principal alvo do processo de ensino-aprendizagem é a construção do conhecimento pelo estudante, o qual recebe influência direta do assunto e do estilo adotado pela instituição e pelo professor.*

objetivo do professor e da instituição apenas será alcançado à medida que o aluno obtiver as competências requeridas. Para o estudante desenvolver competências, faz-se necessário que o professor possua domínio não apenas de aspectos técnicos do conteúdo, mas também de diferentes caminhos que poderá utilizar para que os conteúdos atinjam de forma adequada os estudantes.[28]

O emprego de qualquer técnica pedagógica utiliza o método heurístico, que se apoia em três princípios básicos: (1) o conhecimento é obtido por meio de fatores e experiências; (2) o conhecimento não deve contradizer experiências e fatos comprovados; e (3) um conhecimento se justifica quando parte de uma experiência que é evidenciada por outro conhecimento. Assim, as técnicas pedagógicas constituem extraordinário instrumento de motivação, uma vez que transformam o conhecimento a ser assimilado em um recurso de ludicidade e em sadia competitividade.[29] Nessas condições, os filmes, além de motivadores, contribuem seguramente para a criatividade, desinibição, avaliação dos progressos, fixação de conhecimento adquirido e, principalmente, favorecimento da formação da personalidade do envolvido, na medida em que o inserem positivamente em um grupo de estudo.

Nesse sentido, os efeitos da utilização do uso de vídeos em sala de aula são: (i) alteração da estrutura de interesses, ou seja, é algo novo, que desperta um interesse maior que o quadro-negro; (ii) mudança do caráter dos símbolos; não é só mais a caneta e o papel, é a imagem que suscita a identificação com aquele real/virtual. O repertório de signos é aumentado; e (iii) modificação da natureza da comunidade; o espaço para os alunos deixa de ser apenas a sala de aula, a universidade, passando agora a ser o mundo todo, uma outra época.[30]

11 Encenando o ambiente de negócios: a representação teatral como técnica pedagógica

CINTIA RODRIGUES DE OLIVEIRA MEDEIROS
ZANDRA CRISTINA LIMA SILVA QUEIROZ

*Todo teatro é necessariamente político,
porque políticas são todas as atividades
do homem, e o teatro é uma delas.*

AUGUSTO BOAL

1. Introdução

Neste capítulo, procuramos discutir a dramatização como estratégia de ensino na área de negócios, focalizando a representação de peças teatrais. A dramatização é um recurso técnico originado do teatro, que se fundamenta no psicodrama, e constitui-se em método para o desenvolvimento de habilidades mediante o desempenho de atividades em situações semelhantes àquelas que seriam realizadas na vida real.[1] É também uma experiência de aprendizagem baseada na apropriação de práticas da cena teatral que busca explorar os tipos de competências.[2]

> *A dramatização é um recurso técnico originado do teatro, que se fundamenta no psicodrama, e constitui-se em método para o desenvolvimento de habilidades mediante o desempenho de atividades em situações semelhantes àquelas que seriam realizadas na vida real.*

O foco deste capítulo se dirige para algumas questões conceituais e práticas relacionadas à utilização da dramatização para o ensino na área de negócios. Ressaltamos que o enfoque psicológico está desvinculado deste texto por não fazer parte do seu escopo, sendo nosso objetivo discutir a dramatização por meio da representação teatral, no mesmo sentido entende-se que a dramatização "pode ser configurada como uma representação teatral a partir de um tema. Pode ainda, com uma visão diferenciada, trabalhar com elementos visuais como filmes, desenhos, fantoches, entre outras ferramentas que auxiliem na dramatização".[3]

Existem autores que fazem uma distinção entre jogos teatrais e jogos dramáticos. Para alguns jogos teatrais são práticas lúdicas que abarcam representações dirigidas a uma plateia, o que não ocorre no jogo dramático, em que todos participam. Conforme o autor, "Para entender a diferença entre o jogo teatral e o jogo dramático, é preciso lembrar que a palavra *teatro* tem sua origem no vocábulo grego *theatron*, que significa 'local de onde se vê' (plateia). Já a palavra *drama*, também oriunda da língua grega, quer dizer 'eu faço, eu luto'. No jogo dramático entre sujeitos, portanto, todos são 'fazedores' da situação imaginária, todos são 'atores'. No jogo teatral, o grupo de sujeitos que joga pode se dividir em equipes que se alternam nas funções de 'jogadores' e de 'observadores', isto é, os sujeitos jogam deliberadamente para outros que os observam.[4]

Ainda que reconhecida essa diferenciação, trabalhamos o capítulo na perspectiva de que a dramatização é, também, uma representação teatral. Longe de tentar escrever um manual de procedimentos para aplicação da dramatização, nosso intuito com este texto é contribuir para a sua utilização na área de negócios. Assim, associamos as suas aplicações voltadas para o ensino de conteúdos na área específica, relacionando-as com estratégia de ensino na formação profissional.

2. Dramatização e representação teatral: considerações conceituais

O uso da dramatização na área de gestão e negócios, bem como uma metodologia educacional, originou-se do trabalho do psiquiatra romeno Jacob-Lévy Moreno (1889-1974), criador do psicodrama e do teatro espontâneo.[5] Alguns autores[6] entendem que o psicodrama, na perspectiva de Moreno, se propõe "a recompor algumas experiências negativas vividas por um sujeito ou por um grupo, de forma a reabrir os canais para que flua a espontaneidade, criando novas respostas e evitando a submissão em relação a formas cristalizadas de comportamento". A dramatização gera a espontaneidade e, consequentemente, potencializa o estudante e o docente a transpor os conteúdos teóricos, visto que essa consiste em uma oportunidade de lidar com situações que envolvam o enfrentamento e a resolução de problemas.[7]

> *A dramatização gera a espontaneidade e, consequentemente, potencializa o estudante e o docente a transpor os conteúdos teóricos, visto que essa consiste em uma oportunidade de lidar com situações que envolvam o enfrentamento e a resolução de problemas.*

A dramatização representa o núcleo do psicodrama. O psicodrama, por sua vez, é uma terapia que objetiva compreender e desenvolver o ser humano, indo além da simples representação de um texto. Essa técnica não só permite recriar a experiência em um espaço cênico, como pode também sofrer a influência de diferentes técnicas dramáticas.[8] As técnicas de aplicação do psicodrama à educação percorrem os mesmos preceitos do psicodrama terapêutico, e o que os diferencia são os objetivos a serem alcançados.[9]

O psicodrama consiste em um "método adequado à realidade educacional, uma vez que o material com que se pretende trabalhar é relacionado às experiências do grupo de alunos e reflete as suas vivências no seu meio social", não se correndo o risco, nessa forma de atuação pedagógica, de trabalhar os conteúdos de maneira inexpressiva para os alunos. O psicodrama pedagógico revela-se como uma abordagem com um campo repleto de oportunidades, tanto para o estudante quanto para o educador.[10] Nesse sentido, entende-se que o teatro potencializa o conhecimento capaz de mobilizar e articular todas as dimensões do corpo, além de constituir-se em um importante meio de comunicação e expressão, reunindo aspectos audiovisuais e linguísticos.[11]

No Brasil, a educadora argentina Maria Alicia Romaña começou a realizar experiências com o uso de técnicas psicodramáticas em sala de aula por volta da década de 1960. Com a produção de seu primeiro trabalho, intitulado *Técnicas psicodramáticas aplicadas à educação*, o termo evoluiu, sendo então reconhecido como Pedagogia do drama (Figura 1).

Fonte: Romaña (2004).[12]

Figura 1. Evolução – Técnicas dramáticas aplicadas na educação

Foi em 1969, quando Romaña atuou como orientadora na formação de educadores do Grupo de Estudos de Psicodrama de São Paulo, que surgiu o Método Educacional Psicodramático.[13] Nesse curso, percebeu-se com clareza a relação entre o uso de técnicas dramáticas e a Educação.

A segunda parte dos estudos de Romaña (Figura 1), denominada "Estruturação da Teoria do Psicodrama Pedagógico", baseou-se no estudo da aplicação da técnica em realidades educativas diferentes. Na terceira etapa, ocorreu a difusão da Pedagogia do drama por meio da aplicação "de qualquer uma de suas expressões: educação da espontaneidade, técnica de desenvolvimento de papéis ou metodologia dramática".[14]

A representação teatral pressupõe o exercício do fazer de conta, do imaginar-se outro, de criar situações imaginárias. É, então, uma atividade relacionada com assumir papéis sociais de acordo com o ambiente, podendo-se entender a atuação como um meio pelo qual estabelecemos uma relação com o outro. Nesse sentido, sobre o professor:"Saber que ensinar não é transferir conhecimento, mas criar possibilidades para a sua própria produção ou a sua construção." Isso implica o ato de se pensar o ensino, considerando suas múltiplas dimensões, inclusive as vivências e as emoções do estudante.[15]

A aproximação da dramatização com o processo de ensino-aprendizagem pode atender às demandas sobre métodos de ensino que estimulem os estudantes à participação. Como alguns autores defendem,[16] "o fazer pedagógico não pode ser dissociado da provocação do prazer, do qual o corpo aprendente dele precisa para que o aprendizado ocorra". O aprender, como considerado nas abordagens contemporâneas,"é uma ação em que o corpo do sujeito registra o seu conteúdo e o cérebro, concomitantemente, mantém esse registro se o corpo respondeu bem à mensagem colocada à sua disposição". Nesse sentido, ao trabalhar com a representação teatral, o professor está conduzindo os estudantes ao lúdico, propiciando condições de aprendizagem que potencializarão a assimilação de novos conhecimentos.

Nesse aspecto, outro autor[17] ressalta que a utilização dessa técnica requer trabalhar o estudante-ator e o estudante-espectador, isto é, o fazer e o apreciar. O mesmo autor observa que, "como ator, o aluno é envolvido na construção e produção da cena, o que significa fazer e apresentar; como espectador, ele é levado a assistir espetáculos, ou a seus próprios colegas, e é assim envolvido nos processos de apreciar e avaliar".[18] Desse modo, a adoção da técnica exige considerar que o estudante-espectador, ao assistir à representação teatral, se dirige a uma situação de relativa fuga da rotina, cujo poder simbólico que exprime é significativo.

3. Objetivos educacionais da dramatização

A principal tarefa do professor na orientação da dramatização deve ser escolher, preparar e encaminhar a situação a ser vivenciada na forma de um roteiro a ser seguido pelos participantes em busca do conhecimento.[19]

A representação teatral como técnica de ensino consiste em uma construção coletiva de trabalho que potencializa as interações entre os estudantes. Nessas interações, os estudantes caracterizam o problema a ser estudado, coletam informações para a atuação, avaliam e refletem sobre os resultados para selecionar o que é mais importante para a atividade a ser realizada.

> *A principal tarefa do professor na orientação da dramatização deve ser escolher, preparar e encaminhar a situação a ser vivenciada na forma de um roteiro a ser seguido pelos participantes em busca do conhecimento.*

O Psicodrama Pedagógico é utilizado nas seguintes situações: "a) para compreender um conhecimento já adquirido mediante métodos tradicionais; b) melhorar a compreensão de um tema; c) repassar conceitos já esquecidos; d) para o treinamento da espontaneidade; e) melhorar as relações sociais; f) transmitir conhecimentos novos".[20]

Destaca-se também que o uso da dramatização permite a representação de três contextos psicodramáticos: social, grupal e dramático. O contexto social possibilita ao professor trabalhar com os alunos os papéis sociais e o discurso das pessoas que compõem a sociedade ali representada. O contexto grupal privilegia a interação desse grupo com sua história particular e sua relação com a comunidade, e o contexto dramático permite que o imaginário desse grupo também seja representado. Com as três representações, extrapolam-se as atitudes que os alunos poderão desempenhar frente às situações ali representadas. Ainda segundo o autor, dessa forma "a atuação pedagógica não corre o risco de trabalhar conteúdos de maneira inexpressiva para os alunos".[21]

Dentre as aplicações da técnica de dramatização, algumas pesquisas demonstram casos nos quais puderam ser observados os contextos em que ela melhor se encaixa. O Quadro 1 ilustra alguns exemplos de sua aplicação e resultados obtidos.

Quadro 1. Exemplos de uso da técnica de dramatização

Aplicação e autores	Resultados
Uso do método como meio para engajar os *trainees* de uma empresa em um processo de aprendizagem.[22]	Propiciou aos *trainees* um contato maior com a teoria e a prática da negociação face a face, essencial para o trabalho de um consultor júnior.
Experiência de aprendizagem baseada na apropriação de práticas da cena teatral, de adaptação do texto dramático: a tragédia de *Macbeth*, de William Shakespeare. Foram estabelecidas duas atividades principais: a adaptação propriamente dita e a avaliação dos resultados. Os participantes receberam dois materiais de apoio: a Síntese da Tragédia de *Macbeth* (principais situações da tragédia) e as questões orientadoras para a adaptação.[23]	Permitiu a exploração de competências, como: disponibilidade e adaptação a mudanças, capacidade de improviso em situações imprevisíveis, sem descuidar da estratégia, identificação de oportunidades e ameaças em cenários futuros, capacidade de inovação no ensino em administração, especialmente aquele associado ao desenvolvimento gerencial.
O uso de técnicas dramáticas no âmbito de intervenções socioeducativas de autogestão (gestão democrática) e de Contabilidade no contexto da educação não formal.[24]	Os resultados obtidos revelaram a eficácia do método de dramatização utilizado para a vivência e compreensão dos processos relacionados à gestão, os quais propiciaram uma reflexão coletiva acerca dos papéis assumidos em uma organização, bem como o caráter técnico do conhecimento contábil percebido pelos participantes.
Uso da técnica de dramatização na disciplina de Liderança e Comportamento Organizacional, do curso de Ciências Contábeis, da Universidade Federal de Uberlândia.[25]	Ao utilizar a dramatização como recurso pedagógico, os estudantes perceberam que a busca pelo conhecimento necessário para desenvolver o trabalho de Contador exige talento individual, esforço coletivo e, sobretudo, os conceitos necessários para a sua compreensão e elaboração.

(continua)

(continuação)

Aplicação e autores	Resultados
Uso da técnica de teatro-esporte como proposta pedagógica interdisciplinar para o desenvolvimento de competências relacionais por estudantes no campo da administração e por praticantes em treinamentos corporativos.[26]	A partir de uma perspectiva integrativa da gestão por competências, alinhada à administração estratégica de recursos humanos, pode-se defender que estudantes em formação universitária e treinandos sem capacitação profissional desenvolvam, além das aptidões intelectuais e dos conhecimentos técnicos, as competências caracterizadas como relacionais, comportamentais, pessoais, sociais ou de cooperação.

Fonte: Elaborado pelas autoras.

Dessa forma, podemos destacar como objetivos educacionais da dramatização:

1. Aplicar conhecimento em resposta a circunstâncias reais.
2. Reagir e participar ativamente.
3. Dar valor e expressar opiniões pessoais.
4. Conciliar conflitos internos, desenvolver sistemas de valores.
5. Resolver problemas.[27]

4. Habilidades desenvolvidas com a representação teatral

A utilização da representação teatral como técnica de ensino tem vários aspectos positivos que vão influenciar no desenvolvimento de habilidades requeridas na área de negócios. Dentre esses aspectos, aponta-se: "motivação à boa fluência verbal/expressão oral; estímulo à capacidade de dramatização; poder de síntese; realização de trabalho em grupo; criação coletiva de ideias; criatividade; entrosamento; envolvimento com a linguagem corporal e teatral; estratégia na exposição de fatos e ocorrências no mundo das organizações (públicas, privadas e do terceiro setor)".[28]

São várias as habilidades desenvolvidas pelos estudantes a partir da utilização da dramatização. Entre elas, está a capacidade para improvisação, uma habilidade importante na área de negócios. A dramatização visa cultivar e estimular a criatividade, pois permite ao indivíduo desenvolver a espontaneidade, além de ampliar sua capacidade de fazer escolhas diante de várias situações que lhe são expostas, possibilitando o autoconhecimento, bem como o crescimento pessoal.[29] Observa-se que, por meio da dramatização, o ensino de conceitos percorre desde a fixação de conteúdos às avaliações e ao desenvolvimento de papéis, além de dar ao aluno o prazer de descobrir e aprender.

Desenvolvendo a espontaneidade com o uso da dramatização, mobilizam-se as capacidades intelectuais, sociais e afetivas do estudante, envolvendo-o no ato de aprender, o que favorece para que ele estabeleça suas próprias relações com o conhecimento adquirido e o conteúdo apresentado em sala de aula.[30] Nesse sentido, a imaginação dramática é central para a criatividade; portanto, deve fazer parte do processo educacional que visa ao desenvolvimento das potencialidades humanas.[31]

Existem autores que apontam que a técnica da representação teatral procura também estimular a discussão e a problematização de questões do cotidiano por meio da prática de jogos, exercícios e técnicas teatrais.[32] Entretanto, seu principal objetivo é oferecer maior reflexão a respeito das relações de poder por meio da vivência de histórias entre opressores e oprimidos.

No caso da aplicação dessa técnica na área de negócios, os estudantes poderão desenvolver as seguintes habilidades: capacidade de planejamento e organização de atividades; capacidade de buscar informações relevantes para a solução de um problema; capacidade de chegar a conclusões lógicas; capacidade de se expressar com bons resultados em situações individuais ou grupais; capacidade de expressar suas ideias de forma clara e objetiva; abertura e diversidade de interesses; iniciativa.

Enfim, ao participar da dramatização, o estudante sente-se estimulado a pensar no contexto sociopolítico-econômico-cultural que envolve a situação focalizada na dramatização. Além disso, essa estratégia potencializa a visão crítica e reflexiva da realidade vivenciada.

5. Instrumentos e etapas

A aplicação da dramatização requer alguns cuidados, pois o termo, para algumas pessoas, envolve ansiedade.[33] Assim, é necessário que o professor faça esclarecimentos aos estudantes quanto à estrutura a ser seguida na aplicação da estratégia.

Para que a aplicação da técnica seja bem-sucedida, é necessário dirigir esforços para um planejamento que, muitas vezes, é mais rigoroso que as técnicas tradicionais de ensino, pois o professor não controla seu desenvolvimento. Sendo assim, o professor deve estar bem preparado para transformar a atividade em uma experiência válida para a aprendizagem.

A organização de uma encenação teatral é uma tarefa prazerosa, porém não pode ser realizada sem esforço, pois essa atividade depende de uma relação coerente entre atores, texto, cenário, figurino, sonoplastia, iluminação, entre outros elementos. A representação teatral como atividade pedagógica demanda investimentos intelectuais e materiais.[34] Não é possível desenvolver essas atividades, pensando apenas em baixos custos, sendo necessário utilizar material de qualidade, pois essa técnica incrementa em vários aspectos as relações da comunidade acadêmica. Uma das dificuldades na aplicação da técnica, apontada pelo autor, é de ordem administrativa envolvendo a coordenação do curso, pois essa técnica pode ser encarada como uma possibilidade de passar o tempo (enrolação).

As técnicas e instrumentos para a realização da dramatização envolvem: cenário, protagonista, diretor, ego auxiliar e público.[35]

O cenário é o palco ou o espaço onde acontece a ação dramática. O protagonista é quem desempenha os papéis, podendo ser uma ou mais pessoas. O diretor organiza as sequências que serão representadas pelo protagonista e também mantém contato com o público para coordenar e compartilhar suas observações. O ego auxiliar trabalha em equipe com o diretor, servindo como intermediário entre o protagonista e o público. O público ou plateia assiste à dramatização sem nenhuma atuação direta.

A utilização da dramatização é feita em três etapas (Figura 2). A primeira é o aquecimento, que envolve a adaptação e organização do texto ao contexto para a representação, bem como a escolha dos protagonistas. Essa etapa tem por objetivo quebrar os estados de tensão, facilitar a interação e deixar o estudante pronto para novas experiências, consequentemente, minimizar as possíveis resistências.

Em seguida, ocorre a etapa da dramatização, quando são representados em cena os papéis estabelecidos na etapa do aquecimento. No final, procede-se a uma sessão de comentários, na qual todos os participantes fazem uma avaliação do que foi representado por meio do compartilhamento das experiências vivenciadas.

Fonte: Elaborada pelas autoras.

Figura 2. Etapas para utilização da dramatização

A seguir, apresenta-se um exemplo de utilização da dramatização em uma aula preparada para a disciplina Consultoria e Auditoria. O objetivo da disciplina é proporcionar uma visão ampla e prática do papel do consultor e auditor contemporâneo, oferecendo conceitos e ferramentas de análise e intervenção na Gestão Empresarial focados na excelência e no resultado. O tópico trabalhado refere-se à Administração e Manutenção dos serviços de consultoria que prevê que "a aceitação das mudanças e dos trabalhos do consultor pelo cliente depende dos estilos de trabalho de ambos, depende da confiança que as pessoas têm nos tomadores de decisões e das informações fornecidas abertamente, tão logo as decisões sejam tomadas".[36] Nesse sentido, o consultor deve possuir habilidades para garantir o envolvimento das pessoas, e, para consegui-lo, a realimentação (*feedback*) é um dos pontos culminantes do processo.

O tema da aula é *feedback*, e o objetivo geral é proporcionar aos alunos a experiência de como dar e receber *feedback*, de acordo com os modelos que serão apresentados em sala de aula.

1 – Desenvolvimento do tema
Na abertura da aula, exposição do tema e apresentação de conceitos de *feedback* e as dimensões da ética e motivação que os tipos de *feedback* abrangem, bem como exemplos de comportamentos e ações de cada tipo. Nesse sentido, sugere-se que, quando a classe escreve os papéis a serem desempenhados, a compreensão do personagem é mais ampla.[37]

2 – Organização e Trabalho
Apresentação da atividade de dramatização, conforme modelo (Figura 3).

3 – Aplicação da técnica dramatização

3.1 Aquecimento
Os alunos são selecionados em duplas, o que vai dar e o que vai receber o *feedback*, e, para cada dupla, é escolhida uma modalidade de *feedback*, a qual será a referência para o comportamento que se deseja demonstrar de quem vai dar o *feedback*. Os resultados poderão ser melhores se, ao invés de deixar em aberto para estudantes voluntários, o professor dividir a classe em trios, de modo que dois em cada grupo desempenharão os papéis, e o terceiro será o observador.[38]

3.2 Dramatização
Os alunos representam os papéis propostos no aquecimento.

3.3 Comentários
O professor faz o encerramento das apresentações e abre uma sessão de comentários sobre o que sentiram ao desempenhar os papéis e como agiriam como consultores nas situações representadas, propiciando o compartilhamento das experiências vividas em cada uma das abordagens de *feedback*.

Logo instituição	Nome da instituição			
	Curso:	Ano Letivo:	Semestre:	Período:
	Administração	2014	2º	8º período
Disciplina:	Consultoria e Auditoria		Data:	02/10/2014
Professor(a):	XXXXXXXXXXX		Valor:	

Atividade: Dramatização

Tema: *Feedback*

Um dos membros de sua equipe do projeto de consultoria em RH, o Manoel, vem apresentando nos últimos 2 meses um desempenho insatisfatório, devido a problemas pessoais e profissionais. O mesmo te relatou que não está bem com sua esposa e seu casamento está bastante desgastado. Nas últimas semanas, ele apresentou atrasos e faltas injustificadas e não te comunicou sobre as mesmas, prejudicando novamente o andamento do projeto.

Represente as formas de *feedback*: Verdadeiro Destrutivo, Verdadeiro Afetivo, Falso Destrutivo e Falso Afetivo.

Fonte: Elaborada pelas autoras.

Figura 3. Exemplo de atividade

É nesse momento que a aprendizagem é clarificada, confirmada e consolidada. Na etapa de comentários ou *debriefing*, os estudantes e o professor refletem e discutem no grupo o processo de desenvolvimento da atividade, o que requer que os estudantes analisem e sintetizem as partes de uma dinâmica complexa. Importante ainda, segundo a autora, é considerar os sentimentos dos estudantes, pois esses são inevitáveis na dramatização.[39]

6. Considerações finais

Neste texto, nosso objetivo foi apresentar a dramatização como estratégia de ensino nos cursos da área de negócios. Sendo o processo dramático um dos mais vitais para os seres humanos, essa estratégia potencializa a aprendizagem, principalmente por oportunizar que o estudante se coloque no lugar do outro (personagem), não ficando restrito à análise de situações e características. A espontaneidade e a criatividade também são exercitadas, abrindo espaço para a participação e a cooperação entre os estudantes.

Com relação a nossa experiência, utilizando a dramatização no ensino de contabilidade, concluímos que:

a. a combinação de estratégias de ensino tem se mostrado valiosa para examinar o alcance de objetivos educacionais que vão impactar na formação do profissional da área de negócios;

b. os produtos gerados pela aplicação da dramatização apontam para o desenvolvimento de habilidades de comunicação, interpessoais e intelectuais;

c. antes de aplicar a dramatização, o professor deve considerar se está preparado para isso, além de conhecer suas vantagens e desvantagens;

d. a dramatização é uma oportunidade para aprendizagem no domínio afetivo, em que emoções e valores estão envolvidos, tanto quanto no domínio cognitivo, quando experiências são analisadas.

A despeito das valiosas contribuições da aprendizagem, é preciso ressaltar que o professor deve esclarecer os estudantes sobre os objetivos de aprendizagem estabelecidos que estes devem alcançar. Além disso, o professor deve ainda esclarecer quanto ao conforto dos estudantes em interagir extensivamente com seus pares e quanto ao fato de que, com essa estratégia, diferentemente de outras, o professor não tem muito controle sobre seu desenvolvimento.

Destaca-se, então, a importância do papel do professor, pois é esse quem observa o desenvolvimento da atividade, a atuação dos estudantes e o comportamento da audiência, procurando favorecer um ambiente propício para que esses estudantes possam expressar-se e, posteriormente, expor seus sentimentos em relação à experiência vivida durante a representação teatral.

Outro aspecto relevante é o apoio da coordenação e direção da IES no sentido de valorização da utilização da representação teatral nos cursos. Esse apoio deve ser orientado para o espaço físico adequado, materiais necessários e, ainda, o desenvolvimento de parcerias com professores de cursos de teatro e artes que possam contribuir com as dimensões técnicas da atividade.

A área de negócios, por se tratar de um ambiente em que situações complexas são frequentes, exige o desenvolvimento de múltiplas habilidades por parte daqueles que atuam na tomada de decisões, cujos impactos vão além dos muros da empresa. Diante dessa consideração, a dramatização configura-se em uma estratégia de ensino apropriada para a área, dada a potencialidade de desenvolver habilidades de comunicação, interpessoais e intelectuais.

A aplicação dessa estratégia, porém, requer muitos cuidados, devendo o professor se posicionar como um facilitador e, para tal, é necessário conhecer o poder potencial das fortes emoções que os estudantes venham a externalizar.

12

O *role-play* (jogo de papéis) aplicado no ensino e aprendizagem

LAUDICÉIA NORMANDO DE SOUZA
SILVIA PEREIRA DE CASTRO CASA NOVA

*Existem palavras sábias, mas a
sabedoria não é suficiente, falta ação.*

JACOB LEVY MORENO

1. Introdução

Ações reflexivas sobre a necessidade de construção de um novo projeto educativo, capaz de enfrentar os desafios do momento histórico atual, evidenciam a fragilidade dos modelos de ensino-aprendizagem tradicionais.[1] Alguns teóricos indicam que o estudo da Contabilidade deve ser personalizado e proporcionar aos estudantes estímulos que conduzam a uma reflexão permanente, seja na construção de conhecimentos, seja no desenvolvimento de habilidades e competências rumo à prática do exercício profissional. Para esses especialistas, o ensino precisa ser visto como convite à exploração e à descoberta, como um processo de construção de conhecimentos, habilidades, atitudes e não apenas como transmissão de informações e de técnicas.[2]

> *A utilização de jogos e simulações permite que estudantes aprendam a aplicar teoria e conceitos para buscar soluções para diversos problemas, conduzindo-os a se distanciarem das regras de memorização, tornando-os elementos ativos no processo de ensino e aprendizagem.*

Nesse sentido, o estudo e a proposta da inserção de estratégias de ensino alternativas adquirem importância, sobretudo quando consideradas as estratégias que envolvam alunos e alunas e os tornem atores principais de seu processo de ensino-aprendizagem. Neste capítulo, apresentaremos o *role-play* como um jogo de papéis que conduza uma interatividade trabalhada gradualmente. No processo de aprendizado, estudantes estabelecem relações que conjugam a imaginação dramática com o senso prático e a reflexão, por intermédio da participação ativa e lúdica nesse jogo.[3]

A diversificação constante das estratégias de ensino objetiva tornar o processo de ensino-aprendizagem produtivo e estimulante. A utilização de jogos e simulações permite que estudantes aprendam a aplicar teoria e conceitos para buscar soluções para diversos problemas, conduzindo-os a se distanciarem das regras de memorização, tornando-os elementos ativos no processo de ensino e aprendizagem.

2. Estratégia de ensino e *role-play*

O termo *estratégia* de ensino é utilizado para indicar um conjunto de atividades didáticas seletivamente organizadas pelo professor ou pela professora, que auxilia no alcance dos objetivos de aprendizagem. A estratégia de ensino abrange métodos, técnicas e recursos instrucionais.[4]

Complementando esse entendimento, as estratégias de ensino são definidas como procedimentos que objetivam a uma relação pedagógica que não apenas conduza o aluno e a aluna a uma atitude ativa, como também capte sua motivação e suas emoções para, a partir daí, colocar o seu pensamento na conjunção de novas aprendizagens.[5]

Embora exista uma longa discussão relativa à similaridade entre técnica e estratégia de ensino, estabelecem-se diferenças entre os termos ao se esclarecer que a estratégia abrange os meios utilizados pelo docente para facilitar a aprendizagem dos estudantes, enquanto a técnica se refere aos recursos materiais e de outra natureza utilizados para construção desses meios.[6]

O *role-play* como estratégia de ensino oferece várias vantagens para docentes e discentes. Entre essas vantagens estão:[7] (a) o aumento do interesse, compreensão e integração do discente com o conteúdo apresentado; (b) a participação ativa dos discentes como construtores do conhecimento, deixando de ser observadores passivos no processo do ensino ofertado pelo docente; (c) o desenvolvimento da empatia e compreensão de diferentes perspectivas, ao assumirem ativamente papéis e interagirem no jogo de papéis proposto.

> O role-play como estratégia de ensino oferece várias vantagens para docentes e discentes. Entre essas vantagens estão: (a) o aumento do interesse, compreensão e integração do discente com o conteúdo apresentado; (b) a participação ativa dos discentes como construtores do conhecimento, deixando de ser observadores passivos no processo do ensino ofertado pelo docente; (c) o desenvolvimento da empatia e compreensão de diferentes perspectivas, ao assumirem ativamente papéis e interagirem no jogo de papéis proposto.

O *role-play* é um jogo de papéis que, embora inicialmente possa parecer estranho ou desestruturado, consiste em um mergulho descontraído no universo infantil, um resgate das brincadeiras. Nesse sentido, o *role-play* assemelha-se a quando a menina, por meio da observação, assume brincando um papel de ser executiva, mãe, professora, super-heroína, cantora. Ou quando o menino, por sua vez, assume o papel de pai, super-herói, bombeiro, policial, ator, entre outros. Portanto, é correto afirmar que o *role-play* é algo que já faz parte do universo e da imaginação humana desde a infância.[8]

Dada a importância da escolha das estratégias e atividades de ensino ao traçar os objetivos educacionais, nota-se uma ampla alusão aos objetivos no processo educacional, enfatizando que "[a] educação, sendo uma atividade humana, também se realiza em função de propósitos e metas. Assim, no processo pedagógico, a atuação de educadores e educandos está voltada para a consecução de objetivos".[9]

Trataremos dos objetivos educacionais da estratégia de ensino do *role-play* na próxima seção.

3. Objetivos educacionais da estratégia do *role-play*

Desde a antiguidade, o jogo esteve presente na história humana, exercendo fascínio no decurso dos séculos, atravessando incólume em sua estrutura, por produzir e resgatar o lúdico. Filósofos, antropólogos e etólogos demonstram interesse pelo lúdico e o definem como uma atividade que tem sua própria razão de ser, por conter, em si mesmo, o seu objetivo.[10]

Na antiga Grécia, o filósofo Aristóteles já aconselhava sobre a importância dos objetivos, ao mencionar que "admite-se geralmente que toda arte e toda investigação, assim como toda ação e toda escolha, têm em mira um bem qualquer; e por isso foi dito, com muito acerto, que o bem é aquilo a que todas as coisas tendem".[11]

Em relação aos objetivos educacionais, por sua vez, podem ser definidos como os resultados almejados pelo educador com a atividade pedagógica. Por outro lado, uma interessante explicação do que não seria considerado como objetivo educacional assevera que não se refere a uma listagem de temas desenvolvidos ao longo de um curso. Portanto, não se trata de estabelecer um conjunto de temas ou conteúdos que devam ser aprendidos, mas sim ações concretas, estabelecidas por verbos, em relação a esses mesmos conteúdos.[12]

> *Em relação aos objetivos educacionais, por sua vez, podem ser definidos como os resultados almejados pelo educador com a atividade pedagógica. Uma interessante explicação do que não seria considerado como objetivo educacional assevera que não se refere a uma listagem de temas desenvolvidos ao longo de um curso. Portanto, não se trata de estabelecer um conjunto de temas ou conteúdos que devam ser aprendidos, mas sim ações concretas, estabelecidas por verbos, em relação a esses mesmos conteúdos.*

Embora esses objetivos educacionais façam parte do aprendizado que os alunos deverão atingir até o término do curso, eles devem transcender esse período para uma experiência educacional futura e mais produtiva, na qual os alunos deverão saber o que podem fazer ao final e depois do curso e que não eram capazes de fazer antes. Bons objetivos educacionais devem ser elaborados, seguindo os parâmetros da sigla S-K-A, abreviatura para *skills* (habilidades), *knowledge* (conhecimentos), *aptitudes* (atitudes) utilizados por especialistas em educação.[13]

Os objetivos educacionais visam desenvolver no discente quatro grandes áreas, a saber:[14]

a. conhecimento: área cognitiva que envolve o aspecto mental e intelectual do estudante, sua capacidade de pensar, refletir, analisar, comparar, criticar, justificar, argumentar, inferir conclusões;

b. afetivo-emocional: desenvolvimento da área afetivo-emocional, que denota abrir espaço para que sejam expressos e trabalhados aspectos como atenção, respeito, cooperação;

c. desenvolvimento da área de habilidades humanas e profissionais: aprender a se expressar com desenvoltura nas relações de interatividade;

d. desenvolvimento de atitudes e valores: significa assumir responsabilidade pelo seu processo de aprendizagem, a ética.

A Taxonomia dos Objetivos Educacionais de Bloom[15] classifica os objetivos educacionais nos domínios cognitivo, psicomotor e afetivo. O domínio cognitivo envolve a busca da compreensão do relacionamento entre a inserção da estratégia do *role-play* e a aprendizagem percebida e é utilizado na abordagem conceitual do processo cognitivo, em vista da percepção do discente não como um recipiente passivo de informação, mas como um agente proativo no processo da aprendizagem.

O domínio afetivo[16] lida com atitudes e valores e como os alunos passam a inseri-los em suas tomadas de decisões. Finalmente, o domínio psicomotor contempla os objetivos relacionados ao desenvolvimento de habilidades manipulativas ou motoras.[17]

O conceito de habilidade relaciona-se com a execução de tarefas, aplicação de conhecimentos, na forma de agir e pensar.[18]

Ancorado nesse contexto, o estudo e proposta da inserção da estratégia de ensino do *role-play* envolve os alunos e os torna atores principais, protagonistas, de seu processo de ensino-aprendizagem. Assim, o objetivo educacional da aplicação do *role-play* no ensino contábil é permitir que a interatividade e a sociabilidade fossem gradativamente trabalhadas. O exemplo prático desenvolvido neste capítulo se refere à construção de conhecimentos sobre análise das demonstrações contábeis e à aplicação desses conhecimentos em uma situação prática que demanda decisão por diferentes grupos de interesse. Nesse sentido, é possível que os estudantes estabeleçam relações que conjuguem a imaginação dramática com o

> *O domínio cognitivo envolve a busca da compreensão do relacionamento entre a inserção da estratégia do role-play e a aprendizagem percebida e é utilizado na abordagem conceitual do processo cognitivo, em vista da percepção do discente não como um recipiente passivo de informação, mas como um agente proativo no processo da aprendizagem.*

> *Ancorado nesse contexto, o estudo e proposta da inserção da estratégia de ensino do role-play envolve os alunos e os torna atores principais, protagonistas, de seu processo de ensino-aprendizagem.*

senso prático, a fim de refletirem acerca do processo de tomada de decisões, bem como sobre a relevância das informações contábeis contidas nas demonstrações contábeis, por intermédio da participação nesse jogo de papéis.[19]

Importante mencionar que o processo de ensino-aprendizagem deve ser planejado, observando-se o desenvolvimento das competências e habilidades de todos os envolvidos no processo, professores e estudantes. Para que ocorra progresso nesse processo, o conhecimento dos fatores influentes no desempenho dos estudantes em sala de aula torna-se indispensável.[20]

4. Pedagogia da competência e o processo de aprendizagem

Considerando que a estratégia do *role-play* será aplicada no ensino de estudantes universitários, cabe compreender o processo de aprendizagem discente à luz das teorias pedagógicas do ensino superior.

A palavra *pedagogia* tem origem na Grécia Antiga, vem de *paidós* (criança) e *agogé* (condução). O pedagogo era o escravo que conduzia as crianças. O forte apelo no âmbito infantil tem levado alguns pesquisadores a considerar a pedagogia ineficaz para o ensino de adultos, suscitando a andragogia como uma teoria relacionada com o aprendizado de pessoas adultas.[21] Entretanto, a existência e o progresso da teoria pedagógica do ensino superior têm vindo a progredir imensamente, com novos conceitos e novos métodos.[22]

Dado o modelo pedagógico de dependência, em que o currículo é visto como um fim que objetiva o acúmulo de saberes, urge a necessidade de mudança do paradigma educacional, para um paradigma cujo foco seja o desenvolvimento de competências (conhecimentos, habilidades e atitudes).[23] Nesse sentido, ao buscar um modelo pedagógico adequado para as atuais demandas educativas, duas dimensões são assumidas por intermédio da pedagogia da competência; na primeira, a psicológica, em que a noção de competência é adaptada na visão das teorias psicológicas da aprendizagem; por sua vez, na dimensão socioeconômica, a ótica encontra significado no âmbito das relações sociais de produção.[24]

Em suma, os conceitos pesquisados permitem concluir que o modelo da pedagogia da competência é suportado pela estratégia didática do *role-play*, que propicia ao estudante o desenvolvimento de competências (conhecimentos, habilidades e atitudes) em seu processo de formação.

A teoria de aprendizagem subjacente à estratégia didática do *role-play* é a teoria da aprendizagem vivencial. Na aprendizagem vivencial existe o envolvimento pessoal em uma atividade e, posteriormente, a análise crítica, a extração de conceitos e utilidade da atividade, mediante a aplicação dos seus resultados.[25] Para isso, os estudantes precisam desenvolver quatro tipos de habilidades diferentes para que o aprendizado seja atingido com efetividade, a saber: a) envolvimento integral e imparcial em novas experiências (concretas); b) reflexões e observações sobre essas experiências sob diferentes perspectivas (observação reflexiva); c) criação de conceitos integradores entre teorias sólidas em termos de lógica (conceituação abstrata); d) utilização dessas teorias para tomada de decisões e solução de problemas (experimentação ativa).[26]

Dessa forma, pode-se dizer que a aprendizagem vivencial envolve não somente o fazer, como também a execução, comparação, avaliação de uma nova alternativa e recebimento de reforço, criando um ambiente propício à mudança do comportamento discente.[27]

> *A teoria de aprendizagem subjacente à estratégia didática do role-play é a teoria da aprendizagem vivencial. Na aprendizagem vivencial existe o envolvimento pessoal em uma atividade e, posteriormente, a análise crítica, a extração de conceitos e utilidade da atividade, mediante a aplicação dos seus resultados.*

O discente, no processo de construção do conhecimento, exerce o papel interativo e ativo, formando, assim, uma relação docente/discente de cooperação e de respeito no processo de construção da aprendizagem.[28] Por sua vez, a experiência didática docente é de suma importância, desde que o docente assuma seu papel de mediador, e não de guia, no processo de ensino-aprendizagem.[29]

5. Experiência do docente e as teorias de ensino na educação superior

Em meio à diversidade das classificações para a aprendizagem, no caminho da prática docente, o processo de superação dessa fragmentação da prática educacional só será possível mediante a adoção de um conjunto articulado de planos e propostas ancoradas na intencionalidade única de priorizar e disponibilizar em uma ótima situação os discentes que estão mais propensos a aprender por intermédio de dispositivos didáticos criados em uma organização de trabalho.[30]

As teorias de ensino, na educação superior, foram agrupadas em um modelo coerente, com o intuito de consolidá-las segundo os princípios de ensino efetivo,

> *Em meio à diversidade das classificações para a aprendizagem, no caminho da prática docente, o processo de superação dessa fragmentação da prática educacional só será possível mediante a adoção de um conjunto articulado de planos e propostas ancoradas na intencionalidade única de priorizar e disponibilizar em uma ótima situação os discentes que estão mais propensos a aprender por intermédio de dispositivos didáticos criados em uma organização de trabalho.*

baseados no conhecimento existente sobre como os alunos aprendem. O modelo proposto foi construído sobre a ideia de que há diferentes teorias representadas nas atitudes dos professores ao ensinar e nas estratégias instrucionais adotadas. São apresentados três tipos básicos de teorias, com base em declarações que professores fizeram sobre os problemas e possibilidades de melhoria no ensino e aprendizagem:[31] "Ensino como narrativa ou transmissão", "Ensino como organização das atividades dos estudantes" e "Ensino como formação da aprendizagem possível".

Na primeira teoria de Ramsden, o "Ensino como narrativa ou transmissão" se baseia na definição de ensino como a tarefa de "transmitir conteúdo competente ou a demonstração de procedimentos", ou, ainda, como a transmissão de cultura e instrução de práticas. O conhecimento a ser transmitido nesse nível é para ser visto como não problemático, devendo ser instilado nos estudantes, os quais são vistos como recipientes passivos no processo de aprendizagem. Essa teoria serve de base para a didática tradicional, em que se considera como necessário e suficiente que o professor seja um *expert* no assunto ensinado. O conhecimento sobre a matéria é visto como independente das técnicas de ensino e quaisquer falhas no processo não são passíveis de atribuição ao professor.

Na segunda teoria, Ramsden considera o "Ensino como organização das atividades dos estudantes". O foco passa do professor para o estudante, sendo o ensino visto como um processo de supervisão, envolvendo a articulação de técnicas delineadas para assegurar a aprendizagem dos alunos. A aprendizagem é considerada como um problema desconcertante, no qual o alcance de ideais, tais como o desenvolvimento da independência, do pensamento crítico e de práticas de ensino que sejam estimulantes, é procurado mediante a atividade dos estudantes, regulada por um grupo restrito de regras que os habilitam à obtenção do entendimento. Um pressuposto dessa teoria é de que existe um conjunto de métodos que podem, infalivelmente, induzir os estudantes ao aprendizado. Esses métodos incluem técnicas para a promoção da discussão em classe e processos que requerem dos estudantes a relação entre seus conhecimentos teóricos e suas experiências práticas.

Na terceira teoria, Ramsden entende o "Ensino como formação da aprendizagem possível" e enfatiza que o professor e o estudante são dois lados da mesma moeda, constituindo-se na mais complexa dentre as teorias abordadas. O ensino é compreendido como um processo de trabalhar cooperativamente com os estudantes, para ajudá-los a alcançar sua compreensão. Envolve descobrir as dificuldades de compreensão dos alunos e superá-las mediante a criação de um contexto de aprendizagem que os encoraje a se empenhar na construção do conhecimento. Essa teoria baseia-se em pressupostos epistemológicos diferentes das duas anteriores, pois o aluno é visto como sujeito no processo e o único que pode construir o conhecimento, mediante um processo próprio de construção da realidade. O papel do professor é o de remover os obstáculos que possam prejudicar esse processo, mediante atividade especulativa e reflexiva e do contínuo incremento de práticas com o objetivo de construir conhecimento profissional elaborado.

Ramsden fundamenta suas teorias na observação, de modo que a maneira "como os estudantes aprendem era frequentemente de uma qualidade medíocre, em termos de resultados, comunicação e satisfação dos estudantes". Ele ainda acrescenta que, nessas circunstâncias, a ideia de qualidade da aprendizagem é vista como uma função do contexto de aprendizagem e, por outro lado, como a percepção por parte dos estudantes daquilo que está sendo ensinado.[32]

É importante enfatizar que o *role-play*, para Richter, conduz os alunos a ficar desinibidos, soltos na classe, comunicativos e participativos, considerando que o ambiente lúdico favorece a criatividade e o trabalho com ambos os lados do cérebro.[33]

A palavra *play* demonstra seu relacionamento próximo com a disputa (*playing*) de um jogo, e a frivolidade de jogar (*play*) não se refere necessariamente a um produto desejado, mas à atmosfera do *role-play*. Isso permite que o exercício da imaginação propicie aos participantes experimentar novos comportamentos e práticas em um ambiente livre de riscos.[34]

> *Na terceira teoria, Ramsden entende o "Ensino como formação da aprendizagem possível" e enfatiza que o professor e o estudante são dois lados da mesma moeda, constituindo-se na mais complexa dentre as teorias abordadas. O ensino é compreendido como um processo de trabalhar cooperativamente com os estudantes, para ajudá-los a alcançar sua compreensão.*

Higuchi e Roberti afirmam que o adolescente e o adulto necessitam da "ficção para alimentar o imaginário, aliviar tensões [...] viver experiências impossíveis de serem vividas no mundo real, rompendo com os limites do tempo e do espaço".[35]

A utilização da estratégia do *role-play* no ensino contábil enquadra-se potencialmente na terceira teoria do ensino, como formação da aprendizagem possível. Isso porque essa metodologia mantém o foco central na relação

> *A utilização da estratégia do role-play no ensino contábil enquadra-se potencialmente na terceira teoria do ensino, como formação da aprendizagem possível.*

entre os estudantes e o conhecimento, à medida que os desafios os tornam atores centrais no processo de ensino-aprendizagem de maneira sistemática e adaptada à compreensibilidade discente, fomentados pelo docente, que desempenha seu papel de cooperador por intermédio de atividades que conduzem à contínua reflexão e à construção do conhecimento desses futuros profissionais da Contabilidade.[36]

6. Aplicação prática da estratégia didática do *role-play*

A escolha dos procedimentos de natureza operacional está relacionada a fatores previamente detalhados como: oportunidade, objetivo, divisão dos grupos, como dividi-los, dinâmica, lugar e tempo. Os principais procedimentos descritos a seguir foram desenvolvidos no decorrer de seis aulas (12 horas) consecutivas, durante a abordagem do tópico de análise de balanço. Os procedimentos do *role-play* estão sedimentados em algumas condições básicas:

OPORTUNIDADE

A oportunidade de aplicação da estratégia do *role-play* surgiu no primeiro semestre da disciplina de Contabilidade e Análise de Balanço, ofertada no curso de graduação em Economia, da Faculdade de Economia, Administração e Contabilidade, da Universidade de São Paulo.

Havia necessidade de aplicação de uma situação de ensino que pudesse ser aplicada como *role-play* (jogo de papéis), permitindo que ao mesmo tempo em que promovesse a aplicação dos conhecimentos discentes na análise financeira de uma empresa com dificuldades financeiras, também permitisse uma situação de debates, conflitos de interesse e empatia entre as equipes. As autoras utilizaram uma situação real de uma empresa com constantes prejuízos e insolvência financeira divulgada amplamente nos canais de comunicação, ocorrentes na companhia de aviação da Varig. Distribuíram os alunos em equipes nas quais desempenharam os principais papéis dos agentes envolvidos no caso, a saber: Diretores; Governo; Acionistas; representantes do BNDES; Credores; Funcionários. Solicitaram que os discentes encontrassem uma solução para o problema dos constantes prejuízos e estado de insolvência da Varig.

A disciplina contou com duas turmas do período noturno (A e B) com respectivamente 60 e 61 alunos inscritos, ingressantes no curso. Os alunos apresentavam conhecimentos prévios a respeito dos principais índices de análise das demonstrações contábeis em decorrência das aulas ofertadas antes da abordagem do tópico de análise de balanço.

(continua)

(continuação)

 **DIVISÃO DOS GRUPOS**	Cada turma foi dividida em seis grupos, de sete componentes cada um. A divisão em grupos baseia-se no pressuposto de que a colaboração entre os alunos é importante. Considerando o ponto de vista didático envolvido na aplicação do *role-play*, o aluno ficaria sobrecarregado caso atuasse individualmente. Os grupos foram formados de maneira aleatória, provocando protestos por parte da maioria dos alunos das turmas A e B, os quais expressaram o desejo de formar grupos por afinidade. No entanto, decidiu-se por manter a formação aleatória. Os alunos, em face do conhecimento adquirido no decorrer das 25 primeiras aulas, desenvolveram os diálogos no *role-play* de forma espontânea e natural. Como material de apoio, foram disponibilizados artigos que relatavam sobre as dificuldades financeiras enfrentadas por uma companhia aérea, dificuldades essas que poderiam acarretar em um processo de recuperação judicial ou mesmo na decretação de falência da empresa. No momento da preparação, foi feito um esclarecimento geral sobre as etapas do *role-play*. No decurso das quatro aulas do tópico sobre análise de balanços, pesquisas extraclasse foram realizadas, objetivando a formação de uma base conceitual e teórica que permitisse a estruturação e formação de perfis dos principais elementos envolvidos no caso da companhia aérea, que se constituíam nos grupos interessados. As turmas foram informadas sobre os procedimentos, etapas, compromissos e vantagens em participar de um *role-play*. Cada grupo recebeu um dos papéis de um dos grupos de interessados, sendo os seguintes: Diretores; Governo; Acionistas; representantes do BNDES; Credores; Funcionários.
 **OBJETIVO**	O objetivo educacional da aplicação do *role-play*, no ensino contábil, é permitir que o discente desenvolva a interatividade e a sociabilidade, considerando, por exemplo, a aquisição de conhecimentos trabalhados nessa unidade. Com isso, espera-se que os alunos, por intermédio da participação nesse jogo: (1) estabeleçam relações que conjuguem a imaginação dramática com o senso prático; (2) reflitam sobre o processo de tomada de decisões; e, por fim, (3) compreendam a relevância das informações contidas nas demonstrações contábeis.[37]

(continua)

(continuação)

 **COMO?** <small>HS3RUS | iStockphoto</small>	Após a definição dos grupos, no período de quatro aulas (duas semanas), houve a troca de informações sobre a companhia aérea. Essas informações foram compartilhadas entre todos os elementos dos grupos envolvidos no *role-play*, por meio de um ambiente de aprendizagem *on-line*. Mediante informações de todos os elementos econômicos e sociais envolvidos no caso da companhia aérea, repassado pelos participantes da atividade, foram entregues pelos alunos duas atividades de aprendizagem: 1. Um trabalho individual por escrito. No trabalho, era descrito o papel específico assumido por cada componente envolvido no caso da companhia aérea, bem como as decisões que poderiam ser tomadas por Diretores, Governo, Acionistas, BNDES, Credores e Funcionários, visando à reversão da sua situação econômico-financeira. 2. Um trabalho em grupo, com a análise econômico-financeira da companhia aérea e o consenso das decisões do grupo para a reversão da situação econômico-financeira da empresa, de acordo com o papel distribuído previamente.
DINÂMICA <small>Jane_Kelly | iStockphoto</small>	A dinâmica da sessão foi explicada a cada um dos grupos. Os grupos, previamente formados, compuseram a mesa. Em seguida, um ou mais representantes expuseram a proposta do grupo para contornar a situação financeira da companhia aérea em questão. Eles tinham cinco minutos para apresentação da proposta e 10 minutos para responder aos questionamentos dos outros grupos. No decorrer da apresentação, todos os grupos ouvintes elaboraram perguntas e questionamentos sobre as decisões propostas pelo grupo que estava se apresentando. A presença da moderadora foi necessária para controlar o tempo, conter os ânimos e mediar as perguntas e respostas levantadas. Dessa forma: ▪ grupo dos Diretores fez uma pergunta específica para o Governo e outra para os Credores; ▪ grupo do Governo fez uma pergunta específica para os Acionistas e outra para os Diretores; ▪ grupo dos Credores fez uma pergunta específica para os Diretores e outra para os Funcionários; ▪ grupo dos Funcionários fez uma pergunta específica para o grupo do BNDES e outra específica para os Credores; ▪ grupo do BNDES fez uma pergunta específica para os Acionistas e outra para os Funcionários;

(continua)

(continuação)

- grupo dos Acionistas fez uma pergunta específica para o BNDES e outra para o Governo.

Cada grupo que compunha a mesa tinha seu tempo de resposta controlado pelo moderador. Assim, seguindo o protocolo:

- o moderador interveio e anunciou a primeira pergunta do grupo do BNDES. Esse grupo teve um minuto para fazer sua pergunta e o grupo dos Funcionários teve dois minutos para formular e anunciar a resposta;
- o moderador fez nova intervenção no decorrer dos três minutos dedicados à pergunta e resposta da primeira pergunta. Em seguida, foi anunciada a segunda pergunta dos Credores, seguindo o mesmo protocolo. E, assim, de maneira sucessiva, os grupos foram sendo apresentados.

Quando o grupo não utilizava seu tempo integralmente, o tempo restante era concedido aos grupos envolvidos em questões mais polêmicas, como direito de resposta.

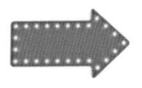

ONDE?

Uma aula especial foi planejada para a realização do *role-play*. Para tanto, um auditório foi agendado, com a intenção de que a atividade fosse realizada em um ambiente formal, distinto do ambiente da sala de aula. A sessão foi descrita como uma assembleia, em que todos os grupos interessados e diretamente envolvidos com a companhia aérea deveriam apresentar suas propostas de solução para as dificuldades financeiras enfrentadas pela empresa, de forma a evitar a decretação de sua falência.

Para a aplicação do *role-play*, foram distribuídas pastas, blocos de papéis, canetas e crachás aos participantes. Essa ação visava ilustrar a realidade de um gestor para os discentes, permitindo que eles se familiarizassem com o seu futuro profissional.

Para sua realização houve necessidade de: um microfone sem fio que ficou à disposição dos grupos para suas respectivas perguntas e dois microfones em uma mesa, na qual os grupos foram expostos simultaneamente ao auditório (Funcionários, Governo, Credores, Bancos, Diretores e Acionistas). Assim, os grupos foram chamados um a um para compor a mesa, no centro do auditório, para que apresentassem soluções para os problemas enfrentados pela companhia aérea Varig.

Para melhor observação comportamental discente, o *role-play* foi filmado. Alguns alunos demonstraram desconforto com esse fato.

Como os grupos tinham interesses, por vezes, conflitantes, era esperado que houvesse discordância e debate entre os participantes. Para auxiliar na criação desse ambiente simulado, uma das professoras assumiu o papel de mediadora e presidente da sessão, dando início à dinâmica do debate.

(continua)

(continuação)

TEMPO	Seu tempo estimado de duração foi de 1h30 (15 minutos de apresentação para cada um dos grupos).

Fonte: Elaboração própria.

7. Avaliação das percepções discentes da aplicabilidade da estratégia didática do *role-play*

Com o intuito de avaliar as percepções dos discentes quanto à aplicabilidade do *role-play*, utilizou-se um *focus group*. O *focus group* pode ser definido como uma entrevista em grupo em que as pessoas, lideradas por um moderador treinado, se reúnem por um período máximo de duas horas. O facilitador ou moderador, após apresentar um assunto específico que deverá ser tratado pelos participantes, usa os princípios da dinâmica de grupo para guiá-los na troca de ideias, sentimentos e experiências. Exposto o tema principal, o moderador conduz a discussão para garantir que todas as informações relevantes sejam abordadas pelo grupo.[38]

Em síntese, considerando-se as respostas discentes no *focus group*, foi possível identificar um nível favorável de satisfação, no que se refere ao uso do *role-play* como estratégia de ensino. Por sua vez, a segunda pergunta tinha por finalidade descobrir quais os sentimentos individuais aflorados no processo e desenvolvimento do *role-play*. Algumas palavras citadas na primeira e segunda perguntas merecem ser destacadas: *integra, inovação, interessante, sensações, encarna, surpresa, sentimento, surpreendente, bizarro, nervosismo* e *emoção*. Essas palavras denotam, claramente, aspectos do domínio afetivo, ao considerar que o *role-play* auxilia no aprendizado e gerenciamento de atitudes e comportamentos discentes.[39]

Como alguns alunos tinham dificuldade em expressar os sentimentos aflorados antes, durante e após o *role-play*, apenas concordavam com as colocações dos colegas. A superação das dificuldades iniciais ficou evidente: aspectos como o nervosismo e a apreensão deram lugar à surpresa e à gratificação.

> *Algumas palavras citadas na primeira e segunda perguntas merecem ser destacadas: integra, inovação, interessante, sensações, encarna, surpresa, sentimento, surpreendente, bizarro, nervosismo e emoção. Essas palavras denotam, claramente, aspectos do domínio afetivo, ao considerar que o role-play auxilia no aprendizado e gerenciamento de atitudes e comportamentos discentes.*

A terceira questão foi constituída por um bloco de sete perguntas inter-relacionadas. O objetivo era verificar a percepção discente sobre a efetividade e operacionalidade da modalidade didática do *role-play*. Foram elas: O *role-play* é um método efetivo de aprendizado? O tempo de duração foi adequado? O local escolhido para a apresentação do *role-play* foi adequado? A participação no *role-play* deveria ser obrigatória? Quais suas sugestões para o *role-play*? Quais as desvantagens do *role-play*?

Os alunos tiveram duas semanas para pesquisar e assimilar as informações, podendo, assim, construir argumentos sólidos que viriam a ser apresentados durante a aplicação prática do *role-play*, no decorrer de 90 minutos. Em geral, os alunos expuseram que o tempo de preparação foi curto, embora a apresentação da técnica tenha sido adequada e objetiva, conforme foi avaliado pelos observadores. Além disso, eles concordaram sobre a escolha do local mais formal, o auditório, julgando-o como apropriado para a aplicação do método.

Por unanimidade, os alunos foram contrários à obrigatoriedade do *role-play*. Um aspecto relevante quanto ao posicionamento discente está ligado à motivação. Os alunos demandam o incentivo por meio de "pontos" distribuídos, em detrimento à mera aprendizagem proporcionada por meio da referida técnica. Esse comportamento certamente é influenciado pelos sistemas de avaliação vigentes no ensino superior. Em virtude de uma gama de possibilidades, o paradigma do modelo tradicional de avaliação pode ser comparado a uma corrente que insiste em não ser quebrada no meio educacional contábil. Deixando o aspecto mais importante de lado, o ensino propriamente dito, a aprendizagem profunda e verdadeira é colocada em segundo plano.[40]

> *Face ao exposto, ressalta-se que o ensino da Contabilidade para grande parte dos alunos ainda sem experiência profissional apresenta-se como dificuldade aos mestres, já que isso requer a criação de cenários com situações críticas, onde se deve refletir cuidadosamente sobre as diversas alternativas possíveis. Para essas situações, a estratégia de ensino usada pelo professor mostra-se como importante mecanismo para motivar e, muitas vezes, desafiar os alunos participantes. Nesse sentido, a estratégia do role-play pode ser vista como uma interessante alternativa.*

Aspectos ligados aos problemas operacionais, observados nas desvantagens do *role-play*, encontram-se diretamente relacionados às falhas no planejamento, decorrentes da falta de uma experiência anterior na aplicação da estratégia.

As evidências obtidas pelos *focus groups* revelam substancialmente aspectos do domínio afetivo, com direito ao brilho nos olhos, sorriso nos lábios e expressão da verdadeira sensibilidade discente na condução legítima das reflexões docentes.

Face ao exposto, ressalta-se que o ensino da Contabilidade para grande parte dos alunos ainda sem experiência profissional apresenta-se como dificuldade aos mestres, já que isso requer a criação de cenários com situações críticas, onde se deve refletir cuidadosamente sobre as diversas alternativas possíveis. Para essas situações, a estratégia de ensino usada pelo professor mostra-se como importante mecanismo para motivar e, muitas vezes, desafiar os alunos participantes. Nesse sentido, a estratégia do *role-play* pode ser vista como uma interessante alternativa.

13

Storytelling: aprendizado de longo prazo

ALESSANDRA VIEIRA CUNHA MARQUES
GILBERTO JOSÉ MIRANDA
SAMUEL DE PAIVA NAVES MAMEDE

> *O professor eficiente é sempre um*
> *bom contador de histórias.*
>
> NILSON JOSÉ MACHADO

1. Introdução

O termo inglês *storytelling** é um dos mais antigos métodos de comunicação dos indivíduos.[1] *Storytelling* surgiu com o advento da civilização humana e, com isso, as gerações puderam experimentar o poder das palavras por meio da expressão oral. Mais tarde, a expressão oral deu lugar à escrita, com o surgimento das pinturas rupestres. Posteriormente, essas pinturas deram lugar às tábuas de pedra, as quais foram então substituídas, já na Idade Média, pela imprensa escrita. Assim, a escrita tornou-se um meio de preservar as histórias, mas, antes desse tempo, contar histórias era o principal meio de instrução.[2]

Storytelling serve para educar os outros, registrar fatos históricos, ensinar valores culturais, fazer pontes de ligação entre os indivíduos, estabelecer normas e valores, compartilhar experiências comuns. Além disso, contar histórias é a forma originária de ensino que surgiu antes mesmo do desenvolvimento da linguagem escrita.[3]

A contação de histórias, no contexto acadêmico, consiste em uma técnica de captar a atenção das pessoas por meio do relato de um acontecimento fictício ou real, com o objetivo de ensinar. Quatro fatores são descritos como importantes para o processo de aprendizagem: (i) atenção; (ii) motivação; (iii) emoções; e (iv) experiência do aluno.[4] A emoção consiste num sistema de excitação inconsciente que alerta o indivíduo para o perigo e para oportunidades potenciais.

> *A contação de histórias, no contexto acadêmico, consiste em uma técnica de captar a atenção das pessoas por meio do relato de um acontecimento fictício ou real, com o objetivo de ensinar. Quatro fatores são descritos como importantes para o processo de aprendizagem: (i) atenção; (ii) motivação; (iii) emoções; e (iv) experiência do aluno.*

Assim, quando o professor conta uma história, ele desperta diferentes emoções no aluno, facilitando o registro dos acontecimentos na memória de curto e de longo prazo, ou seja, o aluno inicia um processo cognitivo fundamental para a ocorrência do processo de aprendizagem, conforme a Figura 1.

A estrutura de uma história (escrita ou falada), com começo, meio e fim, normalmente representada pelo contexto, situação dramática, clímax e desfecho, facilita sobremaneira a assimilação por parte dos ouvintes, tornando muito mais simples a comunicação entre professor e aluno.

Aliás, a comunicação tem papel central no processo de ensino-aprendizagem. Como mediadora das ações vividas pelos personagens em sala de aula, a comunicação pode ser decisiva no êxito do ensino. Em termos de leitura, os textos literários se mostram mais eficientes na transmissão das mensagens a que se propõem, se comparados com os textos científicos e filosóficos. Nesse sentido,

---

* O uso do termo inglês neste capítulo decorre não do preciosismo de uso de estrangeirismo, mas, sim, pelo fato de que o termo em português, **contação de histórias**, remete à animação de plateias infantis.

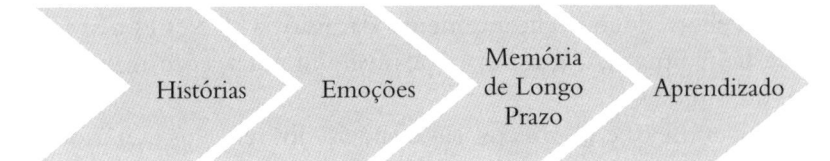

Fonte: Elaborada pelos autores.

Figura 1. Efeito da contação de histórias no aprendizado

a principal condição necessária para que uma criança [ou jovem/adulto] seja capaz de compreender adequadamente o funcionamento da língua escrita é que ela [ou ele] descubra que a língua escrita é um sistema de signos que não têm significado em si. Os signos representam outra realidade; isto é, o que se escreve tem uma função instrumental, funciona como um suporte para a memória e a transmissão de ideias e conceitos (OLIVEIRA, 2003, p. 68).[5]

De fato, a comunicação entre dois seres ocorre quando uma mensagem elaborada por uma consciência é assimilada por outra consciência, não ocorrendo essa assimilação diretamente, mas sendo necessário que ela seja mediatizada. Para tanto, o meio utilizado é a linguagem, ou seja, "o texto-linguagem significa, antes de tudo, o meio intermediário pelo qual duas consciências se comunicam. Ele é o código que cifra a mensagem" (SEVERINO, 2000, p. 49).[6]

Podem interferir na qualidade da mensagem: a linguagem utilizada por quem envia o texto; e a capacidade de decodificar de quem o recebe. Para situar o processo de comunicação no ensino superior, entende-se que os transmissores (que enviam as mensagens) são os professores e diversos autores das obras estudadas, enquanto os receptores (quem recebe as mensagens) são os estudantes.

É comum, e até compreensível, a dificuldade encontrada por estudantes na análise de textos científicos e filosóficos no momento em que ingressam no ensino superior. Essa dificuldade pode ser atribuída ao fato de esses alunos estarem acostumados aos textos literários, "cuja leitura revela uma sequência de raciocínios e o enredo é apresentado dentro de quadros referenciais fornecidos pela imaginação, onde se compreende o desenvolvimento da ação

> *É comum, e até compreensível, a dificuldade encontrada por estudantes na análise de textos científicos e filosóficos no momento em que ingressam no ensino superior. Essa dificuldade pode ser atribuída ao fato de esses alunos estarem acostumados aos textos literários, "cuja leitura revela uma sequência de raciocínios e o enredo é apresentado dentro de quadros referenciais fornecidos pela imaginação, onde se compreende o desenvolvimento da ação descrita e percebe-se logo o encadeamento da história".*

descrita e percebe-se logo o encadeamento da história".[7] Nesses textos, a leitura está sempre bem situada, o que torna possível entender, com mais facilidade, a mensagem transmitida.

Os textos científicos e filosóficos não dispõem dos recursos literários. São mais objetivos, requerem, quase sempre, o uso da razão reflexiva para serem compreendidos. E isso não se "consegue de uma hora para outra, sendo necessária muita disciplina".[8] O leitor, devidamente iniciado na literatura científica, não terá maiores problemas, pois, com o tempo, dominará as técnicas específicas aplicáveis às várias ciências. Muitos autores apresentam técnicas que auxiliam os iniciantes na abordagem de textos científicos.

Outros autores, conhecendo o poder de transmissão das mensagens dos textos literários, preferem utilizá-los ao invés dos textos científicos. Assim, eles constroem situações fictícias, vividas por personagens da sua imaginação. Nessas tramas, os conceitos permeiam o desenrolar da história. Alguns exemplos desses autores podem ser citados, tais como:

- Malba Tahan (heterônimo de Júlio César de Melo e Sousa) narra as aventuras e proezas matemáticas do "calculista" persa Beremiz Samir no século XIII. Foi publicado pela primeira vez em 1939 e, hoje, já ultrapassa as 40 edições. O livro apresenta de forma romanceada alguns problemas, quebra-cabeças e curiosidades da matemática.[9]

- Constantin Stanislavski, um dos fundadores do Teatro de Arte de Moscou, é criador do Sistema Stanislavski de atuação realista, ainda hoje muito importante para a arte da representação. Dentre suas obras mundialmente conhecidas, estão: *A preparação do ator*; *A criação de um papel* e *A construção da personagem*, as quais foram redigidas na forma de um diário, no qual o protagonista Kóstia, estudante de teatro, relata suas experiências no curso de teatro em Moscou.[10]

- Eliyahu M. Goldratt e Jeff Cox publicaram o livro *A meta: um processo de melhoria contínua*. A obra relata um romance no mundo dos negócios. Nele, o protagonista Alex Rogo precisa salvar a fábrica onde trabalha, bem como o seu casamento. As soluções para os desafios enfrentados pelo personagem vão surgindo à medida que são introduzidos os conceitos da teoria das restrições. Publicado em 1984, a obra já foi traduzida para mais de 20 idiomas.[11]

Esse recurso é bastante utilizado por professores de cursinhos. Muitos conceitos, por exemplo, são difíceis de serem memorizados pelos estudantes, pois não têm qualquer significado para eles. Assim, os professores inventam histórias ou músicas que já possuem um significado próprio e inserem os conceitos ou nomes relativos ao conteúdo que se estuda, de forma que os alunos possam memorizá-los com mais facilidade.

De qualquer sorte, para que o aluno assimile um conceito, é necessário significá-lo. Do contrário, não haverá aprendizagem. Ele irá decorar e, depois, esquecer. Nesse sentido, destaca-se "a importância das experiências informais nas ruas, nas praças, no trabalho, nas salas de aula das escolas, nos pátios dos recreios, em que variados gestos dos alunos, de pessoal administrativo, de pessoal docente se cruzam cheios de significação" (FREIRE, 2002, p. 49).[12] Tais experiências deveriam ser aproveitadas, pois, quando os conceitos são "vivenciados", eles se tornam mais palpáveis, mais acessíveis, adquirindo um significado para o estudante. O professor atento pode utilizar esses fatos para construir histórias permeadas pelos conceitos em questão.

> *Para que o aluno assimile um conceito, é necessário significá-lo. Do contrário, não haverá aprendizagem.*

> *Quando os conceitos são "vivenciados", eles se tornam mais palpáveis, mais acessíveis, adquirindo um significado para o estudante. O professor atento pode utilizar esses fatos para construir histórias permeadas pelos conceitos em questão.*

Nesta linha, "o professor eficiente será sempre um bom contador de histórias. Não são apenas as crianças que gostam de histórias: se a escola não as conta, os alunos mais velhos vão buscá-las em algum lugar, para justificar seus valores, para articular seus pontos de vista, seja no cinema, seja nas novelas, seja nos relatos biográficos [...]", pois "a narrativa funciona como suporte para a construção dos significados envolvidos, que constituem a verdadeira moral da história" (MACHADO, 2008, p. 57).[13]

Diante disso, *storytelling* abre um canal mais amplo para a transmissão de conceitos específicos da ciência. Embora esses conceitos sejam colocados de forma mais sutil, menos objetiva, isso não prejudica o entendimento do aluno. Nessa direção, Paulo Freire afirma que, enquanto professor, "meu papel fundamental, ao falar com clareza sobre o objeto, é incitar o aluno a fim de que ele, com os materiais que ofereço, produza a compreensão do objeto em lugar de recebê-la, na íntegra, de mim".[14]

2. Descrição da técnica

Todos gostam de uma boa história, e os alunos não são exceção. Contar histórias é uma estratégia única, interativa e divertida e que pode ser benéfica como uma ferramenta educacional, apenas o conhecimento empírico não é suficiente.[15] Assim, a *storytelling* é uma ferramenta útil que pode facilitar o processo de compreensão na aplicação prática dos conteúdos transmitidos aos alunos.

As *storytellings* trazem enredos que envolvem personagens diante de diferentes conflitos, permitindo aos alunos refletir sobre como agir ou tomar decisões em determinadas situações. Logo, a trama apresentada pelo professor oferece ao aluno

> *A trama apresentada pelo professor oferece ao aluno o embasamento teórico necessário para que o mesmo possa visualizar a aplicação prática do conteúdo apresentado.*

o embasamento teórico necessário para que o mesmo possa visualizar a aplicação prática do conteúdo apresentado.

O uso de *storytelling* deve envolver as áreas com as quais os alunos tenham maior familiaridade, pois isso fará com que o interesse pela matéria seja despertado, além de favorecer tanto para o aumento da confiança dos mesmos frente à nova disciplina, quanto para a aprendizagem desses estudantes,[16] tendo em vista que a aprendizagem eficaz ocorre quando os estudantes são envolvidos no processo.[17] Diante disso, as *storytellings* não só dão sentido às coisas e eventos, como também trazem explicações sobre a realidade, vencendo as barreiras construídas pelas pessoas às novas ideias,[18] bem como auxiliando no processo de ensino-aprendizagem.

As *storytellings* podem ser classificadas em positivas e negativas.[19] As positivas se referem a casos sobre conquistas, satisfação de desejos e cumprimento de objetivos. Elas contribuem para que as pessoas criem e compartilhem visões e objetivos. As *storytellings* negativas, por sua vez, envolvem enredos sobre perigo, problemas (resolvidos ou não) e derrotas. Elas descrevem dificuldades enfrentadas e superadas por pessoas. Esse tipo de história auxilia o ouvinte no aprendizado de novos conhecimentos, além de estimulá-lo a compreender e modificar uma dada realidade.[20]

3. Tipo de aluno para a aplicação da técnica

As narrativas adotadas em sala de aula como meio pedagógico podem ser utilizadas desde os períodos iniciais da vida acadêmica do indivíduo, visto que as histórias são componentes fundamentais da mente humana ao longo dos tempos, o que facilita o processo de ensino e aprendizagem de pessoas, mesmo que com diferentes experiências e formações.[21] Dentro do contexto universitário, a *storytelling* também é considerada um instrumento pedagógico importante, que pode afetar de forma mais intensa o processo de ensino e aprendizagem.[22]

Além disso, a *storytelling* é uma técnica que pode ser combinada com outras para aperfeiçoar o ensino. Essa técnica possibilita envolver com mais entusiasmo o estudante nos novos domínios do conhecimento e, consequentemente, ganhar confiança sobre as novas disciplinas, aumentando a sua motivação, notadamente nos primeiros anos de faculdade.[23]

4. Contexto para a aplicação da técnica

Para a aplicação da *storytelling*, o professor deve considerar, além dos objetivos de aprendizagem, o tempo disponível para trabalhar com os alunos. A aula não pode ser apenas um momento de descontração e contação de histórias engraçadas, pois o conteúdo a ser ministrado deve ser inserido na *storytelling* e debatido com os alunos. Logo, os objetivos que norteiam a técnica de ensino utilizada em sala de aula devem estar claros para os sujeitos envolvidos – professores e alunos.[24] Diante do exposto, importante se faz a demonstração das etapas para a aplicação da técnica de *storytelling*, o que pode ser visto na Figura 2.

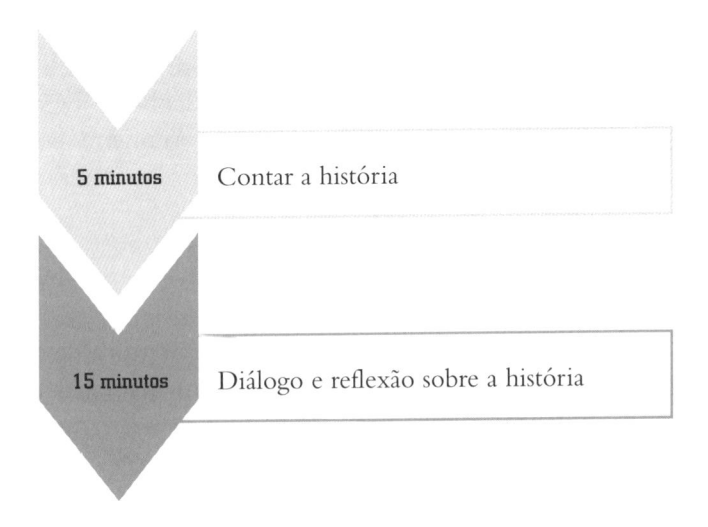

5 minutos — Contar a história

15 minutos — Diálogo e reflexão sobre a história

Fonte: Miley (2009).

Figura 2. Etapas da aplicação da técnica de *storytelling*

Espera-se com a aplicação da técnica de *storytelling*:[25]

1. O surgimento de debates e discordâncias entre os participantes, os quais são importantes para o processo de construção de significados individuais, bem como com os pares.
2. Que o processo de contação de histórias leve os alunos a serem mais profundos no conhecimento e mais bem preparados dentro da classe. Isso os torna mais observadores, o que refletirá no desempenho dos mesmos nas avaliações.

Como os alunos ficam totalmente voltados para a história, o ambiente da sala de aula pode ser alterado, a fim de que o professor (artista) possa ser visto por todos os alunos (plateia), sem que haja qualquer obstáculo que interfira nos sentidos da

> *Trabalhar com narrativas na educação é partir para a desconstrução/construção das experiências vividas, tanto pelo professor, quanto pelo aluno. Portanto, o diálogo proporciona a cumplicidade da dupla descoberta. Como o diálogo leva ao discurso, a storytelling torna-se uma poderosa ferramenta pedagógica para inserção de conteúdos acadêmicos sobre as experiências vivenciadas pelos alunos.*

audição e visão.[26] Com isso, os alunos conseguem acompanhar todos os gestos e palavras mencionadas pelo professor, sendo esse capaz de visualizar as emoções provocadas pela história em cada aluno. No ambiente para contação de histórias, os alunos devem ouvir em absoluto silêncio, sem se mover.

Trabalhar com narrativas na educação é partir para a desconstrução/construção das experiências vividas, tanto pelo professor, quanto pelo aluno. Portanto, o diálogo proporciona a cumplicidade da dupla descoberta.[27] Como o diálogo leva ao discurso, a *storytelling* torna-se uma poderosa ferramenta pedagógica para inserção de conteúdos acadêmicos sobre as experiências vivenciadas pelos alunos.[28]

5. Cuidados com a técnica

Para a aplicação da *storytelling*, é imprescindível que haja a troca de conhecimento entre aluno e professor, de modo que os estudantes sejam encorajados a atuar como agentes ativos no processo de aprendizagem.[29] Esse processo permite que os benefícios da técnica sejam alcançados.

Nesse sentido, o uso da *storytelling* requer alguns cuidados por parte do professor. Como as histórias possuem alta carga de significado, a aplicação da técnica sem o devido preparo pode gerar um entendimento equivocado acerca do tema abordado, podendo ainda criar confusão e preconceitos entre os alunos.[30] Assim, uma história mal preparada pode mais prejudicar do que ajudar.

As *storytellings* mexem com as pessoas à medida que elas despertam emoções e sentimentos. Em virtude disso, o debate sobre esses aspectos, em sala de aula, precisa focar os objetivos pedagógicos pretendidos com a abordagem do tema central da história.[31] Além disso, o professor deve deixar claro para a turma que a história é um pretexto para que o conteúdo possa ser trabalhado.

A *storytelling* funciona como uma experiência virtual. Se ela é boa, o ouvinte é atraído para a narrativa, assumindo um personagem e vivendo sua jornada. Assim, o ouvinte aprende durante toda a viagem virtual, mediante uma "experiência" fictícia, como se fosse na vida real. Antes de contar uma história, é importante que o professor conheça os alunos. A diversidade de alunos e de estilos de aprendizagem existentes na sala de aula justifica a utilização de multimétodos de ensino, inclusive o da *storytelling*, com o intuito de desenvolver habilidades conforme esses diferentes estilos.

Os estilos de aprendizagem são as especificidades de cada indivíduo no que se refere ao recebimento e processamento das informações.[32] Destacam-se seis estilos: visual, auditivo, tátil, sinestésico, grupal e individual. Em sala de aula, os estilos visual e auditivo são, comumente, mais privilegiados.

O estilo visual refere-se à captação visual, ligado, principalmente, à leitura, à imagem, à figura etc. O estilo auditivo, por sua vez, está relacionado à oratória, ou seja, o indivíduo tem como estilo predominante de aprendizagem o discurso oral.[33] No Quadro 1, são traçadas as direções sobre como agir com o aluno que tem um desses dois estilos.

Quadro 1. Direções de como agir com alunos visuais e auditivos

Para os visuais	Para os auditivos
Utilize recursos visuais para ministrar as matérias a serem estudadas.	Trabalhe com as aulas expositivas, palestras, seminários.
Estimule o aluno a fazer resumos, usando anotações, tabelas, esquemas, desenhos, fluxogramas, gráficos e outros recursos parecidos.	Incentive o aluno a fazer resumos e gravá-los, para que ele possa escutar aquilo que escreveu.
Relembre o tema da aula anterior, trazendo dicas sobre os temas, e coloque-as nos mais diversos lugares da sala de aula.	Leia os textos em voz alta com os alunos.
Faça gestos do professor, construindo um modelo de ensino.	Motive os alunos a escutar mais as aulas e tente escrever pouco para ter mais atenção.
Tente construir imagens mentais sobre o que estiver ministrando.	Trabalhe com estratégias de ensino que utilizam a oratória.
Incentive as leituras, principalmente as que contêm esquemas e resumos gráficos.	Promova o debate entre os alunos sobre os conteúdos.

Fonte: Mazuroski Jr. et al. (2008).[34]

Outros estilos de aprendizagem referem-se à preferência dos discentes pelo trabalho em grupo ou individual.[35] O trabalho em grupo promove o processo de interpretação, clarificação, leitura, organização, facilitação da compreensão e maior retenção dos conceitos e terminologias ensinados. O docente, porém, deve ficar atento ao escolher aplicar um trabalho em grupo, pois uma atividade mal planejada não alcançará resultados de sucesso.[36]

Para definir o tipo de aluno presente na sala de aula, sugere-se que o professor aplique um questionário, a fim de perceber o tipo de tarefa pelo qual os alunos têm

> *Para definir o tipo de aluno presente na sala de aula, sugere-se que o professor aplique um questionário, a fim de perceber o tipo de tarefa pelo qual os alunos têm maior preferência, bem como para que sejam formuladas estratégias a serem usadas em sala de aula.*

maior preferência, bem como para que sejam formuladas estratégias a serem usadas em sala de aula.[37]

A escolha de determinada técnica de ensino-aprendizagem deve vislumbrar os objetivos de aprendizagem estabelecidos pelo professor e as habilidades a serem despertadas nos alunos com os conteúdos ministrados. Além disso, o docente deve ter em mente que as estratégias de ensino não são imutáveis, mas, sim, ferramentas que podem ser adaptadas, modificadas ou combinadas com outras, de acordo com a necessidade.[38] Assim, no momento da combinação da técnica de ensino com o conteúdo a ser ministrado, "os professores deveriam estruturar sua didática, de modo a contemplar as diversas possibilidades que facilitem e elevem os resultados do processo de ensino-aprendizagem".[39]

No processo de ensino-aprendizagem que envolve conteúdos relacionados ao mundo dos negócios, recomenda-se o uso da técnica de *storytelling*, pois ela auxilia na compreensão do ambiente organizacional, na análise das estratégias da gestão, bem como na tecnologia da informação. O uso dessa técnica cria um contexto que estimula os alunos a refletir sobre suas experiências, contribuindo para que os discentes externalizem seus valores e crenças.[40]

O uso de narrativas pode também ser utilizado para discutir temas como novas estratégias de negócios ou uma nova identidade da marca.[41] Aqui, o aluno busca as experiências vivenciadas para construir soluções empresariais, melhores formas de lançamento e construção de produtos e marcas. Recomenda-se, também, o uso dessa técnica na tecnologia da informação, proporcionando aos alunos a construção de uma memória organizacional.

> *O uso da storytelling opera nas pessoas o exercício da imaginação, trazendo o verdadeiro significado de um tema estudado pela ordenação da experiência, a completude da forma e a vontade de ir além das aparências.*

O uso da *storytelling* opera nas pessoas o exercício da imaginação, trazendo o verdadeiro significado de um tema estudado pela ordenação da experiência, a completude da forma e a vontade de ir além das aparências.[42]

6. Tipo de conteúdo adequado para a aplicação da técnica

Contar histórias é essencial para o desenvolvimento da linguagem, do raciocínio lógico, da imaginação e da criatividade das crianças.[43] Além disso, permite ao aluno visualizar o conteúdo das disciplinas de forma diferente, fazendo esse aluno sua própria interpretação sobre o conteúdo ministrado pelo professor,[44] o que torna a técnica uma ferramenta fundamental para o desenvolvimento dos alunos em temas relacionados aos negócios.

A técnica da *storytelling* pode ser utilizada em qualquer disciplina,[45] seja ela teórica ou prática. Além disso, qualquer disciplina pode utilizar histórias de outras disciplinas para fazer analogias. Por exemplo, podem-se utilizar histórias militares para ensinar contabilidade, alterando de forma positiva a percepção dos estudantes de contabilidade, ressaltando que os alunos podem aprender que os domínios do conhecimento não se operam isoladamente, mas que ideias semelhantes podem ser utilizadas de formas diferentes, de acordo com a necessidade da organização.[46]

Uma boa história sempre é uma boa história, e ela ficará eternizada na memória da pessoa, assim como os contos de fadas da época da infância. Além disso, as histórias sempre foram utilizadas para ajudar os indivíduos a compreender o mundo;[47] portanto, independentemente do tipo de conteúdo, a história é uma ferramenta poderosa para ativar a memória de longo prazo do estudante.

7. Aplicação prática da técnica de *storytelling*

Para demonstrar a aplicação de *storytelling* como um recurso pedagógico, será utilizado um conteúdo da disciplina de custos de produção. O tema da aula é custos para tomada de decisão, sendo o objetivo o de demonstrar as terminologias aplicadas em custos, com classificação dos gastos em custos ou despesas e como utilizar os custos para tomada de decisão, no âmbito empresarial.

Por meio da *storytelling*, busca-se aprofundar as habilidades dos alunos na classificação dos gastos das empresas, bem como na apuração de custos para tomada de decisões, em situações de incentivar um produto, cortar determinado produto, melhor *mix* de produção etc. Utilizando-se a história "Donalinda" como instrumento pedagógico, ativa-se nos alunos conhecimento de longo prazo sobre as terminologias utilizadas em custos, bem como sobre os sistemas de custeio variável e custeio por absorção. Essa abordagem propicia um contexto em que os alunos podem se identificar com a história, assimilando mais facilmente o conteúdo lecionado. A programação da aula é demonstrada no Quadro 2.

Quadro 2. Plano de Aula com utilização da *storytelling* como instrumento pedagógico

Ementa da aula da disciplina de Custos de produção Conceitos e fundamentos de custos.
Tema da aula Custos para a tomada de decisão nos negócios.
Objetivo geral da aula Desenvolvimento de raciocínio para a classificação dos gastos das empresas em custos ou despesas.
Objetivos específicos: a. **Habilidades:** aprofundar as habilidades dos alunos na classificação dos gastos das empresas para que, posteriormente, possam apurar os custos dos produtos e/ou serviços e, com base nesses custos, tomar decisões no contexto empresarial. b. **Competências:** utilizando a história como instrumento pedagógico, ativa-se nos alunos o aprendizado de longo prazo sobre as terminologias utilizadas em custos, as quais serão utilizadas como base para os demais conteúdos de apuração de custos de produção.
Conteúdo programático: ■ Classificação dos gastos em custos e despesas. ■ Elementos formadores do custo dos produtos industriais. ■ Custos para a tomada de decisão: sistema de custeio variável e custeio por absorção.
Desenvolvimento do tema: Abertura da aula – 5 minutos – para apresentação do tema e objetivos da aula. Desenvolvimento do tema da aula com aula expositiva dialogada: 30 minutos. Terminologias aplicadas em custos. Custos para tomada de decisão. Contação da história com ênfase nos pontos propostos no Conteúdo Programático – 5 minutos. Debate das questões envolvendo o contexto da história e os custos para tomada de decisão – 15 minutos. Resolução e correção das questões relacionadas às decisões de Dona Alzira, que poderão ser formuladas pelo professor. Encerramento da aula pelo professor – 10 minutos.
Recursos didáticos: Computador; projetor multimídia; material impresso (plano de aula; resumo da história).
Metodologia: Aula expositiva com o auxílio da história "Donalinda".

Fonte: Elaborado pelos autores.

História "Donalinda"

Em uma tarde de domingo, Samuelson estava passeando pelo *shopping* da cidade de Esperança com sua esposa. De repente, ela fica hipnotizada por uma camisa da marca Donalinda. Contrariado, ele entra com a esposa na loja. Ela, por sua vez, feliz da vida, experimenta a camisa, a qual acaba ficando maravilhosa em seu corpo. Carinhosamente, a esposa pede ao marido:

Esposa: Amor, adorei essa camisa! Compra ela pra mim?

Samuelson (coça a cabeça): Mas, amor, você já tem tantas camisas lindas em casa...

Esposa: Mas preciso dessa! Afinal, não tenho nenhuma da cor rosa-chiclete.

Samuelson (para, pensa e responde): Estamos com o orçamento doméstico apertado, estou tendo muitos gastos com o mestrado.

Esposa (fica decepcionada): Mas eu queria tanto, sempre sonhei com esse tom de rosa.

Samuelson (não querendo desagradar a esposa, afinal, é apenas uma camisa, pergunta então para a vendedora): Quanto é a camisa?

Vendedora (responde prontamente): É R$ 499,00, senhor.

Samuelson (que trabalha na Prefeitura) pega a mão da esposa e sai da loja pensativo, sem sequer dar resposta à vendedora. Ele pensa consigo mesmo: "É um absurdo, uma camisa por R$ 499,00. Como posso comprar uma roupa tão cara? Como a fábrica consegue um custo de produção tão alto para definir um preço de venda de R$ 499,00?!" De repente, Samuelson para e tem uma ideia brilhante: "Vou levar minha esposa na Dona Alzira e mandar fazer uma camisa parecida." Ora, ele passou a infância indo com a mãe à casa de Dona Alzira para fazer roupas e eles sempre saíam de lá felizes.

No outro dia, bem cedo...

Samuelson (chama a esposa): Amor, vamos logo, senão vamos chegar atrasado à casa da costureira.

Esposa (desapontada): Estou indo, Samuelson.

Durante o trajeto até a casa da Dona Alzira, eles não trocaram uma palavra sequer...

Dona Alzira (alegre e calorosa): Samuelson, como você cresceu! Que esposa linda! Em que posso ajudá-los?

Samuelson: É, Dona Alzira, os anos se passaram... Vimos uma camisa de seda da marca Donalinda no *shopping* ontem, mas o preço dela é R$ 499,00. Quanto a senhora cobraria para fazer uma parecida?

Esposa (desanimada): Só quero se for da cor rosa-chiclete.

Dona Alzira (pensativa, faz alguns cálculos): Essas camisas são lindas, têm um corte diferenciado e o tecido é especial. Contando os materiais e o meu trabalho, ela fica em R$ 300,00.

Samuelson (vibra de alegria): Tá vendo, amor?! Vai ficar por 60% do valor cobrado pela loja e ainda iremos economizar.

Samuelson (pensa, pensa e questiona): Mas como a senhora consegue fazer uma camisa por esse valor? Por que essa diferença de preço tão grande?

Dona Alzira: Olha, Samuelson, os gastos que tenho com a produção de cada camisa são esses:

Descrição	Valor
1,5 metro de seda (R$ 150,00 × 1,5 m)	R$ 225,00
Botões (10 botões × 1,2) + Linhas	R$ 15,00
Mão de obra	R$ 50,00
Bordado	R$ 10,00
Total	R$ 300,00

Dona Alzira: Veja, consigo recuperar todos os meus gastos, estou trabalhando em casa e ainda posso cuidar dos meus filhos.

Então Samuelson indaga: Mas, Dona Alzira, e os demais gastos? Energia, água, depreciação das máquinas de costura, manutenção das máquinas, seguro, INSS, aluguel do cômodo, assinaturas de revistas de moda, embalagens, pequenos materiais (linha, entretela, agulhas etc.).

Dona Alzira responde: Esses gastos são de responsabilidade do meu marido...

Samuelson: Calma, Dona Alzira, vou ajudá-la a entender melhor o mundo dos negócios. Vamos fazer um levantamento desses gastos?

Descrição	Valor
Energia elétrica	400,00
Água	36,00
Aluguel do cômodo onde trabalha*	1.000,00
INSS mensal – autônoma (1.500 × 20%)	300,00
Assinatura de revistas	40,00
Pequenos materiais	120,00
Uma funcionária	678,00
Encargos trabalhistas da funcionária	406,80
Depreciação das máquinas	300,00
Manutenção das máquinas	150,00
Total	3.430,80
Custos indiretos por peça**	114,36

* O cômodo é próprio, mas, caso não estivesse ocupado com seu salão de costuras, estaria alugado por R$ 1.000,00 por mês.

** Produção mensal: 15 camisas e 15 calças – ela gasta o mesmo tempo para produção das peças.

Samuelson: O preço correto que a senhora deve cobrar para trabalhar, pagando todos os custos, é de R$ 414,36 (Custos diretos: R$ 300,00 + custos indiretos: R$ 114,36).

Dona Alzira (indignada): Nossa, Samuelson! Então, vou começar a fazer esses cálculos de custos de produção de cada peça para cobrar dos meus clientes. Já vou começar por você: o preço da camisa de sua esposa é de R$ 415,00.

Samuelson (pega na mão da esposa): Amor, vamos embora. Deixa essa camisa para depois, vai ficar muito caro.

Dona Alzira (chocada com a reação de Samuelson): Mas o que aconteceu, Samuelson? Você não está disposto a pagar por todos os meus custos de produção?

Habilidades a serem trabalhadas com a história

Habilidades conceituais – elaborar perguntas sobre as terminologias dos gastos apresentados na história. Pode-se questionar sobre as classificações dos gastos em custos ou despesas, quanto à produção: em custos diretos e custos indiretos; quanto à atividade produtiva: em custos fixos e custos variáveis. Como utilizar os custos para a tomada de decisão (ponto de equilíbrio e margem de contribuição)?

Habilidades procedimentais – identificar, no salão de costura de Dona Alzira, os tipos de gastos da produção. Ilustrar quais os critérios de alocação dos custos seriam mais eficientes para o contexto da história de Dona Alzira, e em que tipo de decisão eles devem ser utilizados.

Habilidades atitudinais – podem-se trabalhar situações em que os administradores dos negócios devem utilizar os custos para a tomada de decisão, diante do contexto apresentado na história. Nesse aspecto, a história apresenta um cenário que permite refletir sobre determinadas questões, como: comportamento dos custos, sistemas de custeio variável e custeio por absorção. Além disso, o enredo da história possibilita o debate sobre a aceitação das indústrias pela sociedade, concorrência, globalização do mercado e os custos-benefícios esperados pelos consumidores dos produtos.

8. O que observar na história

Durante a contação da história, enfatizar os pontos que serão debatidos com os alunos para se atingir os objetivos da aula. Devem ser observados os seguintes pontos na história:

■ A percepção diferente de custo-benefício da camisa "Donalinda" por Samuelson e por sua esposa.

- A falta de conhecimento de Dona Alzira quanto aos custos de produção e as consequências disso para o seu negócio.

- Os benefícios que podem ser obtidos com a análise de custos por Dona Alzira.

- Aceitação do mercado consumidor sobre o novo preço de Dona Alzira, ou seja, como os seus clientes iriam reagir: continuariam fazendo encomendas de roupas ou comprariam prontas no *shopping*?

- Produção em grande escala *versus* produção artesanal: economia de escala.

- Estratégias que poderiam ser adotadas por Dona Alzira para sua permanência no mercado de produção artesanal de roupas.

9. Alguns temas que podem ser desenvolvidos

Com base no contexto apresentado por meio da história "Donalinda", alguns pontos podem ser trabalhados: quais produtos cortar e quais produtos incentivar; qual o melhor *mix* de produção; quanto a Dona Alzira deve produzir para trabalhar no ponto de equilíbrio contábil, econômico e financeiro. Outros aspectos que podem ainda ser debatidos: as consequências da falta de conhecimento acerca dos custos de produção para os negócios; como o trabalho manual da Dona Alzira pode se sobressair frente à concorrência com a produção em larga escala das grandes indústrias; o negócio precisa crescer para se manter no mercado, dentre outros.

10. Considerações finais

Uma boa história fica guardada para sempre na memória do aluno. Quem não se lembra dos seus contos de fadas favoritos da época da infância? Logo, a técnica de storytelling pode ser capaz de alterar positivamente a percepção dos estudantes de negócios sobre as disciplinas ministradas pelos professores. Todavia, para que o aprendizado seja reforçado, faz-se importante combinar a storytelling com vários métodos de aprendizagem.

Sempre houve um lugar para uma boa história no ensino. Desde o pré-escolar, os professores utilizam a *storytelling* como método pedagógico no processo de ensino e aprendizagem. Essa técnica milenar pode mudar o ritmo de uma sala de aula, uma vez que o aluno se torna um sujeito ativo em sua própria aprendizagem. Além disso, desperta a aprendizagem de longo prazo do estudante.

A *storytelling* pode ser utilizada em qualquer disciplina. Ressalta-se que, se essas disciplinas são aquelas com as quais os alunos estão mais familiarizados, é mais provável que seu interesse seja despertado. Contudo, alguns cuidados devem ser tomados para que a história não crie confusão e preconceitos entre os alunos.

Uma boa história fica guardada para sempre na memória do aluno. Quem não se lembra dos seus contos de fadas favoritos da época da infância? Logo, a técnica de *storytelling* pode ser capaz de alterar positivamente a percepção dos estudantes de negócios sobre as disciplinas ministradas pelos professores. Todavia, para que o aprendizado seja reforçado, faz-se importante combinar a *storytelling* com vários métodos de aprendizagem.

14

Painel integrado: envolvendo todos individualmente

CRISTIANO CAMARGO
MÁRCIA FREIRE DE OLIVEIRA

Todo o conhecimento supõe ao mesmo tempo separação e comunicação. Assim, as possibilidades e os limites do conhecimento revelam o mesmo princípio: o que permite o nosso conhecimento limita o nosso conhecimento, e o que limita o nosso conhecimento permite o nosso conhecimento. O conhecimento do conhecimento permite reconhecer as origens da incerteza do conhecimento e os limites da lógica dedutiva identitária. O aparecimento de contradições e de antinomias num desenvolvimento racional assinala-nos os estratos profundos do real.

EDGARD MORIN

1. Introdução

O processo de ensino-aprendizagem reserva ao professor um papel central na transmissão, comunicação e orientação do conteúdo programático da(s) disciplina(s) que ministra. Nesse sentido avalia-se[1] que quando se atribui ao professor a prerrogativa de condutor do processo de ensino-aprendizagem, concomitantemente a ênfase passa a ser o ensino, o que reafirma o paradigma da função do docente para orientar, instruir e avaliar o aluno a quem, por sua vez, cabe receber, assimilar e repetir o conhecimento.

A ênfase no ensino e o paradigma em torno da função docente fazem com que prevaleçam essencialmente aulas expositivas. Essa situação se deve, dentre outras razões, à necessidade de cumprir o conteúdo programático em determinado espaço de tempo, cuja verificação do que foi ou não apreendido dos conteúdos e práticas efetuadas em sala ocorre mediante avaliações, exames, e resta ao aluno uma posição passiva no final desse processo.[2]

Ainda que prevaleçam as aulas expositivas, é crescente a percepção difundida entre os professores da dificuldade em manter o interesse dos estudantes em sala de aula; sendo assim, a mera transmissão de informação sem a adequada recepção acaba não caracterizando um processo eficiente de ensino-aprendizado. A evolução tecnológica, junto às mudanças sociais, faz com que a organização escolar atual não atenda à necessidade real dos alunos, provocando falta de interesse pela escola, pelos conteúdos e pela forma como os professores conduzem suas aulas.[3]

Para que esse cenário mude, o estudante precisa assumir um papel cada vez mais ativo, descondicionando-se da atitude de mero receptor de conteúdos, buscando efetivamente conhecimentos relevantes aos problemas e aos objetivos da aprendizagem. Iniciativa criadora, curiosidade científica, espírito crítico reflexivo, capacidade para autoavaliação, cooperação para o trabalho em equipe, senso de responsabilidade, ética e sensibilidade na assistência são características fundamentais a serem desenvolvidas em seu perfil.[4]

Portanto, a partir dessas constatações propõe-se[5] **substituir a ênfase no ensino pela ênfase na aprendizagem**, caracterizada pela **participação ativa do aluno e do trabalho em equipe** para buscar conhecimentos, processar as informações, analisá-las e apreendê-las. Entretanto, como provocar nos alunos uma ação proativa que os conduza a uma aprendizagem autônoma?

Uma forma de realizar tal provocação é promover o trabalho colaborativo entre os próprios alunos e entre eles e o professor. Nesse sentido, a técnica do painel integrado pode contribuir para alcançar o objetivo de uma aprendizagem interativa. Para tanto, o professor apresenta aos alunos uma situação problemática relacionada a um tema e destaca a importância de uma abordagem científica para solucionar o problema; a seguir, os alunos são orientados a procurar respostas em seus conhecimentos e fontes indicadas pelo professor; as fontes que apresentam caminhos ou soluções à situação são então reunidas e os alunos posteriormente apresentam aos demais colegas as respostas encontradas.[6]

> *A técnica do painel integrado pode contribuir para alcançar o objetivo de uma aprendizagem interativa.*

Portanto, o **painel integrado** (PI) tem como princípio o trabalho em grupo, baseado na interação interpessoal e na troca de informações entre os participantes. Essa dinâmica de grupo integra e favorece a interação dos participantes, envolvendo a todos, sem exceção. Desse modo, a abordagem de um tema se faz pela discussão e observação de vários pontos de vista, o que possibilita a interação entre os participantes e, por conseguinte, a integração de conceitos, ideias, conclusões etc.[7]

A aplicação do PI permite ao docente a reflexão sobre as turmas com as quais irá trabalhar, pois a heterogeneidade presente em sala de aula pode ser avaliada por meio da utilização da técnica, o que permite definir a postura a ser adotada pelo professor frente a esse desafio.[8]

Com relação aos alunos, observa-se[9] que o PI possibilita a participação do indivíduo, integrando-o a um grupo de debate. Em decorrência de as atividades serem propostas em grupos, cria-se a oportunidade de a opinião individual ecoar nas vozes do grupo, fator esse que tira o aluno do isolamento, levando-o a interagir e participar coletivamente.

A ideia central do painel integrado, portanto, é a abordagem de um tema por meio da dinâmica de grupo e a integração dos participantes. Mas, além dessa ideia central, o que é, realmente, essa técnica? Quais são seus objetivos? Como será utilizada na abordagem dos conteúdos e que tipo de aprendizagem se pretende?

Para responder a essas questões, esta seção traz conceitos e abordagens por meio de uma revisão bibliográfica. Nesse sentido, o capítulo está subdividido da seguinte forma: definição acerca do que é a técnica, os seus objetivos e sua aplicação; organização do PI pelo professor

> *A ideia central do painel integrado, portanto, é a abordagem de um tema por meio da dinâmica de grupo e a integração dos participantes.*

– bibliografia e objetivos; aplicação – objetivos propostos e resultados esperados e alcançados. As seções serão analisadas a fim de nortear o docente sobre as possibilidades que o painel integrado traz como estratégia de ensino.

2. A técnica painel integrado

O painel integrado é uma vertente da técnica de fracionamento, que consiste na divisão dos alunos em grupos e, a partir daí, são trabalhados os temas em forma de debates e discussões. O PI é uma técnica de trabalho coletivo, caracterizado

> *O PI é uma técnica de trabalho coletivo, caracterizado pela aprendizagem através da dinâmica de grupo.*

pela aprendizagem através da dinâmica de grupo,[10] que tem como propósito desafiar os participantes a repensar os saberes do grupo.[11]

O PI é, também, uma das técnicas que enfatizam a interação interpessoal dos alunos, levando em conta competências diversificadas, responsabilidade individual e coletiva, verbalização e socialização.[12] Assim como as demais técnicas de ensino em grupo, no caso, Grupo de Verbalização e Grupo de Observação (GV/GO), Seminário, Debate e discussões, o painel integrado busca a socialização dos alunos mediante a dinâmica de grupo, momento este em que os alunos assumem os papéis que irão desempenhar no grupo.[13]

A dinâmica de grupo, por sua vez, base do PI, integra e favorece a interação dos participantes, envolvendo a todos, sem exceção. Essa é uma técnica que permite a miscigenação dos grupos, visando maior proximidade entre os seus membros, possibilitando, assim, o estudo simultâneo de vários itens de um assunto ou tema.[14]

> *A particularidade da aula dinâmica consiste no fato de os alunos terem um papel ativo, responsabilizando-se uns pelos outros.*

A particularidade da aula dinâmica consiste no fato de os alunos terem um papel ativo, responsabilizando-se uns pelos outros, já que a avaliação se dá de maneira constante, pois os alunos não só são avaliados, como também avaliam os demais colegas. No final da atividade, os participantes devem estar familiarizados com o assunto que foi trabalhado, demonstrando o que foi desenvolvido na atividade, sendo importante destacar que, nesse tipo de metodologia, o professor é coadjuvante, e o papel de liderança deve ser exercido pelos alunos.[15]

Desse modo, a aplicação da técnica do painel integrado, mediante o debate em grupo, leva à diversidade de opiniões, momento em que os paradigmas são quebrados, e o interesse dos participantes acerca do tema ou do conteúdo trabalhado é despertado. Assim, o objetivo da técnica é provocar modificações comportamentais desejáveis no educando.[16]

A escolha do PI, tal qual a de qualquer outra técnica, perpassa por objetivos, tempo disponível, assunto e tipo de aprendizagem, infraestrutura necessária, experiência didática do professor e perfil dos estudantes. A técnica, por definição, é um modo de fazer, que contém diretrizes e orientações sintetizadas em processos. O objetivo final é conduzir ao desenvolvimento e à modernização da prática de ensino.[17]

3. Objetivos e a aplicação do painel integrado

Os objetivos e o momento de se aplicar o PI são os seguintes:[18]

- para integrar o grupo;
- para favorecer a integração de conceitos, ideias ou conclusões;
- quando se deseja introduzir um assunto novo.

Também se aplica o PI quando se quer obter a participação de todos e apresentar aos participantes um determinado assunto. O objetivo é possibilitar a continuação do debate sobre o tema apresentado anteriormente, sob a forma de: preleção, simpósio, projeção de *slides* ou filmes, dramatização, dentre outros.

Além das indicações citadas acima, os seguintes objetivos educacionais também estão relacionados à técnica do PI:[19]

- quando se deseja aumentar o nível de interpretação da turma;
- para favorecer a inserção de alunos com dificuldades de relacionamento; e
- a fim de promover a aquisição de determinados conceitos à medida que todos os alunos deverão explicar tais conceitos a um outro grupo.

É importante destacar as situações apropriadas para aplicar o PI, relacionando os seguintes momentos:[20]

- quando se têm grupos de pelo menos 15 pessoas;
- quando se pretende proporcionar o contato pessoal entre os membros do grande grupo;
- para diminuir o formalismo do grupo;
- para elevar os níveis de participação e comunicação;
- para obter uma visão do assunto sob vários ângulos;
- quando o tempo é limitado; e
- quando houver a possibilidade de deslocamento de cadeiras e de sua disposição em círculos.

Em síntese, a aplicação do painel integrado visa aumentar o grau de participação dos estudantes, quer formulando perguntas, ou perguntas e respostas, ou, ainda, expressando opiniões e posições. A técnica permite o estudo e a análise de um tema por parte de um pequeno grupo de especialistas ou pessoas interessadas, para que as ideias e os conceitos sejam explicados aos demais participantes.

4. A aplicação do painel integrado

Para se trabalhar o conteúdo e a aprendizagem pretendida, alguns passos são estabelecidos de forma abrangente, de modo que o conteúdo e a aprendizagem possam sofrer adaptações para o caso em que forem utilizados. Assim, são elencados os seguintes passos:[21]

a. No primeiro momento, os alunos são divididos em grupos e recebem um texto sobre determinado tema. Os textos distribuídos aos diferentes grupos deverão ter alguma ligação, preferencialmente com enfoques diferentes. Deverá haver tantos textos quantos forem os grupos.

b. Cada aluno terá a tarefa de ler, antecipadamente, o texto que escolheu ou que lhe foi dado, produzindo um resumo, síntese ou mapa conceitual. Em seguida, o aluno deve ser capaz de, num próximo encontro, expor as ideias centrais do texto lido, com a maior riqueza de detalhes possível para os demais colegas.

c. O passo seguinte é a reunião de todos os estudantes que leram o mesmo texto, para que, juntos, possam esclarecer dúvidas e fortalecer a compreensão do conteúdo.

d. No segundo momento são formados novos grupos, compostos por um integrante de cada um dos outros grupos. Desse modo, em cada novo grupo, haverá representantes das ideias de cada um dos grupos que haviam sido formados inicialmente.

e. Cada componente deverá expor ao novo grupo as ideias centrais do texto que recebeu. Após a explanação, os outros participantes poderão fazer perguntas na tentativa de compreender todos os textos. Após a compreensão, os grupos buscarão as diferenças e semelhanças entre os diversos textos, comentarão criticamente, relacionarão com outros conteúdos e produzirão um texto coletivo.

Recomenda-se[22] que os objetivos estejam bem definidos pelo professor, cabendo a este o papel de orientador, não devendo ele se colocar como o ator principal no processo, pois essa tarefa deve ser atribuída aos alunos.[23]

> *Na aplicação do painel integrado, o professor tem o papel de instigar e desafiar os alunos a construir conhecimentos.*

Na aplicação do painel integrado, o professor tem o papel de instigar e desafiar os alunos a construir conhecimentos, visando à formulação de suas próprias produções e ideias a partir das atividades e dos questionamentos para articular os pensamentos.[24]

O PI permite o confronto de diferentes ideias em grupos menores, sem que o aluno se sinta constrangido perante os colegas, o que muitas vezes ocorre com os alunos mais tímidos em discussões entre toda a classe, organizada pelo professor. O debate em grupos facilita o desenvolvimento das habilidades de ouvir, negociar (argumentar; chegar a um consenso), respeitar a opinião do outro e buscar justificativas racionais para as opiniões.[25]

> *O PI permite o confronto de diferentes ideias em grupos menores, sem que o aluno se sinta constrangido perante os colegas.*

É importante que a técnica não seja o fim em si, pois, acima de tudo, o PI é um recurso, uma estratégia de ensino. Não se espera, portanto, que a descrição do método seja compreendida como um manual, já que devem ser observadas a experiência e a habilidade didática para nortear o momento mais apropriado para aplicá-la. Em outras palavras, adaptações poderão ser realizadas pelo docente, conforme os objetivos educacionais esperados, os recursos disponíveis e o perfil da própria classe.

Para atingir os objetivos educacionais, destacam-se[26] os seguintes pontos:

a. Planejar com antecedência o tema e a aplicação da técnica em função do número de participantes, natureza do assunto, tempo disponível, espaço existente etc.

b. Explicar ao grupo o funcionamento da técnica, o papel e as atitudes esperadas de cada membro e o tempo disponível.

c. Dividir o grupo em subgrupos. Apresentar as questões ou o tema para discussão. É importante esclarecer que todos devem anotar as ideias e conclusões do grupo para transmiti-las aos demais grupos.

d. Formar novos grupos integrados por elementos de cada um dos grupos formados inicialmente, elegendo um relator para cada um, com o fim de apresentar as conclusões ao grupão.

e. Fazer um sumário das conclusões dos grupos e permitir que estas sejam discutidas para se chegar a um consenso.

Com relação à formação dos grupos nos dois momentos de estudo e debate, sugere-se[27] a seguinte composição dos grupos, conforme o Quadro 1.

Quadro 1. Composição dos grupos

Primeiro momento		Segundo momento	
Grupo	Elementos	Grupo	Elementos
A	1-2-3-4-5	1	A1, B1, C1, D1, E1
B	1-2-3-4-5	2	A2, B2, C2, D2, E2
C	1-2-3-4-5	3	A3, B3, C3, D3, E3
D	1-2-3-4-5	4	A4, B4, C4, D4, E4
E	1-2-3-4-5	5	A5, B5, C5, D5, E5

Fonte: Adaptado de Burnier (2005).

Obs.: é importante que cada elemento anote as conclusões durante o 1º momento, para levá-las ao outro grupo no 2º momento.

No exemplo, são apresentados cinco grupos, o que não impede a formação de mais grupos. De todo modo, em termos de configuração, a Figura 1 demonstra como se dá a composição dos grupos no primeiro momento.

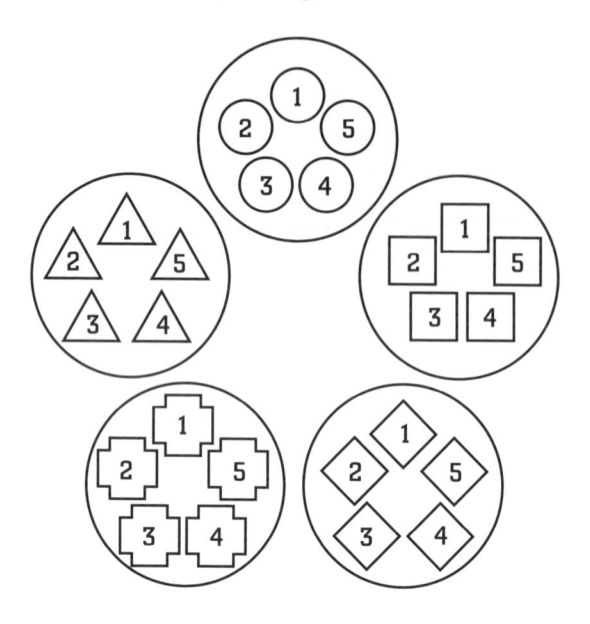

Fonte: Adaptada de Ferreira (2014).[28]

Figura 1. Composição dos grupos

Depois, num segundo momento, o professor reorganiza outros grupos com o seguinte formato, conforme ilustra a Figura 2: 1,1,1,1 e 1; 2,2,2,2 e 2; 3,3,3,3 e 3; 4,4,4,4 e 4; e 5,5,5,5 e 5. Em seguida, todos os participantes do primeiro grupo deverão expor aos participantes do segundo grupo o que foi discutido anteriormente. Assim, todos discutem e ouvem a opinião de todos os componentes. Por isso, a técnica permite a integração de conceitos, ideias e conclusões.

Ressalta-se que, não necessariamente, para o uso dessa técnica, deve-se trabalhar com múltiplos (9, 16 ou 25, por exemplo). Podem-se formar três grupos de quatro alunos na primeira fase, que podem ser também transformados em quatro grupos de três alunos na segunda.

Além desses procedimentos, cada etapa exigirá um tempo para sua execução. A descrição das etapas está disposta no Quadro 2.

É importante destacar que, ao final da aplicação da prática em sala de aula, o professor poderá solicitar aos alunos, na última rodada, uma avaliação entre os pares (alunos).

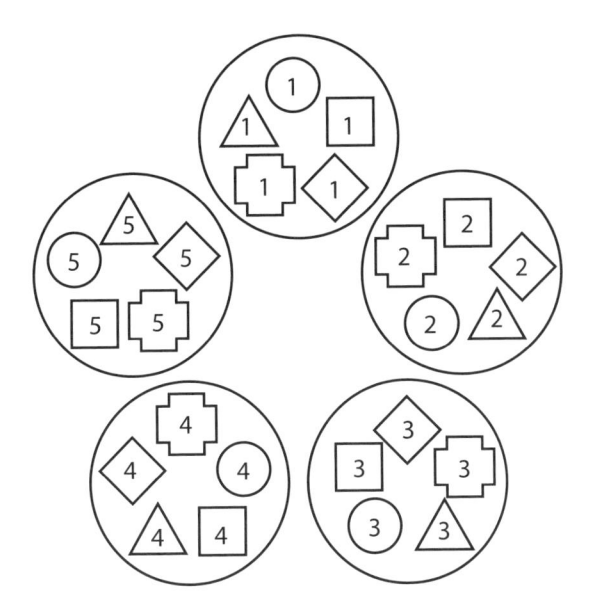

Fonte: Adaptada de Ferreira (2014).[29]

Figura 2. Composição de novos grupos

Quadro 2. Descrição das etapas

1ª etapa: 30 minutos
Cada grupo deverá ler o texto, sabendo que irá compartilhar as principais ideias do texto lido com outros colegas (é importante que todos façam anotações sobre os aspectos centrais do texto).
2ª etapa: 30 minutos
O formador irá compor novos grupos, de modo que eles contenham, pelo menos, um integrante de cada grupo inicial para que o mesmo relate a discussão do texto ou tópico lido.
Cada integrante apresenta as principais questões ou ideias do texto lido.
3ª etapa: 30 minutos
Abrir espaço para discussão sobre as perguntas e as respostas.
Considerações finais feitas pelo professor.

Fonte: Elaborado pelos autores (2016).

4.1 Organização do painel integrado pelo docente

A partir dos objetivos e a metodologia de aplicação do PI, a presente seção aborda as atividades a serem desempenhadas pelo professor para aplicar o painel integrado. Tais atividades compreendem quatro etapas:

1º Preparação do material: seleção de capítulo de livro ou artigo – sobre o tema a ser abordado pelos alunos, observando que o conteúdo possa ser tratado em uma aula de uma hora e meia.

2º A partir do tema, o professor apresenta aos alunos o que pretende trabalhar e os objetivos. Nessa etapa é feita a **primeira rodada** de estudos, momento em que são divididos os grupos e distribuído o conteúdo a ser pesquisado, em que se faz o conhecimento geral sobre o tema. A duração dessa primeira rodada é de 30 minutos.

3º Ao fim da primeira rodada o professor solicita que os grupos façam uma breve apresentação dos tópicos pesquisados; por sua vez, faz a **avaliação entre o(s) objetivo(s) proposto(s) e o(s) resultado(s) realizado(s), sem expor aos alunos essa avaliação,** apenas verificando se os alunos conseguiram extrair as informações relevantes sobre o tema proposto.

Na sequência, os grupos são novamente recompostos com outras formações. Nesta **segunda rodada** de estudos o professor solicita aos alunos o **detalhamento sobre o tema** – implicações, aplicações ou relação com outros assuntos.

4º Após concluída a segunda rodada, o professor solicita que os grupos **elaborem** um **painel com as principais ideias** e as apresente aos demais. Nesse momento, o professor faz a segunda **avaliação entre o(s) objetivo(s) proposto(s) e o(s) resultado(s) realizado(s)**. Observação: nesta etapa, **o professor expõe aos alunos o que esperava** que eles absorvessem sobre o tema proposto, debate e aponta o que foi apreendido ou que ainda faltou observar.

4.2 Aplicação do painel integrado pelo docente

Para exemplificar a aplicação do painel integrado, supõe-se a seguinte situação:

1. Turma: composta por 30 alunos que serão distribuídos em seis grupos de cinco alunos.

2. Tema: pesquisa qualitativa aplicada à disciplina de Inovação.

3. Objetivo(s) proposto(s): os alunos deverão compreender o que é a pesquisa qualitativa, identificar os tipos de pesquisa qualitativa, relacioná-los, descrever como é feita e como aplicá-la ao tema Inovação.

4. Resultado esperado: que os alunos apresentem aspectos da pesquisa qualitativa e consigam desenvolvê-la para o estudo sobre Inovação.

5. Resultado alcançado: avaliação final em que o professor discute com o aluno as possibilidades de pesquisa.

O tema Inovação faz parte do conteúdo programático e os alunos têm o conhecimento prévio do assunto. Contudo, a proposta é que os alunos desenvolvam pesquisa sobre o assunto utilizando como método a pesquisa qualitativa. Desse modo, terão de apreender sobre pesquisa qualitativa para que possam desenvolver o estudo sobre Inovação.

1. Primeira rodada: conhecimento geral (Tempo estimado: 30 minutos)

O professor distribui um capítulo de livro ou artigo sobre pesquisa qualitativa e de acordo com o conteúdo elabora um quadro para controle com o Objetivo proposto, o Resultado esperado e o Resultado alcançado pelos alunos. No final dessa primeira rodada, pede-se que os grupos exponham o que levantaram e apenas anotem e comparem os resultados esperado e alcançado, conforme o Quadro 3.

Quadro 3. Programação da primeira rodada (controle do professor)

Objetivo proposto	Resultado esperado	Resultado alcançado
Definir e apresentar o que é a pesquisa qualitativa.	**Extrair** as definições e as referências sobre a pesquisa qualitativa.	ESPAÇO PARA AS OBSERVAÇÕES DO PROFESSOR
Identificar características, formas e abordagens da pesquisa.	**Diferenciar** a pesquisa qualitativa quanto a forma, método e objetivos. **Identificar:** 1. *Estratégias de pesquisa:* a etnografia; a teoria embasada; os estudos de caso; as pesquisas fenomenológicas; e as pesquisas narrativas. 2. *Técnicas:* estudo de caso; pesquisa documental; e a etnografia. 3. *Formas de coleta de dados:* observação, entrevista e a pesquisa bibliográfica.	

Fonte: Elaborado pelos autores (2016).

2. Segunda rodada: detalhamento sobre o tema (Tempo estimado: 30 minutos)

Nesta segunda etapa é proposto aos grupos que apresentem uma pesquisa qualitativa sobre Inovação a partir das estratégias de pesquisa e das formas de coleta de dados. O Quadro 4 serve para controle do professor contendo o Objetivo proposto, o Resultado esperado e o Resultado alcançado pelos alunos. No final desta segunda rodada, os grupos expõem no formato de painel a conclusão sobre o estudo efetuado.

Quadro 4. Programação da segunda rodada (controle do professor)

Objetivo proposto	Resultado esperado	Resultado alcançado
• Verificar quais as estratégias e formas de coleta de dados foram escolhidas pelos grupos no âmbito da pesquisa qualitativa. • Verificar como os grupos relacionam as estratégias e formas de coleta de dados com o tema Inovação.	• Que os Grupos 1 a 6 justifiquem por que adotaram determinada estratégia e coleta de dados. • Que os Grupos 1 a 6 relacionem o tema Inovação com a estratégia e a forma de coleta de dados no âmbito da pesquisa qualitativa.	Grupos 1 a 6: ESPAÇO PARA AS OBSERVAÇÕES DO PROFESSOR

Fonte: Elaborado pelos autores (2016).

3. Avaliação final (Tempo estimado: 30 minutos)

A partir das anotações feitas nos Quadros 1 e 2, o professor debate com os alunos sobre o que foi contemplado ou não em relação à pesquisa qualitativa e como pode ser aplicada no estudo sobre Inovação. A intervenção do professor é no sentido de pontuar e esclarecer os alunos e ocorre no final da segunda etapa, pois assim os discentes terão liberdade para desenvolver e apresentar o que foi estudado.

5. Considerações finais

A técnica visa à participação ativa dos alunos; portanto, o envolvimento deles na sala é um elemento fundamental para que a introdução de um novo tema não se torne uma atividade recreativa, mas um momento de reflexão.

Conforme apresentado neste capítulo, o painel integrado é uma técnica de ensino com foco na dinâmica de grupo. Ela visa proporcionar a interação e a integração dos alunos, mediante o debate acerca de um tema em que são expostos conceitos, ideias e conclusões. Como o enfoque é o trabalho em grupo, aspectos como o comportamento da sala, o momento para aplicação da técnica e, sobretudo, como o docente interage merecem algumas considerações.

A técnica visa à participação ativa dos alunos; portanto, o envolvimento deles na sala é um elemento fundamental para que a introdução de um novo tema não se torne uma atividade recreativa, mas um momento de reflexão. Nesse sentido, o comportamento e a maturidade da sala devem ser considerados pelo docente, pois ambos os fatores podem levar ao melhor aproveitamento da técnica.

A percepção que se tem da turma, ou seja, como a sala se comporta, remete ao momento da aplicação da técnica. Como o painel integrado conta com o envolvimento dos grupos e privilegia o debate, cabe ao docente condicionar os alunos em relação ao conteúdo proposto e esclarecer que o tema, embora seja novo, faz parte de um contexto trabalhado em sala, sendo esse o momento de avançar na aprendizagem por meio da troca de ideias.

E, considerando que a estratégia do docente é a de promover a discussão dos grupos, tornando o aluno um agente ativo, a interação do professor é essencial antes mesmo de ele propor a técnica. Se o docente se coloca em uma posição centralizadora, com pouca abertura às novas ideias ou propostas, a técnica, seguramente, será utilizada de forma mecânica e não atingirá o objetivo pretendido. A interação/integração é parte da técnica e, apesar de ser voltada para o aluno, o professor é quem conduz a aula e faz as intervenções que julgar adequadas, respeitando sempre as ideias que forem sendo geradas pelos grupos.

> *Considerando que a estratégia do docente é a de promover a discussão dos grupos, tornando o aluno um agente ativo, a interação do professor é essencial antes mesmo de ele propor a técnica.*

15 Prática de campo: desenvolvendo uma atitude científica nos estudantes

NÁLBIA DE ARAÚJO SANTOS

Ensinar não é transferir conhecimento, mas criar as possibilidades para a sua própria produção ou a sua construção.

PAULO FREIRE

1. Introdução

Haveria um senso comum sobre ver "ao vivo" aquilo que se quer estudar, pois a situação de ir a campo, sair da sala de aula para buscar as informações sobre o tema estudado, motivaria a aprendizagem dos estudantes.[1] A realização de atividades pedagógicas fora da sala de aula convencional é possível em qualquer fase escolar dos indivíduos. A visita a museus, sítios arqueológicos, dentre outros lugares, são alguns exemplos de atividades extraclasse que podem ser desenvolvidas na educação fundamental e no ensino médio.

Na educação superior, também é possível aplicar o trabalho de campo como estratégia de ensino. A observação da formação rochosa de uma área territorial, por exemplo, é interessante para o curso de Geografia; ainda, a pesquisa junto ao acervo de um museu pode contribuir para a formação do estudante de História. Assim, é comum considerar o emprego de atividades de campo no desenvolvimento da aprendizagem em diversos conteúdos, em especial nas áreas de ciências, geografia e história.[2]

Os termos *Education outside the classroom* e *fieldtrip* são empregados na literatura internacional para atividades de campo, as quais **abrangem desde visitas a museus até viagens de estudos mais longas**. A atividade de campo também é conhecida na literatura como "excursão, saída, visita, trabalho de campo, atividade de campo, estudo de campo, estudo do meio e viagem de estudo".[3]

Os **termos trabalho de campo, aula de campo e prática de campo** também são utilizados como sinônimo de atividade de campo.[4] O termo **prática de campo**, por exemplo, é utilizado na Portaria 078/2010 da Pró-Reitoria de Ensino de Graduação da Universidade Federal do Amazonas. Essa Portaria define a prática de campo como atividade pedagógica desenvolvida fora da sala de aula e regulamenta seu emprego em disciplinas dos cursos de graduação.[5] Optou-se por se utilizar o termo atividade de campo em sua pesquisa, tendo em vista as diversas formas de tarefas a serem realizadas pelos estudantes fora do ambiente da sala de aula tradicional. Desse modo, não restringe a atividade de campo às viagens ou excursões, mas amplia o escopo dessa estratégia.[6]

> A Portaria 078/2010 define a prática de campo como atividade pedagógica desenvolvida fora da sala de aula e regulamenta seu emprego em disciplinas dos cursos de graduação.

Ainda, define-se atividade de campo como o trabalho acadêmico que requer o deslocamento do estudante "para um ambiente alheio aos espaços contidos na escola".[7] Ademais, a "atividade de campo em ciências é um estudo *in loco* de uma realidade extraclasse".[8] Por conseguinte, a atividade de campo engloba o uso dos sentidos humanos para captar e apreender informações do ambiente visitado, considerando também o conhecimento previamente adquirido pelo estudante (seja por experiência própria ou por outras fontes, como: bibliografia, aulas, palestras ou falas interpretativas). Essa definição amplia as possibilidades de aplicação da atividade de campo em diversos conteúdos e contextos.

Adota-se o termo *prática de campo* no contexto do ensino agrícola, definindo-o como uma atividade didática que coloca o estudante em contato direto com a realidade.[9] Essa atividade tem o objetivo de estimular os estudantes a conhecer e a resolver diversos e diferentes problemas

> *Define-se atividade de campo como o trabalho acadêmico que requer o deslocamento do estudante "para um ambiente alheio aos espaços contidos na escola"; "atividade de campo em ciências é um estudo in loco de uma realidade extraclasse". A atividade de campo engloba o uso dos sentidos humanos para captar e apreender informações do ambiente visitado, considerando também o conhecimento previamente adquirido pelo estudante.*

que possam se apresentar diariamente nos trabalhos de campo. A ideia principal da prática de campo é fazer com que o discente vivencie e aprenda, praticando.[10]

Assim, quando o aluno vivencia algo, ele será capaz de examinar e identificar características do assunto estudado e, por conseguinte, aprender de modo mais seguro e efetivo.[11] Embora utilizem-se os termos *prática de campo* e *trabalho de campo* no contexto do ensino agrícola, a aplicação dessa metodologia é ampla, podendo também ser utilizada em outras áreas de ensino, conforme aponta outro estudo.[12]

Sugere-se a adoção da prática de campo no processo de ensino-aprendizagem, a fim de estimular a atitude científica nos estudantes do ensino superior.[13] A definição de prática de campo

> *A ideia principal da prática de campo é fazer com que o discente vivencie e aprenda, praticando.*

será adotada neste capítulo, visto que essa é uma atividade didático-pedagógica que pode ser empregada no contexto dos cursos de Ciências Contábeis, bem como nos demais cursos da área de negócios.

Ao optar por realizar a prática de campo, o professor visa fomentar atitudes científicas nos estudantes, na medida em que o foco dessa metodologia está na resolução de problemas. Na opinião dos autores, é necessário despertar nos discentes a curiosidade, além de buscar desenvolver neles a objetividade, a observação, a criatividade, a capacidade de análise crítica, preparando-os para a solução de problemas de modo sistemático.

Outro ponto relevante é que a adoção da prática de campo pode promover uma aprendizagem ativa na medida em que esse método centra-se no estudante. Esse método encoraja o aluno a executar atividades relacionadas aos assuntos estudados, ao mesmo tempo em que desenvolve seu pensamento crítico a respeito do que está sendo executado.

Diante desse contexto, este capítulo apresentará, posteriormente, modelos de orientações para alguns conteúdos da área de Ciências Contábeis, bem como para a área de negócios, com o intuito de serem utilizados por seus docentes.

2. Objetivos educacionais propostos pela prática de campo

São os professores os responsáveis por escolher as atividades de ensino e as estratégias didáticas apropriadas "aos objetivos educacionais, aos conteúdos de matéria e aos alunos".[14] Para definir os objetivos educacionais da prática de campo, é preciso considerar o tipo de conteúdo, as habilidades intelectuais a serem fomentadas e as limitações no uso da técnica.

Ao vincular a aplicação da prática de campo ao desenvolvimento de um determinado conteúdo, o professor visa não só aprofundar, mas também reforçar o aprendizado dos alunos acerca de conceitos específicos, fundamentais para a formação desses futuros profissionais. O emprego da técnica em si tem por objetivo desenvolver habilidades intelectuais como, por exemplo, o raciocínio lógico e quantitativo, o senso crítico etc. A identificação das limitações no uso da estratégia pode auxiliar o professor na definição dos objetivos educacionais exequíveis, visto que certas limitações podem inviabilizar a adoção da prática de campo. Exemplo disso é a inexistência de infraestrutura para a aplicação da prática de campo na instituição onde o professor trabalha.

A experiência prévia do estudante deve ser considerada ao se definirem os objetivos educacionais, visto que é necessário ponderar se o estudante será capaz de utilizá-la para desenvolver determinadas habilidades intelectuais. A ausência dessa experiência pode dificultar a realização da prática de campo, e isso pode ser atenuado com o cumprimento de objetivos educacionais vinculados ao conhecimento e pelo auxílio do professor, por intermédio de suas orientações.

Antes de descrever possíveis objetivos educacionais, apresenta-se a Figura 1; ela representa cada etapa de aplicação da prática de campo.[15]

Essa estrutura de aplicação da prática de campo permite desenvolver um raciocínio dedutivo, pois, inicialmente, o estudante é incentivado a observar e a perceber a realidade que o cerca.[16] De modo geral, o estudante coletará as informações necessárias para o entendimento do problema e, por conseguinte, buscará meios para solucioná-lo.[17] Recomenda-se que, ao longo das etapas de aplicação da técnica, o professor comporte-se como facilitador e orientador junto aos estudantes.[18] Tal postura atenuará possíveis dificuldades que possam surgir ao longo do processo. Além disso, o docente deve ainda ficar atento ao direcionamento da prática de

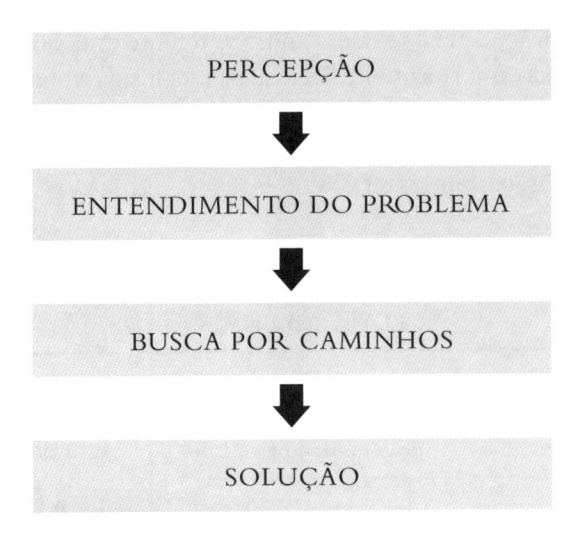

Fonte: Adaptada de Vasconcelos (2002).[19]

Figura 1. Prática de campo: estrutura de aplicação

campo. E é por isso que a elaboração de um roteiro ou de um "Manual de Prática de Campo" é tão relevante para o sucesso da aplicação dessa estratégia.[20]

Para a aplicação da prática de campo, é preciso colocar o estudante em contato direto com a realidade.[21] Nesse sentido, o objetivo da prática de campo não se limita a aproximar o estudante de situações reais. Mais do que isso, essa estratégia visa despertar no aluno a análise, a reflexão, bem como o senso crítico acerca daquilo que está sendo observado, para que, assim, soluções possam ser propostas. Consoante com isso, de maneira geral, os objetivos educacionais pretendidos com a técnica são: percepção da realidade, descrição de situações, busca por conhecimento e informação, dentre outros.

> *Essa estrutura de aplicação da prática de campo permite desenvolver um raciocínio dedutivo, pois, inicialmente, o estudante é incentivado a observar e a perceber a realidade que o cerca.*

Após a etapa de observação (percepção), espera-se que o aluno seja capaz de identificar e compreender os problemas encontrados, com base na leitura feita da realidade. Para auxiliar o estudante a cumprir esse objetivo, é preciso utilizar as principais convenções, teorias, conceitos e métodos úteis para a compreensão dos problemas identificados. Nessa etapa, deve-se considerar a experiência, bem como o conhecimento prévio do estudante e do professor acerca da temática estudada. A fase da busca por caminhos para a resolução do problema requer que o estudante desenvolva raciocínio lógico para encontrar as respostas. Esse processo requer estabelecer objetivos educacionais que indiquem os passos para resolver o problema detectado.

Na etapa de solução, espera-se que o aluno apresente uma ou mais soluções para o problema observado anteriormente. Essa etapa está ligada a objetivos educacionais de avaliação da solução proposta pelo estudante, sendo importante, assim, estabelecer e apresentar os critérios de avaliação aos estudantes. A Figura 2 sugere objetivos educacionais de acordo com essas fases.[22]

ETAPAS DA PRÁTICA DE CAMPO	TIPOS DE OBJETIVOS EDUCACIONAIS	EXEMPLO
PERCEPÇÃO ↓	Compreensão da realidade encontrada, da prática ou do fenômeno estudado.	– Identificar, caracterizar e descrever a realidade estudada.
ENTENDIMENTO DO PROBLEMA ↓	Conhecimento e Habilidades Intelectuais.	– Identificar e compreender os problemas específicos encontrados com base na leitura feita da realidade. – Identificar, descrever e utilizar as principais convenções, teorias, conceitos e métodos úteis para compreensão dos problemas específicos identificados.
BUSCA POR CAMINHOS ↓	Compreensão, Análise e Interpretação.	– Compreender e analisar os problemas específicos encontrados, com base na leitura feita da realidade. – Construir, com base nas principais convenções, teorias, conceitos e métodos úteis para a solução dos problemas específicos identificados.
SOLUÇÃO	Avaliação com base em critérios para julgamento.	– Descrever e apresentar a solução encontrada para os problemas específicos identificados.

Fonte: Elaborada pela autora.

Figura 2. Prática de campo: exemplo de objetivos educacionais conforme sua estrutura de aplicação

Após apresentar as etapas propostas para a aplicação da prática de campo, a Figura 3 demonstra um exemplo para a área de Ciências Contábeis, especificamente para a disciplina de Contabilidade de Custos.

Proposição ao aluno: Observar o processo produtivo de uma empresa industrial para identificar quais os gastos realizados na organização. Identificar os padrões de comportamento dos custos mistos (variáveis e fixos).
Custos mistos: matéria-prima, componentes, mão de obra, aluguel.

Comportamento Inicial ou de Entrada *O aluno:*	Comportamento Final ou de Saída *Previsão de respostas do aluno:*
– deverá ser capaz de identificar, caracterizar e descrever um evento econômico relacionado a gastos.	– planejar a atividade proposta.
– deverá estar familiarizado com os conceitos básicos de custos mistos (variáveis e fixos).	– execução da atividade proposta.
– é indicado que o aluno tenha noções básicas a metodologia científica de pesquisa.	– distinguir os gastos classificados como custos. – identificar os padrões de comportamentos dos custos variáveis e fixos.
– deverá manipular informações que lhe permitam realizar a atividade de campo proposta para a área de Contabilidade de Custos.	– classificação dos custos entre variáveis e fixos. – identificar entre os custos mistos o consumo de material e de insumos como custos com comportamento puramente variável. – identificar entre os custos mistos o pagamento de aluguel como custos com comportamento puramente fixo.

Fonte: Elaborada pela autora.

Figura 3. Prática de campo: exemplo de objetivos educacionais definidos operacionalmente

Verifica-se que a coluna que trata do comportamento inicial indica o que se espera do aluno para que os objetivos pretendidos com a estratégia de ensino possam ser alcançados.[23] A outra coluna refere-se ao comportamento esperado do estudante após ser concluída a atividade. Como no exemplo da Figura 3, os comportamentos finais esperados seriam evidências de que o estudante é capaz de definir e distinguir custos variáveis e fixos.

3. Descrição dos conteúdos (assuntos) e tipo de aprendizagem

A aplicação da prática de campo, enquanto estratégia de ensino, é mais apropriada para os conteúdos de natureza essencialmente prática, tendo em vista que o seu processo de ensino-aprendizagem busca colocar o estudante em contato com a realidade para estimulá-lo a observar, conhecer e resolver os diferentes problemas que se apresentam na realidade.[24]

Na área de negócios, existem inúmeras realidades ou cenários a serem observados no contexto das organizações. Esses cenários podem servir de objeto para a prática de campo, na medida em que podem ser desenvolvidas a prática contábil e a gestão empresarial, por exemplo. Na área de Ciências Contábeis, a aplicação da prática de campo é indicada, já que seus conteúdos tendem a ter um caráter prático. Nesse curso, existem assuntos de natureza mais prática desde o seu início até o final, distribuídos nas disciplinas de Introdução à Contabilidade, Contabilidade de Custos, Auditoria, Perícia etc.

Nos cursos de Administração, a prática de campo também pode ser empregada nas disciplinas com conteúdo mais técnico, a fim de permitir que o estudante vivencie ou acompanhe a aplicação de determinado assunto no âmbito empresarial. O professor pode optar por aplicar a prática de campo na elaboração do plano de negócios, bem como no *Balanced Scorecard*, no *Search Engine Marketing*, dentre outros tópicos.

No curso de Economia, essa estratégia de ensino pode ser aplicada nos assuntos fundamentalmente empíricos, de modo a despertar no estudante a observação e a curiosidade. Os contextos que podem empregar a prática de campo são os seguintes: o uso de indicadores concorrenciais para avaliar o nível de concentração de um mercado consumidor, análise do preço pago nos itens da cesta básica familiar, análise da demanda e oferta de produtos ou serviços de uma determinada atividade, dentre outros.

Para a aplicação da prática de campo, o professor pode usufruir da infraestrutura existente na instituição, utilizando, por exemplo, laboratórios de aula prática. No caso da área de negócios, esses laboratórios devem permitir que o aluno vivencie, ainda que de maneira fictícia e parcial, a realidade de uma empresa. Um exemplo de aplicação da atividade de campo como estratégia de ensino são os campos experimentais destinados ao plantio e produção de culturas, os quais servem de palco para as aulas de prática dos alunos do curso de Agronomia.

Além dos laboratórios, também é indicado que a atividade de campo seja aplicada fora dos espaços formais ou institucionais, por meio de visitas a museus, florestas, empresas etc., a depender da área que se estuda.[25] Nesse sentido, na área de negócios, é possível realizar Visitas Técnicas a empresas, escritórios de consultoria e assessoria contábil, organizações, dentre outros. A decisão sobre utilizar ou não um espaço tradicional para a aplicação da prática de campo cabe ao professor. Ela depende das normas institucionais, dos objetivos de aprendizagem propostos, das características da disciplina e do conteúdo.

Outra forma de aplicar a estratégia da prática de campo é utilizando a experiência pessoal e profissional do estudante. O aluno pode dividir com os demais colegas sua rotina de trabalho, os problemas por ele enfrentados etc. Entretanto, o professor deve orientar o estudante quanto às questões éticas, no que se refere ao uso de informações que possam ser consideradas sigilosas pela empresa onde ele trabalha. Com base nisso, o professor pode solicitar

> *Alguns aspectos que podem ser citados são: incentivo à participação e o envolvimento dos alunos, em detrimento da passividade de mero ouvinte; a ênfase na transmissão de conhecimento; a busca pelo desenvolvimento das habilidades cognitivas de análise, síntese e de avaliação; motivação dos discentes por meio de atividades de leitura, discussão e escrita; o foco no estímulo dos estudantes quanto à exposição de suas crenças e valores.*

aos alunos que não identifiquem a empresa ou, ainda, esclarecer sobre o termo de autorização escrito, o qual deve ser assinado pelo responsável da organização, a fim de permitir a divulgação de informações sobre a mesma.

A prática de campo pode ser considerada como voltada à aprendizagem ativa, visto que essa atividade de ensino "envolve os estudantes em fazer uma tarefa e a pensar sobre o que eles estão fazendo".[26] Assim, alguns aspectos estão relacionados ao uso de estratégias de ensino como meios de promoção da aprendizagem ativa. Alguns aspectos que podem ser citados são: incentivo à participação e o envolvimento dos alunos, em detrimento da passividade de mero ouvinte; a ênfase na transmissão de conhecimento; a busca pelo desenvolvimento das habilidades cognitivas de análise, síntese e de avaliação; motivação dos discentes por meio de atividades de leitura, discussão e escrita; o foco no estímulo dos estudantes quanto à exposição de suas crenças e valores.[27]

A prática de campo também pode estar associada à aprendizagem colaborativa, caso o professor opte por aplicar a atividade em grupo. A aprendizagem colaborativa refere-se a qualquer método de ensino que requer dos alunos a realização de atividades em conjunto, por meio de pequenos grupos, a fim de atingir um objetivo comum.[28] Nesse sentido, a aprendizagem colaborativa engloba todos os métodos de ensino voltados para grupos, incluindo a aprendizagem cooperativa.[29]

A aprendizagem cooperativa consiste numa forma estruturada de o grupo trabalhar, de modo que os estudantes

> *A aprendizagem colaborativa refere-se a qualquer método de ensino que requer dos alunos a realização de atividades em conjunto, por meio de pequenos grupos, a fim de atingir um objetivo comum. Engloba todos os métodos de ensino voltados para grupos, incluindo a aprendizagem cooperativa.*

> *A aprendizagem cooperativa consiste numa forma estruturada de o grupo trabalhar, de modo que os estudantes busquem objetivos comuns ao serem avaliados individualmente. Ela incorpora os seguintes princípios: a responsabilidade individual, a interdependência mútua, a interação face a face entre os participantes, a prática adequada de habilidades interpessoais e a autoavaliação como meio de regular o adequado funcionamento da equipe.*

busquem objetivos comuns ao serem avaliados individualmente.[30] Aponta-se que existem diferentes modelos de aprendizagem cooperativa, mas a ideia central da mesma é a realização de atividades em grupos com foco e incentivo na cooperação entre os membros. O modelo de aprendizagem cooperativa incorpora os seguintes princípios: a responsabilidade individual, a interdependência mútua, a interação face a face entre os participantes, a prática adequada de habilidades interpessoais e a autoavaliação como meio de regular o adequado funcionamento da equipe.[31]

Com base nesse contexto, pode-se afirmar que a prática de campo, se realizada em grupos de estudantes, pode ser vinculada à aprendizagem cooperativa.

4. Aplicação prática do método

Recomenda-se que os professores elaborem um "Manual de Práticas de Campo", a fim de orientar o estudante sobre como realizar a prática.[32] Esse Manual deve ser claro e objetivo. As orientações estabelecidas pelos professores devem ter como intuito tornar a realização da atividade motivadora e interessante, incentivando a observação e a iniciativa por parte do estudante. Sugere-se que essas orientações devam conduzir o aluno na coleta e transcrição de informações, de modo a facilitar a resolução de um ou mais problemas.[33] Ressalta-se a importância da qualidade das informações contidas no manual de aplicação da prática de campo, destacando que as mesmas devem atender às etapas descritas na Figura 1 (apresentada anteriormente), a qual trata da estrutura de aplicação da prática de campo.[34]

Elaborou-se e sugeriu-se um guia de prática de campo a ser aplicado na disciplina de Auditoria, com foco no tema "Controle Interno".[35] A Figura 4 apresenta o modelo proposto.[36]

As primeiras orientações indicadas, conforme a Figura 4, são para atender às etapas de percepção e entendimento do problema.[37] O segundo item é voltado para o alcance de caminhos que levem às respostas e soluções, tomando como base as informações coletadas na primeira parte. Conforme indicação expressa no cabeçalho da Figura 4,[38] é recomendável que a prática de campo seja realizada individualmente. Entretanto, nada impede que a estratégia seja executada por grupos menores, compostos por três a cinco alunos. A formação de grupos de trabalho pode, inclusive,

CABEÇALHO	
PRÁTICA DE CAMPO NÚMERO_____	
ALUNO:_____	DATA:_____/_____/_____.
DISCIPLINA: Auditoria	
FOCO: controle interno	
ORIENTAÇÕES AO ESTUDANTE PARA APLICAÇÃO DA PRÁTICA DE CAMPO	

Orientações para realização da Prática de Campo	Objetivos
1. Anote as seguintes condições: 1.1 organograma da empresa; 1.2 trajeto da informação; 1.3 tipos de relatórios gerenciais; 1.4 controles existentes/procedimentos.	Contato inicial com a realidade: identificação e compreensão do ambiente.
2. Examine os controles internos e relacione: 2.1 trajeto da informação; 2.2 lacunas do controle interno adotado; 2.3 recomendações e explicações.	Leitura da realidade: desenvolvimento de raciocínios na busca pela solução de problemas e, consequentemente, um pensamento divergente. Busca por formas alternativas para se atingir um estado de eficácia sobre o objeto de estudo.

Fonte: Adaptada de Vasconcelos (2002, p. 53).[39]

Figura 4. Exemplo de prática de campo para a disciplina de Auditoria

auxiliar na superação das restrições quanto à infraestrutura, bem como nas possíveis dificuldades que os estudantes possam vir a enfrentar com a aplicação dessa técnica.

Outro exemplo de orientação para a aplicação da prática de campo pode ser utilizado na disciplina de Contabilidade de Custos ao tratar de Custos para Controle, como mostra a Figura 5, a seguir. Sua principal finalidade é identificar, no ambiente organizacional, os conceitos fundamentais de custos para controle, já previamente discutidos em sala de aula. O professor pode sugerir ao estudante buscar uma empresa real, de preferência que atue no ramo de transformação ou de serviço, de modo que o aluno possa acompanhar um departamento ou área para cumprir as orientações descritas. A atividade também pode propor que esses conceitos sejam aplicados no contexto das finanças pessoais dos estudantes. Entretanto, é preciso fazer algumas adaptações nas recomendações apresentadas na Figura 5.

CABEÇALHO	
PRÁTICA DE CAMPO NÚMERO_____	
ALUNO:_____ DATA:_____/_____/_____.	
DISCIPLINA: Contabilidade de Custos	
FOCO: custo para controle	
ORIENTAÇÕES AO ESTUDANTE PARA APLICAÇÃO DA PRÁTICA DE CAMPO	
Orientações para realização da Prática de Campo	**Objetivos**
1. Anote as seguintes condições: 1.1 organograma da empresa; 1.2 os custos de acordo com a sua natureza (ex.: salários, energia elétrica), classificando-os em: diretos, indiretos, controláveis ou não controláveis para um determinado período.	Contato inicial com a realidade: observação e compreensão do ambiente para definir qual departamento da organização será objeto de estudo.
2. Examine os dados obtidos e busque: 2.1 fazer estimativas dos custos com base em períodos anteriores; 2.2 comparar os custos estimados com os realizados e calcular as variações em valor total e unitário, percentual total e unitário, determinando a situação como favorável ou desfavorável; 2.3 verificar os fatores que causaram as situações desfavoráveis; 2.4 apresentar relatório.	Leitura da realidade: desenvolvimento de raciocínios para analisar e comparar os custos estimados com os realizados. Identificar se houve ou não diferenças entre os custos realizados e estimados. Usar as anotações para explicar quais são os fatores que causaram as diferenças entre os custos realizados e estimados.

Fonte: Elaborada pela autora.

Figura 5. Exemplo de prática de campo para a disciplina de Contabilidade de Custos – Custo para Controle

A ideia central ao apresentar esses exemplos de guias de prática de campo é inspirar os professores da área de negócios, de modo que eles desenvolvam seus próprios guias, conforme o contexto de suas disciplinas.

5. Considerações finais

A prática de campo é apresentada como uma alternativa de *Education outside the classroom*, também conhecida como atividade de campo. É proposta como uma estratégia no processo de ensino-aprendizagem para estimular a atitude científica dos estudantes, no contexto do curso de engenharia agrícola.[40] Entretanto, tem sido sugerido seu uso na área de Ciências Contábeis.[41] A prática de campo apresenta as seguintes vantagens:

> Coloca o aluno em contato com a realidade/Mercado; proporciona uma aprendizagem significativa; permite, por meio da vivência, conhecer e elaborar soluções de problemas do cotidiano; desperta no aluno a importância da observação no entendimento dos fatos; identifica nichos do mercado profissional; permite a construção de conceitos mais claros e próximos da realidade; estimula a inventividade e o gosto pela leitura; desenvolve a iniciativa pessoal e a integração no grupo de trabalho; por fim, motiva e descontrai. A quebra da rotina e a expectativa natural do primeiro contato com uma realidade de Mercado já constituem um potente instrumento de motivação, posto que predispõem a mente do aluno para a reflexão acerca de novas ideias sem as barreiras psicológicas provadas pela preconcepção.[42]

Todavia, é preciso programar a realização da prática de campo para que os estudantes sejam incentivados a se envolver no processo de aprendizagem. Nesse sentido, o guia de prática de campo elaborado pelo professor auxilia com orientações de tarefas a serem executadas pelos alunos. Contudo, esse guia precisa ser formulado de forma adequada para que estimule o estudante a refletir sobre o sentido das tarefas realizadas.[43] Nesse sentido, exemplos de guia de prática de campo foram apresentados para despertar nos professores o interesse pela adoção de uma nova estratégia no ensino de suas disciplinas.

Além do guia, a aplicação da prática de campo demanda uma infraestrutura adequada nas instituições, de modo a permitir que os estudantes tenham contato com a realidade do "mundo empresarial". Na ausência de uma infraestrutura adequada, o professor pode optar por visitas técnicas, buscar parcerias com empresas ou mesmo aproveitar a experiência profissional do estudante, considerando o objetivo educacional pretendido e o conteúdo a ser aprendido. Por fim, ressalta-se que o papel do professor para o sucesso da aplicação da prática de campo é fundamental, visto que seu comportamento como facilitador e orientador é imprescindível para que o estudante realize a tarefa de maneira adequada.

> *Além do guia, a aplicação da prática de campo demanda uma infraestrutura adequada nas instituições, de modo a permitir que os estudantes tenham contato com a realidade do "mundo empresarial". Na ausência de uma infraestrutura adequada, o professor pode optar por visitas técnicas.*

Referências

Capítulo 1

[1] FREIRE, P. *Pedagogia da esperança*: um reencontro com a pedagogia do oprimido. Rio de Janeiro: Paz e Terra, 1992.

[2] GONÇALVES, Y. P. *Ensinantes aprendizes*: bacharéis na prática da docência. Curitiba: Editora CRV, 2010.

[3] FREIRE, P. *Conscientização*: teoria e prática da libertação, uma introdução ao pensamento de Freire. São Paulo: Cortez & Moraes, 1979.

[4] FREIRE, P. *Extensão ou comunicação?* 3. ed. Rio de Janeiro: Paz e Terra, 1971.

[5] PIMENTA, S. G.; ANASTASIOU, L. G. C. *Docência no ensino superior*. São Paulo: Cortez, 2002. (Coleção Docência em Formação.)

[6] VASCONCELLOS, C. S. Metodologia dialética em sala de aula. *AEC*, v. 21, n. 83, abr./jun. 1995.

[7] RONCA, P. A. C.; TERZI, C. A. *A aula operatória e a construção do conhecimento*. São Paulo: Editora do Instituto Esplan, 1995.

[8] RONCA; TERZI. Op. cit.

[9] ARROYO, M. G. *Imagens quebradas*: trajetórias e tempos de alunos e mestres. Petrópolis: Vozes, 2004.

[10] ANASTASIOU, L. G. C. Avaliação, ensino e aprendizagem: anotações para ações em currículo com matriz integrativa... In: ENCONTRO NACIONAL DE DIDÁTICA E PRÁTICA DE ENSINO (ENDIPE), 8, 2006, Recife. *Anais...* Recife, UFOE, 1996.

[11] ANASTASIOU, L. G. C.; ALVES, L. P. (Orgs.). *Processos de ensinagem na universidade*: pressupostos para as estratégias de trabalho em aula. 8. ed. Joinville: UNIVILLE, 2009.

[12] FREIRE, P. *Pedagogia do oprimido*. Rio de Janeiro: Paz e Terra, 1974.

[13] STRECK, D. R.; REDIN, E.; ZITKOSKI, J. J. (Orgs.). *Dicionário Paulo Freire*. Belo Horizonte: Autêntica Editora, 2008.

[14] STRECK; REDIN; ZITKOSKI. Op. cit.

[15] STRECK; REDIN; ZITKOSKI. Op. cit.

[16] STRECK; REDIN; ZITKOSKI. Op. cit.

[17] STRECK; REDIN; ZITKOSKI. Op. cit.

[18] STRECK; REDIN; ZITKOSKI. Op. cit.

[19] STRECK; REDIN; ZITKOSKI. Op. cit.

20 STRECK; REDIN; ZITKOSKI. Op. cit.

21 MASETTO, M. T. *Didática*: a aula como centro. São Paulo: FTD, 1997.

22 MASETTO, M. T. Op. cit.

23 FREIRE, P. *Pedagogia da autonomia*: saberes necessários à prática educativa. 29. ed. São Paulo: Paz e Terra, 2004.

Capítulo 2

1 AGUIAR, G. de F.; PEINADO, J.; AGUIAR, B. de C. X. C. Estudo de visitas técnicas a empresas como processo de ensino e aprendizagem. In: CONGRESSO BRASILEIRO DE ENSINO DE ENGENHARIA, 37, 2009, Recife. *Anais...* Recife, 2009.

2 ARAUJO, G. D.; QUARESMA, A. G. A interdisciplinaridade, a intersetorialidade, a inter-culturalidade na realização de visitas guiadas na educação básica. CONGRESSO INTERNACIONAL INTERDISCIPLINAR EM CIÊNCIAS SOCIAIS E HUMANIDADES, 2, 2013, Belo Horizonte. *Anais...* Belo Horizonte, 2013.

3 MONEZI, C. A.; ALMEIDA FILHO, C. O. C. de. A visita técnica como recurso metodológico aplicado ao curso de engenharia. CONGRESSO BRASILEIRO DE ENSINO DE ENGENHARIA, 33, 2005. Campina Grande, PB. *Anais...*, Campina Grande, 2005.

4 FREINET, C. *Pedagogia do bom senso*. 7. ed. São Paulo: Martins Fontes, 2004.

5 FIORENSE, M. *A importância da visita técnica como atividade complementar aos conhecimentos teóricos*. Disponível em: <http://creajrpr.wordpress.com/2011/04/12/a-importancia-da-visita-tecnica--comoatividade-complementar-aos-conhecimentos-teoricos/>. Acesso em: 19 out. 2014.

6 LIMA, A. P. de. Visitas técnicas e autoconfrontações: a descoberta da atividade do professor na atividade do aluno. *Veredas on-line* – Matemática – 1/2008, p. 5-21 – PPG Linguística/ UFJF – Juiz de Fora, 2008.

7 MASETTO, M. T. *Competência pedagógica do professor universitário*. São Paulo: Summus, 2003.

8 FIORENSE, M. Op. cit.

9 SILVA, A. de P.; SCHIMIGUEL, J.; ROSETTI JUNIOR, H. Estudo de estratégias para aproximação do relacionamento entre as organizações empresariais e a academia. *Observatorio de la Economía Latinoamericana*, n. 183, 2013. Disponível em:<http://www.eumed.net/cursecon/ ecolat/br/13/organizazoes-empresariais-academia.hmtl>. Acesso em: 19 out. 2014.

10 SIQUEIRA, R. R.; VARGAS, M. A. M. Visita técnica com prática interdisciplinar: olhares curiosos e expectativas dos alunos do ensino médio do IFS-Campus Lagarto-SE. In: FÓRUM IDENTIDADES E ALTERIDADES, 5, 2011 Itabaiana; *Anais eletrônicos...* Itabaiana, 2011. Disponível em: <http://200.17.141.110/forumidentidades/Vforum/textos/Rosana_Rocha_ Siqueira.pdf.> Acesso em: 18 out. 2014.

11 MASETTO, M. T. Op. cit.

12 SCHULZE, T. R. Em busca do humanismo: um olhar sobre a visita técnica nos cursos de turismo a partir da teoria crítica em currículo. *Olhar de Professor*, Ponta Grossa, v. 8, n. 1, p. 51-67, 2005.

13 FREIRE, P. *Pedagogia da autonomia*: saberes necessários à prática educativa. São Paulo: Paz e Terra, 1996.

14 SCHULZE, T. R. Op. cit.

15 PEINADO, J.; GRAEML, A. R. *A percepção da eficácia de um projeto de visitas técnicas às empresas por alunos de engenharia*. Disponível em: <http://demec.ufpr.br/laboratorios/labprod/artigos/ artigo05.pdf>. Acesso em: 20 out. 2014.

16 VELOSO, M. P. *Visita técnica*: disciplina curricular para os cursos de turismo. 2003. 139 p. Monografia (Especialização em Pesquisa e Docência em Turismo e Hospitalidade) – Universidade de Brasília, Brasília, 2003.

17 GIL, A. C. *Métodos e técnicas de pesquisa social*. 5. ed. São Paulo: Atlas, 2006.

18 GIL, A. C. Op. cit.

19 GIL, A. C. Op. cit.

20 GIL, A. C. Op. cit.

21 GIL, A. C. Op. cit.

22 MASETTO, M. T. Op. cit.

23 HAIDT, R. C. C. *Curso de didática geral*. 7. ed. São Paulo: Ática, 2002.

24 MONEZI, C. A.; ALMEIDA FILHO, C. O. C. Op. cit.

25 MONEZI, C. A.; ALMEIDA FILHO, C. O. C. Op. cit.

26 MONEZI, C. A.; ALMEIDA FILHO, C. O. C. Op. cit.

27 CLETO, M. G. *Método proposto para realização da atividade de benchmarling*: uma experiência no setor automotivo. Disponível em: <http://demec.ufpr.br/laboratorios/labprod/artigos/artigo05.pdf>. Acesso em: 20 out. 2014.

28 SIQUEIRA, R. R.; VARGAS, M. A. M. Op. cit.

29 VEIGA, I. A. (Org.). *Técnicas de ensino*: por que não? Campinas: Papirus, 1991.

30 GOMES, F.; MACHADO, F. S.; COSTA, L. L. da; ALVES, B. H. P. Atividades didático-pedagógicas para o ensino de química desenvolvidas pelo Projeto PIBID-IFG. *Atividades Didático-Pedagógicas para o Ensino de Química*, 2014.

31 MONEZI, C. A.; ALMEIDA FILHO, C. O. C. Op. cit.

Capítulo 3

1 LAMPERT, E. O ensino com pesquisa: realidade, desafios e perspectivas na universidade brasileira. *Linhas Críticas*, Brasília, v. 14, n. 26, p. 131-150, jan./jun. 2008.

2 FRANCO, M. A. S. Prática docente universitária e a construção coletiva de conhecimentos: possibilidades de transformações no processo ensino-aprendizagem. *Cadernos de Pedagogia Universitária*. São Paulo: Edusp, v. 10, 2009.

3 GORDON, T. P.; PORTER, J. C. Reading and understanding academic research in accounting: a guide for students, *Global Perspectives on Accounting Education*, v. 6, p. 25-45, 2009.

4 SEVERINO, A. J. Ensino e pesquisa na docência universitária: caminhos para a investigação. *Cadernos de Pedagogia Universitária*. São Paulo: Edusp, v. 3, 2008.

5 FERRAZ, A. P. C. M.; BELHOT, R. V. Taxonomia de Bloom: revisão teórica e apresentação das adequações do instrumento para definição de objetivos instrucionais. *Gest. Prod.*, São Carlos, v. 17, n. 2, p. 421-431, 2010.

6 BLOOM, B. S. *Taxonomía de los objetivos de la educación*: la clasificación de las metas educacionales – manuales I y II. México: Centro Regional de Ayuda Técnica, 1971.

7 PILETTI, C. *Didática geral*. 23. ed. São Paulo: Ática, 2006. 258 p.

8 LAMPERT, E. Op. cit.

9 SEVERINO, A. J. Op. cit.

10 FRANCO, M. A. S. Op. cit.

11 FRANCO, M. A. S. Op. cit.

Capítulo 4

[1] MARQUES, H. R. *Metodologia do ensino superior*. Campo Grande-MS: UCDB, 1999.

[2] MARQUES, H. R. Op. cit.

[3] ABREU, M. C. T. A.; MASETTO, M. T. *O professor universitário em aula*: prática e princípios teóricos. 3. ed. São Paulo: MG Ed. Associados, 1983.

[4] ANASTASIOU, L. G. C.; ALVEZ, L. P. (Orgs.). *Processos de ensinagem na universidade*: pressupostos para as estratégias de trabalho em aula. Joinville: Univille, 2003.

[5] ABREU, M. C. T. A.; MASETTO, M. T. Op. cit.

[6] ANASTASIOU, L. G. C.; ALVEZ, L. P. (Orgs.). Op. cit.

[7] ABREU, M. C. T. A.; MASETTO, M. T. Op. cit.

[8] ABREU, M. C. T. A.; MASETTO, M. T. Op. cit.

[9] ANASTASIOU, L. G. C.; ALVEZ, L. P. (Orgs.). Op. cit.

[10] SALDANHA, L. E. (Coord.). *Planejamento e organização do ensino*: manual programado para o treinamento do professor. 4. ed. Porto Alegre: Globo, 1978.

[11] SALDANHA, L. E. (Coord.). Op. cit.

[12] SALDANHA, L. E. (Coord.). Op. cit.

[13] SALDANHA, L. E. (Coord.). Op. cit.

[14] SALDANHA, L. E. (Coord.). Op. cit.

[15] SALDANHA, L. E. (Coord.). Op. cit.

[16] BORDENAVE, J. D.; PEREIRA, A. M. *Estratégias de ensino-aprendizagem*. Petrópolis: Vozes, 1991.

[17] MARQUES, H. R. Op. cit.

[18] ANASTASIOU, L. G. C.; ALVEZ, L. P. (Orgs.). Op. cit.

[19] AUSUBEL, D. P. *Aquisição e retenção de conhecimentos*: uma perspectiva cognitiva. Lisboa: Platano, 2003.

[20] AUSUBEL, D. P. Op. cit.

[21] ANASTASIOU, L. G. C.; ALVEZ, L. P. (Orgs.). Op. cit.

[22] ANASTASIOU, L. G. C.; ALVEZ, L. P. (Orgs.). *Processos de ensinagem na universidade*: pressupostos para as estratégias de trabalho em aula. Joinville, SC: Univille, 2003.

[23] MARQUES, H. R. Op. cit.

[24] MARQUES, H. R. Op. cit.

Capítulo 5

[1] ARAUJO, J. C. S. Para uma análise das representações sobre as técnicas de ensino. In: VEIGA, I. P. A. (Org.). *Técnicas de ensino*: por que não? Campinas: Papirus, 1991.

[2] CHAUI, M. *Introdução à história da filosofia*. 2. ed. São Paulo: Companhia das Letras, 2002.

[3] REALE, G. *História da filosofia antiga*. São Paulo: Paulus, 1990

[4] KONDER, L. *O que é dialética?* 25. ed. São Paulo: Brasiliense, 1987.

[5] GIL, A. C. *Didática do ensino superior*. São Paulo: Atlas, 2008.

6   MAZZIONI, S. As estratégias utilizadas no processo de ensino-aprendizagem: concepções de alunos e professores de Ciências Contábeis. *Revista Eletrônica de Administração e Turismo*, Recife, v. 2, n. 1, jan./jun. 2013.

7   GODOY, A. S.; WEISS, J. M. G.; BRANDÃO, J. E. A.; CASTRO, J. M.; CUNHA, M. A. V. C.; MOREIRA, D. A. (Orgs.). *Didática do ensino superior*: técnicas e tendências. São Paulo: Pioneira Thompson Learning, 2003.

8   CASTANHO, M. E. Da discussão e do debate nasce a rebeldia. In: VEIGA, I. P. A. (Org.). *Técnicas de ensino*: por que não? 13. ed. São Paulo: Papirus, 1998.

9   CATTANI, A. *Los usos de la retórica*. Madrid: Alianza Ensayo, 2003.

10 CIRLIN, A. *Academic debate and program development for students and teachers around the world*: an introductory textbook, handbook and sourcebook. Isocratic Press, 1999.

11 CASTANHO, M. E. Op. cit.

12 CASTANHO, M. E. Op. cit.

13 PIETRO, G. S. *El debate académico en el aula como herramienta didáctica y evaluativa*. Disponível em: <http://www.guillermoasanchez.com/publicaciones/debate/>. Acesso em: 12 maio 2014.

14 CASTANHO, M. E. Op. cit.

15 MARION, J. C.; MARION, A. L. C. *Metodologias de ensino na área de negócios*: para cursos de administração, gestão, contabilidade e MBA. São Paulo: Atlas, 2006.

16 CASTANHO, M. E. Op. cit.

17 CELESTINO, R. S.; LEAL, T. F. *O debate como técnica de ensino*: interdisciplinaridade e desenvolvimento de habilidades argumentativas. Disponível em: <http://www.ufpe.br/ce/images/Graduacao_pedagogia/pdf/2007.2/o%20debate%20como%20objeto%20de%20ensino%20interdisciplinaridade%20e%20desenvolvimento%20de%20habilidades%20argumentativas.pdf>. Acesso em: 7 set. 2014.

18 MOREIRA, A. F. B. (Org.). *Currículo*: questões atuais. Campinas: Papirus, 1997.

19 MOREIRA, A. F. B. (Org.). Op. cit.

20 CASTANHO, M. E. Op. cit.

21 CELESTINO, R. S.; LEAL, T. F. Op. cit.

22 PIETRO, G. S. Op. cit.

23 CASTANHO, M. E. Op. cit.

24 CASTANHO, M. E. Op. cit.

25 CASTANHO, M. E. Op. cit.

26 CELESTINO, R. S.; LEAL, T. F. Op. cit.

27 BATALHA, M. O. (Coord.). *Gestão agroindustrial*. 3. ed. São Paulo: Atlas, 2008.

28 ZYLBERSZTAJN, D. *A estrutura de governança e coordenação do agribusiness*: uma aplicação da nova economia das instituições. 1995. 238 p. Tese (Livre-Docência) – Faculdade de Economia, Administração e Contabilidade, Universidade de São Paulo, São Paulo, 1995.

29 FARINA, E. M. M. Q.; AZEVEDO, P. F.; SAES, M. S. M. *Competitividade*: mercado, estado e organizações. São Paulo: Singular, 1997.

30 CONSOLARO, A. *O "ser" professor*: a arte e a ciência no ensinar e aprender. 5. ed. Maringá: Dental Press, 2011.

31 ARAÚJO, J. C. S. Op. cit.

Capítulo 6

1   MADEIRA, M. C. *Sou professor universitário*: e agora? São Paulo: Sarvier, 2008.

2   VASCONCELOS, M. L. M. C. *A formação do professor de 3º grau*. São Paulo: Pioneira, 1996. p. 43.

3   BIREAUD, A. *Os métodos pedagógicos no ensino superior*. Porto – Portugal: Porto Editora, 1995. p. 19.

4   CUNHA, M. I. Ensino como mediação do professor universitário. In: MOROSINI, Marilia C. (Org.). *Professor do ensino superior*: docência e formação. 2. ed. Brasília: Plano Editorial, 2001. p. 79-92. p. 80.

5   ZABALA, A. *A prática educativa*: como ensinar. Porto Alegre: ARTMED, 2004.

6   FREIRE, P. *Pedagogia da autonomia*: saberes necessários à prática educativa. 21. ed. São Paulo: Paz e Terra, 1996.

7   IMBERNÓN, F. *A educação no século XXI*: os desafios do futuro imediato. Porto Alegre: Artmed, 2002.

8   LOPES, A. O. Relação de interdependência entre ensino e aprendizagem. In: VEIGA, I. P. A. *Didática*: o ensino e suas relações. São Paulo: Papirus, 2001. p. 105-114.

9   LOPES, A. O. Op. cit. p. 107.

10 LIBÂNEO, J. C. Pedagogia e pedagogos: inquietações e buscas. *Educar*, Editora da UFPR, n. 17, p. 153-176, 2001.

11 SAVIANI, D. *Pedagogia histórico-crítica*: primeiras aproximações. 9. ed. revista e ampliada. Campinas: Autores Associados, 2005.

12 VEIGA, I. P. A. (Org.). *Técnicas de ensino*: por que não? 3. ed. Campinas: Papirus, 1991.

13 SAVIANI, D. Op. cit.

14 LIBÂNEO, J. C. Op. cit.

15 MASETTO, M. T. Técnicas para o desenvolvimento da aprendizagem em aula. In: MASETTO, M. T. *Competência pedagógica do professor universitário*. São Paulo: Summus, 2003. p. 87.

16 MASETTO, M. T. Op. cit.

17 MADEIRA, M. C. Op. cit.

18 FREITAS, V. P.; CARVALHO, R. B.; GOMES, M. J.; FIGUEIREDO, M. C.; SILVA, D. D. F. Mudança no processo ensino-aprendizagem nos cursos de graduação em odontologia com utilização de metodologias ativas de ensino e aprendizagem. *Revista da Faculdade de Odontologia do Rio Grande do Sul*, v. 14, n. 2, p. 163-167, maio/ago. 2009. p. 53.

19 MADEIRA, M. C. Op. cit.

20 VEIGA, I. P. A. Op. cit.

21 VEIGA, I. P. A. Op. cit.

22 BERNARDINO JÚNIOR, R. *Docência universitária*: o cirurgião-dentista no curso de odontologia. Tese defendida no Programa de Pós-Graduação em Educação da Faculdade de Educação da Universidade Federal de Uberlândia em setembro de 2011. Disponível em: <http://www.bdtd.ufu.br/tde_busca/arquivo.php?codArquivo=3732>. Acesso em: 22 dez. 2014.

23 GIL, A. C. *Didática do ensino superior*. São Paulo: Atlas, 2006. p. 172.

24 MAZZIONI, S. As estratégias utilizadas no processo de ensino-aprendizagem: concepções de alunos e professores de ciencias contábeis. *Revista Eletrônica de Administração e Turismo*, v. 2, n. 1, p. 93-109, jan./jul. 2013.

25 MARQUES, M. O. *Educação/interlocução, aprendizagem/reconstrução de saberes*. Ijuí: Editora UNIJUÍ, 1996. p. 112.

26 MASETTO, M. T. Op. cit. p. 120.

27 HENRIQUE, D. C.; CUNHA, S. K. Práticas didático-pedagógicas no ensino de empreendedorismo em cursos de graduação e pós-graduação nacionais e internacionais. *Revista de Administração Mackenzie*, São Paulo, v. 9, n. 5, p. 1-14, 2008.

28 GARAVAN, T. N.; O'CINNEIDE, B. Entrepreneurship education and training programmes: a review ans evaliation part 1. *Journal of European Industrial Training*, v. 18, n. 8, p. 3-12, Editora MCB UP Ltd., 1994.

29 PRADO, C.; PEREIRA, I. M.; FUGULIN, F. M. T.; PERES, H. H. C.; CASTILHO, V. Seminários na perspectiva dialética: experiência na disciplina de Administração em Enfermagem. *Acta Paulista de Enfermagem*, São Paulo, v. 24, n. 4, p. 1-5, 2011. p. 5.

30 DELORS, J. *Educação, um tesouro a descobrir*. Relatório para a UNESCO da Comissão Internacional sobre Educação para o século XXI. 10. ed. São Paulo: Cortez, 2001. p. 86.

31 DELORS, J. Op. cit. p. 98.

32 KRASILCHIK, M. Docência no ensino superior: tensões e mudanças. In: PIMENTA, S. G.; ALMEIDA, M. I. (Orgs.). *Pedagogia universitária*. São Paulo, EDUSP, 2009. p. 153.

Capítulo 7

1 LIBÂNEO, J. C. *Didática*. São Paulo: Cortez, 1994.

2 NÉRICI, I. *Metodologia do ensino*: uma introdução. 4. ed. São Paulo: Atlas, 1992.

3 NÉRICI, I. G. Op. cit. p. 162.

4 VEIGA, I. P. A. (Org.). *Técnicas de ensino*: por que não? Campinas, São Paulo: Papirus, 2001.

5 VEIGA, I. P. A. Op. cit.

6 PILETTI, C. *Didática geral*. São Paulo: Ática, 2004.

7 NÉRICI, I. G. *Didática do ensino superior*. São Paulo: IBRASA, 1993.

8 LIBÂNEO, J. C. Op. cit.

9 VEIGA, I. P. A. Op. cit.

10 VEIGA, I. P. A. Op. cit.

11 VEIGA, I. P. A. Op. cit. p. 68.

12 VEIGA, I. P. A. Op. cit.

13 VEIGA, I. P. A. Op. cit.

14 VEIGA, I. P. A. Op. cit.

15 VEIGA, I. P. A. Op. cit.

16 VEIGA, I. P. A. Op. cit.

17 ORLANDI, E. P. *A linguagem e seu funcionamento*: as formas do discurso. São Paulo: Brasiliense, 1983.

18 VEIGA, I. P. A. Op. cit.

19 LIBÂNEO, J. C. Op. cit.

20 NÉRICI, I. G. Op. cit.

21 PILETTI, C. Op. cit.

22 ZABALA, A. A prática educativa. *Revista Brasileira de Ciências do Esporte*, Campinas, v. 23, n. 2, p. 195-205, 2002.

23 ZABALA, A. Op. cit.

24 ZABALA, A. Op. cit.

25 ZABALA, A. Op. cit.

26 ZABALA, A. Op. cit.

27 ZABALA, A. Op. cit.

28 VEIGA, I. P. A. Op. cit. p. 74.

29 VEIGA, I. P. A. Op. cit. p. 74.

30 SANT'ANNA, I. M.; MENEGOLLA, M. *Didática*: aprender a ensinar. São Paulo: Loyola, 2002.

31 SANT'ANNA, I. M.; MENEGOLLA, M. Op. cit.

32 SANT'ANNA, I. M.; MENEGOLLA, M. Op. cit.

33 NÉRICI, I. G. Op. cit.

34 NÉRICI, I. G. Op. cit.

35 NÉRICI, I. G. Op. cit.

36 VEIGA, I. P. A. Op. cit.

37 VEIGA, I. P. A. Op. cit.

38 SANT'ANNA, I. M.; MENEGOLLA, M. Op. cit.

39 SANT'ANNA, I. M.; MENEGOLLA, M. Op. cit.

40 NÉRICI, I. G. Op. cit.

41 CANDAU, V. M. Interculturalidade e educação escolar. ENCONTRO NACIONAL DE DIDÁTICA E PRÁTICA DE ENSINO. Águas de Lindoia, 1998.

42 LIBÂNEO, J. C. Op. cit.

43 LIBÂNEO, J. C. Op. cit.

44 NÉRICI, I. G. Op. cit.

Capítulo 8

1 MENEZES, M. A. A. Do método do caso ao *case*: a trajetória de uma ferramenta pedagógica. *Educação e Pesquisa*, São Paulo, v. 35, n. 1, p. 131, jan./abr. 2009.

2 ERSKINE, J. A.; LEENDERS, M. R.; MAUFFETTE-LEENDERS, L. A. *Teaching with cases*. Ontario: University of Western Ontario, 1981. p. 10.

3 ERSKINE; LEENDERS; MAUFFETTE-LEENDERS. Op. Cit.

4 MADUREIRA, N. L.; SUCCAR JUNIOR, F.; GOMES, J. S. Estudo sobre os métodos de ensino utilizados nos cursos de Ciências Contábeis e Administração da Universidade Estadual do Rio de Janeiro (UERJ): a percepção de docentes e discentes. *RIC – Revista de Informação Contábil*, Recife – Brasil, v. 5, n. 2, p. 43-63, abr./jun. 2011.

5 MARTINS, A. F. M. A. *Adequação de estratégias de ensino-aprendizagem numa turma reduzida*: estudo de caso. Universidade de Lisboa, Instituto de Educação, set. 2011.

6 MENEZES, M. A. A. Op. cit.

7 MIGLIOLI, S. O método do caso aplicado ao ensino da biblioteconomia: histórico e perspectivas. Encontros Bibli – *Revista Eletrônica de Biblioteconomia e Ciência da Informação*, v. 19, n. 39, p. 1-18, jan./abr. 2014. p. 1.

8   MENEZES, M. A. A. Op. cit.

9   IKEDA, A. A.; VELUDO-DE-OLIVEIRA, T. M.; CAMPOMAR, M. C. A. O método do caso no ensino de Marketing. *RAC – Revista de Administração Contemporânea*, v. 1, n. 3, art. 4, p. 52-68, set./dez. 2007.

10 IKEDA, A. A.; VELUDO-DE-OLIVEIRA, T. M.; CAMPOMAR, M. C. A. A tipologia do método do caso em Administração: usos e aplicações. *O&S – Organizações & Sociedade*, v. 12, n. 34, jul./ago. 2005.

11 IKEDA, A. A.; VELUDO-DE-OLIVEIRA, T. M.; CAMPOMAR, M. C. A. O caso como estratégia de ensino na área de Administração. *Revista de Administração,* São Paulo, v. 41, n. 2, p. 147-157, abr./maio/jun. 2006. p. 149.

12 MASETTO, M. T. *Competência pedagógica do professor universitário.* São Paulo: Summus, 2003.

13 GRAHAM, A. *Como escrever e usar estudos de caso para ensino e aprendizagem no setor público.* Brasília: ENAP, 2010.

14 GRAHAM, A. Op. cit.

15 GRAHAM, A. Op. cit.

16 GOMES, J. S. *O método de estudo de caso aplicado à gestão de negócios*: textos e casos. São Paulo: Atlas, 2006. p. 23.

17 JAKKA, S. R.; MANTHA, S. R. Case study method of teaching in management education. *Journal of Business Management & Social Sciences Research*, v. 1, n. 3, p. 13-16, 2012.

18 MASETTO, M. T. Op. cit.

19 GOMES, J. S. Op. cit.

20 GRAHAM, A. Op. cit.

21 MIRANDA, R. C. *Avaliação de aprendizado através de casos de ensino em cursos de pós-graduação em negócios.* Rio de Janeiro, 2008. p. 34.

22 SILVA, R. R; BENEGAS, A. A. O uso do estudo do caso como método de ensino na graduação. *Economia & Pesquisa*, v. 12, n. 12, p. 9-31, nov. 2010.

23 CESAR, A. M. R. V. C. Método do estudo de caso (*case studies*) ou método do caso (*teaching cases*)? Uma análise dos dois métodos no ensino e pesquisa em administração. *REMAC – Revista Eletrônica Mackenzie de Casos*, São Paulo – Brasil, v. 1, n. 1, p. 13, 2005.

24 IKEDA, A. A.; VELUDO-DE-OLIVEIRA, T. M.; CAMPOMAR, M. C. A. Op. cit.

25 MIRANDA, R. C. Op. cit.

26 SILVA, R. R.; BENEGAS, A. A. Op. cit.

27 SILVA, R. R.; BENEGAS, A. A. Op. cit.

28 MIGLIOLI, S. Op. cit.

29 MIGLIOLI, S. Op. cit.

30 MIGLIOLI, S. Op. cit.

31 WATSON, S.; SUTTON, J. M. An Examination of the effectiveness of case method Teaching Online. Does the techonology matter? *Journal of Management Education*, v. 36, n. 6, p. 802-821, 2012.

32 SILVA, R. R.; BENEGAS, A. A. Op. cit.

33 MIRANDA, R. C. Op. cit.

34 GIL, A. C. Elaboração de casos para o ensino da Administração. *Revista Contemporânea de Economia e Gestão*, v. 2, n. 2, p. 9, jul./dez. 2004. Disponível em: <www.spell.org.br/documentos/download/21236>. Acesso em: 22 ago. 2014.

35 JAKKA, S. R.; MANTHA, S. R. Op. cit.

36 MIGLIOLI, S. Op. cit.

37 GOMES, J. S. Op. cit.

38 GOMES, J. S. Op. cit.

39 GOMES, J. S. Op. cit.

40 GOMES, J. S. Op. cit.

41 SILVA, R. R.; BENEGAS, A. A. Op. cit.

42 GOMES, J. S. Op. cit.

43 MACHADO, A. G. C.; CALLADO, A. A. C. Precauções na adoção do método de estudo de caso para o ensino de administração sob uma perspectiva epistemológica. *Cadernos EBAPE. BR*, Rio de Janeiro, Número Especial, p. 1-10, 2008.

44 SILVA, R. R.; BENEGAS, A. A. Op. cit.

45 IKEDA, A. A.; VELUDO-DE-OLIVEIRA, T. M.; CAMPOMAR, M. C. A. Op. cit.

Capítulo 9

1 LOBOSCO, I. F. *Caso-problema no ensino de contabilidade introdutória*: um estudo da percepção dos alunos do curso de graduação quanto à sua aplicabilidade no desenvolvimento de competências e habilidades. São Paulo, 2007. Dissertação (Mestrado em Ciências Contábeis) – Fundação Escola de Comércio Álvares Penteado – FECAP, 2007.

2 LOBOSCO, I. F. Op. cit. p. 54.

3 SCHMIDT, H. G. Problem-based learning: rationale and description. *Medical Education*, Limburg, v. 17, n. 11-16, 1983; SOARES, M. A.; ARAÚJO, A. M. P. Aplicação do método de ensino Problem-Based Learning (PBL) no curso de Ciências Contábeis: um estudo empírico. In: CONGRESSO DA ASSOCIAÇÃO NACIONAL DOS PROGRAMAS DE PÓS-GRADUAÇÃO EM CIÊNCIAS CONTÁBEIS, 2, 2008. Salvador. *Anais...* Salvador: ANPCONT, 2008.

4 SIQUEIRA, J. R. M.; SIQUEIRA-BATISTA, R.; MORCH, R. B.; SIQUEIRA-BATISTA, R. Aprendizagem baseada em problemas: o que os médicos podem ensinar aos contadores. *Revista Contabilidade Vista & Revista*, v. 20, n. 3, p. 101-125, 2009.

5 LOBOSCO, I. F. Op. cit.; MARTINS, D. B. *Avaliação de habilidades e de atitudes em abordagem de problem-based learning no ensino de controle gerencial*. Curitiba, 2013. Dissertação (Mestrado em Ciências Contábeis) – Universidade Federal do Paraná.

6 MARTINS, D. B. Op. cit.

7 ENEMARK, S.; KJAERSDAM, F. A ABP na teoria e na prática: a experiência de Alborg na inovação do projeto no ensino universitário. In: ARAÚJO, U. F.; SASTRE, G. (Orgs.). *Aprendizagem baseada em problemas no ensino superior*. São Paulo: Summus Editorial, 2009.

8 LOBOSCO, I. F. Op. cit.

9 CAMP, G. Problem-based learning: a paradigm shift or a passing fad? *Medical Education Online*, v. 1, 1996.

10 MARTINS, D. B. Op. cit.

11 MARTINS, D. B. Op. cit.

12 RIBEIRO, L. R. C.; ESCRIVÃO FILHO, E.; MIZUKAMI, M. G. N. Uma experiência com a PBL no ensino de engenharia sob a ótica dos alunos. *Revista de Ensino de Engenharia*, v. 23, n. 1,

p. 63-17, 2004; RODRIGUES, E. A.; ARAÚJO, A. M. P. O ensino da contabilidade: aplicação do método PBL nas disciplinas de contabilidade em uma instituição de ensino superior particular. *Revista de Educação*, v. 10, n. 10, p. 166-176, 2007.

13 RODRIGUES, E. A.; ARAÚJO, A. M. P. Op. cit. p. 168.

14 LOBOSCO, I. F. Op. cit.

15 VASCONCELOS, A. L. F. S.; SILVA, M. F. N.; LIMA, C. A.; MELO, E. A. T. Uma reflexão da aprendizagem cooperativa como estratégia de ensino para a formação dos contadores. *Revista de Informação Contábil – RIC*, v. 2, n. 1, p. 72-83, 2007. p. 80.

16 FREZATTI, F.; MARTINS, D. B.; BORINELLI, M. L.; ESPEJO, M. M. S. B. Análise de desempenho de alunos na perspectiva do CHA em disciplina utilizando PBL: o que significa a síntese? In: CONGRESSO USP CONTROLADORIA E CONTABILIDADE. 14, 2014. São Paulo. *Anais...* São Paulo: USP, 2014.

17 FREZATTI, F.; MARTINS, D. B.; BORINELLI, M. L.; ESPEJO, M. M. S. B. Op. cit.

18 FREZATTI, F.; MARTINS, D. B.; BORINELLI, M. L.; ESPEJO, M. M. S. B. Op. cit.

19 ENEMARK, S.; KJAERSDAM, F. Op. cit.

20 SOARES, S. V.; CASA NOVA, S. P. C.; BULAON, C. Problem-based learning for accounting courses: evidence from Brazil. In: Congresso UFSC de Controladoria e Finanças & Iniciação Científica em Contabilidade, 5, 2014, Florianópolis. *Anais...* Florianópolis: UFSC, 2014.

21 SIQUEIRA, J. R. M.; SIQUEIRA-BATISTA, R.; MORCH, R. B.; SIQUEIRA-BATISTA, R. Op. cit.

22 SIQUEIRA, J. R. M.; SIQUEIRA-BATISTA, R.; MORCH, R. B.; SIQUEIRA-BATISTA, R. Op. cit. p. 107-108.

23 FREZATTI, F.; SILVA, S. C. Prática *versus* incerteza: como gerenciar o estudante nessa tensão na implementação de disciplina sob o prisma do método PBL. Revista Universo Contábil, v. 10, n. 1, p. 28-46, 2014. p. 7.

24 FREZATTI, F.; SILVA, S. C. Op. cit. p. 7.

25 FREZATTI, F.; SILVA, S. C. Op. cit. p. 34.

26 MARTINS, D. B. Op. cit. p. 91.

27 FREZATTI, F.; SILVA, S. C. Op. cit. p. 35. Apud PINTO, S.; PEREIRA, 2004.

28 RODRIGUES, E. A.; ARAÚJO, A. M. P. Op. cit. p. 168.

29 IOCHIDA, L. C. *Os sete passos*. São Paulo: Universidade Federal de São Paulo/Escola Paulista de Medicina/Departamento de Medicina, 2001. Disponível em: <http://www.unifesp.br/centros/cedess/pbl/setep.pdf>. Acesso em: 7 dez. 2014.

30 PARK, S. H. *Impact of problem-based learning (PBL) on teachers' beliefs regarding technology use*. 2006. f. 171. Thesis (Doctoral in Philosophy) – Faculty of Purdue University, West Lafayette, 2006.

31 SAKAI, M. H.; LIMA, G. Z. PBL: uma visão geral do método. *Olho Mágico*, Londrina, v. 2, n. 5/6, nov. 1996. Número especial.

32 SCHMIDT, H. G. Op. cit.

33 SOARES, M. A. *Aplicação do método de ensino Problem-Based Learning (PBL) no curso de Ciências Contábeis*: um estudo empírico. Ribeirão Preto, 2008, f. 214. Dissertação (Mestrado em Controladoria e Contabilidade) – Universidade de São Paulo, Ribeirão Preto, 2008.

34 TOMAZ, J. B. O papel e as características do professor. In: MAMEDE, S.; PENAFORTE, J. C. (Orgs.). *Aprendizagem baseada em problemas*: anatomia de uma nova abordagem educacional. Fortaleza: Hucitec, 2001.

35 TOMAZ, J. B. Op. cit.

36 TOMAZ, J. B. Op. cit.

37 FREZATTI, F.; SILVA, S. C. Op. cit.

38 FREZATTI, F.; SILVA, S. C. Op. cit.

39 SIQUEIRA, J. R. M.; SIQUEIRA-BATISTA, R.; MORCH, R. B.; SIQUEIRA-BATISTA, R. Op. cit. p. 119.

40 GARCÍA, X. M.; PUIG, J. M. *As sete competências básicas para educar em valores*. São Paulo: Summus Editorial, 2010. p. 107.

41 SIQUEIRA, J. R. M.; SIQUEIRA-BATISTA, R.; MORCH, R. B.; SIQUEIRA-BATISTA, R. Op. cit. p. 119.

42 FREZATTI, F.; SILVA, S. C. Op. cit. p. 36.

43 RIBEIRO, L. R. C. *Aprendizagem baseada em problemas*: uma experiência no ensino superior. São Carlos: EdUSCar, 2008.

44 RIBEIRO, L. R. C. Op. cit. p. 130.

45 GARCÍA, X. M.; PUIG, J. M. Op. cit.

46 SOARES, M. A.; ARAÚJO, A. M. P. Op. cit.

47 SOARES, M. A.; ARAÚJO, A. M. P. Op. cit. p. 5.

48 SOARES, M. A.; ARAÚJO, A. M. P. Op. cit. p. 6.

49 ENEMARK, S.; KJAERSDAM, F. Op. cit.

50 ENEMARK, S.; KJAERSDAM, F. Op. cit.

51 ENEMARK, S.; KJAERSDAM, F. Op. cit.

52 FREZATTI, F.; SILVA, S. C. Op. cit.

53 FREZATTI, F.; SILVA, S. C. Op. cit. p. 3.

54 FREZATTI, F.; SILVA, S. C. Op. cit.

55 RODRIGUES, E. A.; ARAÚJO, A. M. P. Op. cit. p. 168.

56 LOBOSCO, I. F. Op. cit. p. 60.

57 RIBEIRO, L. R. C. Op. cit. p. 41.

58 RIBEIRO, L. R. C. Op. cit. p. 41.

Capítulo 10

1 LEMOV, D. *Aula nota 10*: 49 técnicas para ser um professor campeão de audiência. Trad. Leda Beck. São Paulo: Da Boa Prosa: Fundação Lemann, 2011.

2 LEMOV, D. Op. cit.

3 LEMOV, D. Op. cit.

4 PRADO, I. G. A. A educação fundamental: a questão básica. In: VELLOSO, J. P. R.; ALBU-QUERQUE, R. C. (Coords.). *Um modelo para a educação no século XXI*. Rio de Janeiro: José Olympio, 1999.

5 LEMOV, D. Op. cit.

6 LOWMAN, J. *Dominando as técnicas de ensino*. São Paulo: Atlas, 2004.

7 DUARTE, R. *Cinema & educação*. Belo Horizonte: Autêntica, 2002.

8   COSTA, A. *Compreender o cinema*. Rio de Janeiro: Globo, 1987.

9   DUARTE, R. Op. cit.

10 COLL, C.; POZO, J. I.; SARABIA, B.; VALLS, E. *Os conteúdos na reforma*: ensino e aprendizagem de conceitos, procedimentos e atitudes. Porto Alegre: ArtMed Editora, 2000.

11 COLL, C.; POZO, J. I.; SARABIA, B.; VALLS, E. Op. cit.

12 COLL, C.; POZO, J. I.; SARABIA, B.; VALLS, E. Op. cit.

13 LÚZIA, A. M. S. Panorama da educação brasileira frente ao terceiro milênio. *Revista Eletrônica de Ciências*. São Paulo, 8 set. 2008. Disponível em: <htpp://www.edcc.sc.usp.br/ciência/artigos/art_27/psiedu.html>. Acesso em: 18 ago. 2013.

14 ZABALA, A. A avaliação. In: ZABALA, A. *A prática educativa*: como ensinar. Trad. Ernani F. F. Rosa. Porto Alegre: Artmed, 1998. Cap. 8, p. 195-221.

15 ZABALA, A. A avaliação. In: ZABALA, A. Op. cit.

16 COLL, C.; POZO, J. I.; SARABIA, B.; VALLS, E. Op. cit.

17 MARIANI, V. A. *Currículo por competências*: uma articulação entre dois olhares. São Luís: Editora Integrada, 2007.

18 NAPOLITANO, M. *Como usar o cinema na sala de aula*. 4. ed. São Paulo: Contexto, 2009.

19 NAPOLITANO, M. Op. cit.

20 OLIVEIRA, P. M. P.; MARIANO, M. R.; REBOUÇAS, C. B. A.; PAGLIUCA, L. M. F. Uso do filme como estratégia de ensino-aprendizagem sobre pessoas com deficiência: percepção de alunos e enfermagem. *Revista Esc Anna Nery*, v. 16, n. 2, p. 297-305, abr./jun. 2012.

21 BERGALA, A. *A hipótese-cinema*: pequeno tratado de transmissão do cinema dentro e fora da escola. Rio de Janeiro: Booklink, CINEAD-LISE-FE/UFRJ, 2008.

22 OLIVEIRA, P. M. P.; MARIANO, M. R.; REBOUÇAS, C. B. A.; PAGLIUCA, L. M. F. Op. cit.

23 CRUZ, M. L. O. B.; SOUZA, F. M.; LIMA, L. F. M. Aquisição linguístico-cultural de espanhol-língua estrangeira (E-LE) mediada pelo cinema: um estudo de representações. In: Pró-Grad, PINHO; SAGLIETTI (Orgs.). *Livro eletrônico dos núcleos de ensino da UNESP*. São Paulo: Editora Unesp, 2006. p. 957-964.

24 CRUZ, M. L. O. B.; SOUZA, F. M.; LIMA, L. F. M. Op. cit.

25 MORAN, J. M. O vídeo na sala de aula. *Comunicação e educação*, São Paulo, v. 2, p. 27-35, jan./abr. 1995.

26 PETARNELLA, D.; VENDITTI JÚNIOR, R.; MARTINS, L. T.; VENDITTI, A. C. A utilização de filmes como recurso didático nas aulas de Educação Física Escolar. *Revista Digital*, Buenos Aires, ano 14, n. 139, dez. 2009.

27 WILLIAMS, M.; BURDEN, R. L. *Psychology for language teachers*: a social constructivist approach. Cambridge: Cambridge University Press, 1997.

28 LIMA, I. V.; KROENKE, A.; HEIN, N. Análise de atributos relacionados ao sucesso na aprendizagem de estudantes do curso de Ciências Contábeis. *Gestão Contemporânea*, Porto Alegre, v. 7, n. 7, p. 101-122, jan./jun. 2010.

29 ANTUNES, C. *Manual de técnicas*: de dinâmica de grupo, de sensibilização, de ludopedagogia. 26. ed. Rio de Janeiro: Vozes, 2010.

30 SANCHO, J. M. De tecnologias da informação e comunicação a recursos educativos. In: SANCHO; HERNANDÉZ. *Tecnologias para transformar a educação*. Porto Alegre: ArtMed, 2006.

Capítulo 11

1   GIL, A. C. *Didática e metodologia do ensino superior*. São Paulo: Atlas, 2009.

2   RUAS, R. Literatura, dramatização e formação gerencial: a apropriação de práticas teatrais ao desenvolvimento de competências gerenciais. *Organizações & Sociedade*, v. 12, n. 32, 2005.

3   SANTOS, L. C. Dramatização: uma possível técnica no processo de ensino-aprendizagem. *Revista Gestão Universitária*, Belo Horizonte, 10 jul. 2013.

4   JAPIASSU, R. *Metodologia do ensino de teatro*. Campinas: Papirus, 2001.

5   CARVALHO, J. L. F. S.; CARVALHO, F. A. A. Atores e papéis no ensino da administração: estudo de caso em uma empresa júnior. In: ENCONTRO ANUAL DOS CURSOS DE PÓS-GRADUAÇÃO EM ADMINISTRAÇÃO, 28, 2004. Atibaia. *Anais...* Atibaia: ANPAD, 2004.

6   RUIZ-MORENO, L.; ROMAÑA, M. A.; BATITA, S. H.; MARTINS, M. A. Jornal Vivo: relato de uma experiência de ensino-aprendizagem na área da saúde. *Interface Comunic., Saúde, Educ.*, v. 9, n. 15, p. 195-204, 2005.

7   MORENO, J. L. *O teatro da espontaneidade*. São Paulo: Summus, 1984.

8   PUTTINI, E. F.; LIMA, L. M. S. *Ações educativas*: vivências com psicodrama na prática pedagógica. São Paulo: Editora Ágora, 1997.

9   LISKE, L. P. *Para aprender no ato*: técnicas dramáticas na educação. São Paulo: Editora Ágora, 2004.

10   LISKE, L. P. Op. cit.

11   JAPIASSU, R. Op. cit.

12   ROMAÑA, Maria Alicia. *Pedagogia do drama*: 8 perguntas & 3 relatos. São Paulo: Casa do Psicólogo, 2004.

13   LISKE, L. P. Op. cit.

14   LISKE, L. P. Op. cit.

15   FREIRE, P. *A educação na cidade*. São Paulo: Cortez, 1999.

16   SANTOS, R. A.; INFORSATO, E. C. Aula: o ato pedagógico em si. *Caderno de formação*: formação de professores – didática geral. São Paulo: Cultura Acadêmica, v. 9, p. 80-85, 2011.

17   ROSSETO, R. O espectador e a relação do ensino do teatro com o teatro contemporâneo. *Revista Científica/FAP*, Curitiba, v. 3, p. 69-84, jan./dez. 2008.

18   ROSSETO, R. Op. cit.

19   CARVALHO, J. L. F. S.; CARVALHO, F. A. A. Op. cit.

20   DINIZ, G. J. R. *Psicodrama e teatro/educação*: seu valor psicopedagógico. São Paulo: Ícone, 1995.

21   PUTTINI, E. F.; LIMA, L. M. S. Op. cit.

22   CARVALHO, J. L. F. S.; CARVALHO, F. A. A. Op. cit.

23   RUAS, R. Op. cit.

24   LEAL, D. T. B.; CASA NOVA, S. P. C. Métodos dramáticos aplicados a intervenções socioeducativas de autogestão e contabilidade. *Revista de Educação e Pesquisa em Contabilidade (REPeC)*, v. 3, n. 3, p. 1-17, 2009.

25   MEDEIROS, C. R. O.; MIRANDA, G. J.; MIRANDA, A. B, A arte no processo de ensino-aprendizagem e sua contribuição para a formação do contador: dramas e descobertas do estudante-artista. *Revista Eletrônica de Administração*, v. 16, n. 2, p. 446-480, 2010.

26 CARVALHO, J. L. F.; FARIA, M. D. A prática do teatro-esporte como proposta pedagógica interdisciplinar para o desenvolvimento de competências relacionais no campo da gestão. In: SIMPÓSIO DE EXCELÊNCIA EM GESTÃO E TECNOLOGIA, 9, 2013, Rezende. *Anais...* Rezende: AEDB, 2013.

27 BLOOM, B. S. *Taxonomy of educational objectives.* New York: David Mckay, 1956.

28 SANTOS, L. C. Dramatização: uma possível técnica no processo de ensino-aprendizagem. *Revista Gestão Universitária*, Belo Horizonte, 10 jul. 2013.

29 LISKE, L. P. Op. cit.

30 PUTTINI, E. F.; LIMA, L. M. S. Op. cit.

31 COURTNEY, R. *Jogo, teatro & pensamento.* 2. ed. São Paulo: Perspectiva, 2003.

32 MEDEIROS, C. R. O.; MIRANDA, G. J.; MIRANDA, A. B. Op. cit.

33 NICKERSON, S. Role-play: an under used but often misused active learning strategy. *Essays on Teaching Excellence Toward the Best in the Academy*, v. 19, n. 5, 2007.

34 SANTOS, L. C. Op. cit.

35 LISKE, L. P. Op. cit.

36 CROCCO, L.; GUTTMANN, E. *Consultoria empresarial.* São Paulo: Saraiva, 2005.

37 NICKERSON, S. Op. cit.

38 NICKERSON, S. Op. cit.

39 NICKERSON, S. Op. cit.

Capítulo 12

1 FREITAS, A. G.; MAXIMIANO, A. C. A. Alternativas metodológicas para o ensino: aprendizagem no ensino de administração. In: International Conference on Technology Policy and Innovation, 4, 2000, Curitiba. *Anais...* Curitiba, 2000.

2 SILVA, A. C. R. Mudanças de paradigma no ensino da Contabilidade. *Revista Contabilidade e Informação*, Ijuí, n. 10, jul./set., 2001.

3 KOUDELA, I. D. A nova proposta de ensino do teatro. *Revista Sala Preta*, Brasil, v. 2, p. 233-23, nov. 2011. Disponível em: <http://www.revistas.usp.br/salapreta/article/view/57096/60084>. Acesso em: 17 nov. 2016.

4 KURI, N. P.; GIORGETTI, M. F. Planejamento do ensino. *Centro de Tecnologia Educacional para Engenharia – CETEPE*, 1994.

5 TACCA, M. C. V. R. *Aprendizagem e trabalho pedagógico.* Campinas: Alínea, 2006.

6 MASSETTO, M. T. *Competência pedagógica do professor universitário.* São Paulo: Summus, 2003.

7 POORMAN, P. B. Biography and role-playing: fostering empathy in abnormal psychology. *Teaching of Psychology*, v. 29, n. 1, p. 32-36, 2002.

8 CECHIN, M. R. Role-play para graduandos e o ensino da leitura. *Revista Linguagem e Cidadania*, n. 8, dez. 2002.

9 HAIDT, R. C. C. *Curso de didática geral.* 7. ed. São Paulo: Ática, 2002.

10 YOZO, R. Y. *100 jogos para grupos*: uma abordagem psicodramática para empresas, escolas e clínicas. 13. ed. São Paulo: Ágora, 1996.

11 PESSANHA, J. A. M. *Ética a Nicômaco de Aristóteles.* São Paulo: Nova Cultural, 1991.

12 HAIDT, R. C. C. Op. cit.

¹³ MASSACHUSETTS INSTITUTE OF TECHNOLOGY (MIT). *Teaching materials*: intended learning outcomes. Disponível em: <http://tll.mit.edu/help/intended-learning-outcomes>. Acesso em: 18 abr. 2017.

¹⁴ MASSETTO, M. T. Op. cit.

¹⁵ CORNACHIONE JR., E. B. *Tecnologia da educação e cursos de ciências contábeis*: modelos colaborativos virtuais. 2007. Tese (Livre-Docência em Educação Contábil (Pesquisa e Ensino de Contabilidade)) – Faculdade de Economia, Administração e Contabilidade, Universidade de São Paulo, São Paulo, 2007. Disponível em: <http://www.teses.usp.br/teses/disponiveis/livredocencia/12/tde-12092007-124732/>. Acesso em: 17 nov. 2016.

¹⁶ KRATHWOHL, D. R.; BLOOM, B. S.; MASIA, B. B. *Taxonomy of educational objectives, Handbook II*: affective domain. New York: David McKay Company, 1964.

¹⁷ BLOOM, B.; HASTINGS, J. T.; MADAUS, G. F. *Handbook of formative and summative evaluation of student learning*. New York: McGraw-Hill, 1971.

¹⁸ REZENDE, F. As novas tecnologias na prática pedagógica sob a perspectiva construtivista. *Ensaio Pesquisa em Educação em Ciências*, v. 2, n. 1, p. 75-98, 2000.

¹⁹ KOUDELA, I. D. A nova proposta de ensino do teatro. *Revista Sala Preta*, Brasil, v. 2, p. 233-239, nov. 2011. Disponível em: <http://www.revistas.usp.br/salapreta/article/view/57096/60084>. Acesso em: 17 nov. 2016.

²⁰ MOROZINI, J. F.; CAMBRUZZI, D.; LONGO, L. Fatores que influenciam o fator ensino-aprendizagem no curso de ciências contábeis do ponto de vista acadêmico. *Revista Capital Científico*, n. 1, v. 5, p. 1679-1991, 2007.

²¹ KNOWLES, M. *The modern practice of adult education*: andragogy versus pedagogy. Chicago: Follett, 1970.

²² COSTA, J. V. *A pedagogia no ensino superior e o insucesso escolar*. A Universidade Portuguesa: um debate necessário. Porto: Porto Editora, 2002.

²³ MARTINS, R. B. *Desenvolvendo competências*. Disponível em: <http://www.fesmad.org.br/site/arquivos/publicacoes/232desenvolvendo_competencias.pdf>. Acesso em: 18 abr. 2017.

²⁴ RAMOS, M. *A pedagogia das competências*: autonomia ou adaptação? São Paulo: Cortez, 2002.

²⁵ KOLB, D. A. *Experientiallearning*: experience as the source of learning and development. Englewood Cliffs, NJ: Prentice Hall, 1984.

²⁶ KOLB, D. A. A gestão e o processo de aprendizagem. In: STARKEY, K. *Como as organizações aprendem*. São Paulo: Futura, p. 321-341, 1997.

²⁷ BORDENAVE, J. D.; PEREIRA, A. M. *Estratégias de ensino-aprendizagem*. 27. ed. Petrópolis: Vozes, 1977.

²⁸ VYGOTSKY, L. S. *Pensamento e linguagem*. São Paulo: Martins Fontes, 1994.

²⁹ FREIRE, P. *Conscientização*: teoria e prática de libertação – uma introdução ao pensamento de Paulo Freire. 3. ed. São Paulo: Moraes, 1980.

³⁰ PERRENOUD, P. *10 novas competências para ensinar*. Porto Alegre: Artmed, 2000.

³¹ RAMSDEN, P. *Learning to teach in Higher Education*. New York: Palmer, 2000.

³² RAMSDEN, P. Op. cit.

³³ RICHTER, M. G. Role-play e o ensino interativo de língua materna. *Linguagem & Ensino*, v. 1, n. 2, 1998.

³⁴ ERRINGTON, E. Role-play. Canberra: higher education research and development society of Australasia Inc. Apud ARMSTRONG, E. K. Applications of role playing in tourism management teaching. an evaluation of a learning method. *Journal of Hospitality, Leisure, Sport and Tourism Education*, v. 2, n. 1, 2003.

35 HIGUCHI; K. K.; ROBERTI, G. M. RPG: o resgate da história e do narrador. In: CITELLI, A. (Coord.). *Outras linguagens na escola*. São Paulo: Cortez, 2001. p. 175-211.

36 RAMSDEN, P. Op. cit.

37 KOUDELA, I. D. Teatro educação: a nova proposta de ensino do teatro. *Revista Sala Preta*, n. 2, 2002.

38 COOPER, D.; SCHINDLER, P. *Métodos de pesquisa em administração*. 7. ed. Porto Alegre: Bookman, 2003; HOFFMANN, J. *Avaliação*: mito & desafio. Porto Alegre: Mediação Editora, 2005.

39 SHEPHERD, D. A. Educating entrepreneurship students about emotion and learning from failure – University of Colorado at Boulder. *Academy of Management Learningand Education*, v. 3, n. 3, p. 174-287, 2004.

40 HOFFMANN, J. *Avaliação*: mito & desafio. Op. cit.

Capítulo 13

1 HUNTER, L. P.; HUNTER, L. A. Storytelling as an educational strategy for midwifery students. *Journal of Midwifery & Women's Health*, n. 51, p. 273-278, 2006; MACHADO, N. J. Imagens do conhecimento e ação docente no ensino superior. *Cadernos de Pedagogia Universitária*, n. 5. São Paulo: Edusp, 2008.

2 AL-MANSOUR, N. S.; AL-SHORMAN, R. A. The effect of teacher's storytelling aloud on the reading comprehension of Saudi elementary stage students. *Journal of King Saud University* – Languages and Translation, v. 23, n. 2, p. 69-76, 2011.

3 PSOMOS, P.; KORDAKI, M. Pedagogical analysis of educational digital storytelling environments of the last five years. *Procedia – Social and Behavioral Sciences*, n. 46, p. 1213-1218, 2012.

4 MÖDRITSCHER F. *The impact of an elearning strategy on pedagogical aspects*. Disponível em: <http://www.moedritscher.com/papers/paper_moedritscher_epedagogy_2006.pdf>. Acesso em: 18 maio 2006.

5 OLIVEIRA, M. K. *Vygotsky*: aprendizado e desenvolvimento – um processo sócio-histórico. São Paulo: Scipione, 2003.

6 SEVERINO, A. J. *Metodologia do trabalho científico*. 21. ed. São Paulo: Cortez, 2000.

7 SEVERINO, A. J. Op. cit. p. 47.

8 SEVERINO, A. J. Op. cit. p. 48.

9 WIKIPÉDIA. Desenvolvido pela Wikimedia Foundation. Apresenta conteúdo enciclopédico. Disponível em: <http://pt.wikipedia.org/w/index.php?title=O_Homem_que_Calculava&oldid=5813772>. Acesso em: 18 maio 2014.

10 WIKIPÉDIA. Desenvolvido pela Wikimedia Foundation. Apresenta conteúdo enciclopédico. Disponível em: <http://pt.wikipedia.org/w/index.php?title=Constantin_Stanislavski&oldid=6000068>. Acesso em: 18 maio 2014.

11 WIKIPÉDIA. Desenvolvido pela Wikimedia Foundation. Apresenta conteúdo enciclopédico. Disponível em: <http://pt.wikipedia.org/w/index.php?title=A_meta:_um_processo_de_melhoria_cont%C3%ADnua&oldid=3460879>. Acesso em: 18 maio 2014.

12 FREIRE, P. *Pedagogia da autonomia*: saberes necessários à prática educativa. 22. ed. São Paulo: Paz e Terra, 2002.

13 MACHADO, N. J. Imagens do conhecimento e ação docente no ensino superior. *Cadernos de Pedagogia Universitária*, n. 5, São Paulo: Edusp, 2008.

Referências

14 FREIRE, P. Op. cit. p. 133-134.

15 HUNTER, L. P.; HUNTER, L. A. Op. cit.

16 MILEY, F. The storytelling project: innovating to engage students in their learning. *Higher Education Research & Development*, v. 28, n. 4, p. 357-369, ago. 2009.

17 HATFIELD, S. R. *The seven principles in action*: improving undergraduate education. Bolton, MA: Anker Publishing, 1995.

18 MLÁDKOVÁ, L. Leadership and storytelling. *Procedia – Social and Behavioral Sciences*, n. 75, p. 83-90, 2013.

19 MLÁDKOVÁ, L. Op. cit.

20 MLÁDKOVÁ, L. Op. cit.

21 ALI, M. I. *Stories/storytelling for women's empowerment/empowering stories*. Women's Studies International Forum, n. 45, p. 98-104, 2014.

22 ALI, M. I. Op. cit.

23 MILEY, F. Op. cit.

24 ANASTASIOU, L. G. C.; ALVES, L. P. Estratégias de ensinagem. In: ANASTASIOU, L. G. C.; ALVES, L. P. (Orgs.). *Processos de ensinagem na universidade*. Pressupostos para as estratégias de trabalho em aula. 3. ed. Joinville: Univille, 2004. p. 67-100.

25 MILEY, F. Op. cit.

26 MILEY, F. Op. cit.

27 CUNHA, M. I. Conte-me agora! As narrativas como alternativas pedagógicas na pesquisa e no ensino. *Revista Fac. Edu*, v. 23, n. 1-2, 1997.

28 CUNHA, M. I. Op. cit.

29 MILEY, F. Op. cit.

30 BANASZEWSKI, M. T. Digital storytelling finds its place in the classroom. *Multimedia Schools*, v. 9, n. 1, p. 32-35, 2002.

31 CUNHA, M. I. Op. cit.

32 REID, J. *Learning styles in the ESL/EFL classroom*. Boston, MA: Heinle and Heinle Publishers, 1995.

33 REID, J. Op. cit.

34 MAZUROSKI JR., A.; AMATO, L. J. D.; JASINSKI, L.; SAITO, M. Variação nos estilos de aprendizagem: investigando as diferenças individuais na sala de aula. *ReVEL*, v. 6, n. 11, p. 1-16, 2008.

35 REID, J. Op. cit.

36 MAZUROSKI JR., A.;AMATO, L. J. D.; JASINSKI, L.; SAITO, M. Op. cit.

37 MAZUROSKI JR., A.; AMATO, L. J. D.; JASINSKI, L.; SAITO, M. Op. cit.

38 PETRUCCI, V. B.; BATISTON, R. R. Estratégias de ensino e avaliação de aprendizagem em contabilidade. In: PELEIAS, I. R. (Org.). *Didática do ensino da contabilidade*. São Paulo: Saraiva, 2006.

39 MAZZIONI, S. As estratégias utilizadas no processo de ensino-aprendizagem: concepções de alunos e professores de Ciências Contábeis. In: CONGRESSO USP DE CONTROLADORIA E CONTABILIDADE, 9, São Paulo, 2009. *Anais* São Paulo. USP, 2009.

40 ARMA, T. Learning by telling storytelling workshops as an organizational learning intervention. *Management Learning*, n. 34, v. 2, p. 221-240, 2003.

41 OHARA, S. C.; CHERNISS, M. Storytelling at juniper networks connects a global organization to the values and behaviors of success. *Global Business and Organizational Excellence*, p. 31-39, 2010.

42 MAZUROSKI JR., A.; AMATO, L. J. D.; JASINSKI, L.; SAITO, M. Op. cit.

43 FRIDIN, M. Storytelling by a kindergarten social assistive robot: a tool for constructive learning in preschool education. *Computers & Education*, n. 70, p. 53-64, 2014.

44 MILEY, F. Op. cit.

45 MILEY, F. Op. cit.

46 MILEY, F. Op. cit.

47 MILEY, F. Op. cit.

Capítulo 14

1 MASETTO, M. Atividades pedagógicas no cotidiano da sala de aula universitária: reflexões e sugestões. In: CASTANHO, S.; CASTANHO, M. (Orgs.). *Temas e textos em metodologia do ensino superior*. 2. ed. Campinas: Papirus, 2002.

2 MASETTO, M. Op. cit.

3 SANTOS, C. P.; SOARES, S. R. Aprendizagem e relação professor-aluno na universidade: duas faces da mesma moeda. *Est. Aval. Educ.*, São Paulo, v. 22, n. 49, p. 353-370, maio/ago. 2011.

4 MITRE, S. M. et al. Metodologias ativas de ensino-aprendizagem na formação profissional em saúde: debates atuais. *Ciência & Saúde Coletiva*, Rio de Janeiro, v. 13, n. 2, 2008.

5 MASETTO, M. Op. cit.

6 ZABALA, A. *A prática educativa*: como ensinar. Tradução Ernani F. da F. Rosa. Porto Alegre: ARTMED, 1998.

7 VASCONCELOS, M. L. M. C. *A formação do professor do ensino superior*. Niterói: Xamã, 2009.

8 VASCONCELOS, M. L. M. C. Op. cit.

9 MASETTO, M. Op. cit.

10 MASETTO, M. Op. cit.

11 SUHR, I. Formação continuada de docentes para o ensino superior: relatando o encaminhamento adotado para o trabalho com o tema "Metodologia de Ensino". *Ciência e Opinião. Revista do Núcleo de Ciências Humanas e Sociais Aplicadas*, v. 3, n. 2, jul./dez. 2006, Curitiba: Unicenp, 2007.

12 ROSA, K. S.; BARCELOS, N. N. Trabalho em grupo: concepções, práticas e contribuições no curso de ciências biológicas. In: ENCONTRO NACIONAL DE PESQUISA EM EDUCAÇÃO EM CIÊNCIAS. 5. 2005. Bauru. *Anais...* Bauru: Abrapec, 2005.

13 TURRA, C.; ENRICONE, D.; SANTANNA, F. M.; ANDRÉ, L. C. *Planejamento de ensino e avaliação*. 11. ed. Porto Alegre: Sagra, 1988.

14 VASCONCELOS, M. L. M. C. Op. cit.

15 LIMA, A. E. S. O. *Dinâmica de grupo em sala de aula*. Disponível em: <http://beta-escola-depais.blogspot.com.br/2010/06/dinamica-de-grupo-em-sala-de-aula.html>. Acesso em: 5 jul. 2014.

16 SUHR, I. Op. cit.

17 ARAUJO, J. C. S. Para uma análise das representações sobre as técnicas de ensino. In: VEIGA, I. P. A. (Org.). *Técnicas de ensino*: por que não? Campinas: Papirus, 1991.

[18] SUHR, I. *Usando o painel integrado nas capacitações*. Educação Corporativa Uninter. Disponível em: <www.http://educacaocorporativauninter.blogspot.com.br/2012/02/usando-o-painel--integrado-nas.html>. Acesso em: 5 jul. 2014.

[19] VASCONCELOS, M. L. M. C. Op. cit.

[20] MAGELA, G. *Técnicas de ensino*. Disponível em: <http://gmagela.wordpress.com/tecnicas--de-ensino/>. Acesso em: 12 jul. 2013.

[21] SUHR, I. Op. cit.

[22] SUHR, I. Op. cit.

[23] LIMA, A. E. S. O. Op. cit.

[24] MACHADO, A. H.; MORTIMER, E. F. Química para o ensino médio: fundamentos, pressupostos e o fazer cotidiano. In: ZANON, L. B.; MALDANER, O. A. (Orgs.). *Fundamentos e propostas de ensino de química para a educação básica no Brasil*. Ijuí: UNIJUÍ, 2012. p. 21-41.

[25] MACHADO, A. H.; MORTIMER, E. F. Op. cit.

[26] SUHR, I. Op. cit.

[27] BURNEIR, S. *Dinamizar suas aulas diversificando as técnicas de ensino*. Centro Federal de Educação Tecnológica de Minas Gerais – CEFET. Belo Horizonte, 2005.

[28] FERREIRA, Nathália. Amiga da Pedagogia. Disponível em: <http://amigadapedagogia.blogspot.com.br/2011/04/tecnicas-de-trabalho-em-grupo.html>. Acesso em: 20 nov. 2016.

[29] FERREIRA, N. Op. cit.

Capítulo 15

[1] FERNANDES, J. A. B. *Você vê essa adaptação?* A aula de campo em ciências entre o retórico e o empírico. 2007. 326 f. Tese (Doutorado em Educação, área de concentração em Ensino de Ciências e Matemática) – Faculdade de Educação, Universidade de São Paulo, São Paulo, 2007.

[2] FERNANDES, J. A. B. Op. cit.

[3] FERNANDES, J. A. B. Op. cit.

[4] FERNANDES, J. A. B. Op. cit.

[5] BRASIL. Pró-Reitoria de Ensino de Graduação. Universidade Federal do Amazonas (UFAM). Portaria n. 078/2010-PROEG, de 3 de dezembro de 2010. Regulamenta a Prática de Campo em disciplinas dos cursos de graduação. Manaus, AM.

[6] FERNANDES, J. A. B. Op. cit.

[7] FERNANDES, J. A. B. Op. cit.

[8] FERNANDES, J. A. B. Op. cit.

[9] BORDENAVE, J. D.; PEREIRA, A. M. *Estratégias de ensino-aprendizagem*. 32. ed. Petrópolis: Vozes, 2012.

[10] BORDENAVE; PEREIRA. Op. cit.

[11] BORDENAVE; PEREIRA. Op. cit.

[12] VASCONCELOS, Y. L. A atitude científica como necessidade profissional e o emprego das práticas de campo no ambiente acadêmico. *Revista Brasileira de Contabilidade*, ano XXXI, n. 35, maio/jun, 2002.

[13] BORDENAVE; PEREIRA. Op. cit.

14 BORDENAVE; PEREIRA. Op. cit. p. 133.

15 VASCONCELOS. Op. cit. p. 53.

16 VASCONCELOS. Op. cit.

17 VASCONCELOS. Op. cit. p. 53.

18 VASCONCELOS. Op. cit.

19 VASCONCELOS. Op. cit.

20 BORDENAVE; PEREIRA. Op. cit.

21 BORDENAVE; PEREIRA. Op. cit. p. 133.

22 VASCONCELOS. Op. cit.

23 BORDENAVE; PEREIRA. Op. cit. p. 102.

24 BORDENAVE; PEREIRA. Op. cit. p. 254.

25 FERNANDES, J. A. B. Op. cit.

26 BONWELL, C. C.; EISON, J. A. Active learning: creating excitement in the classroom. *Asheeric Higher Education Report n. 1*, George Washington University, Washington, DC, p. 2, 1991.

27 BONWELL; EISON. Op. cit. p. 2; PANITZ, T. Collaborative versus cooperative learning: a comparison of the two concepts which will help us understand the underlying nature of interactive learning. *Education Resources Information Center (ERIC)*, ed. 4448443, p. 13, Dec. 1999.

28 PRINCE, Michael. Does active learning work? A review of the research. *Journal of Engineering Education*, v. 3, n. 93, p. 223-231, jul. 2004, p. 223.

29 BRUFFEE, K. Sharing our toys: cooperative learning versus collaborative learning. *Change: The Magazine of Higher Learning*, v. 17, Issue 1, p. 12-18, Jan./Feb. 1995.

30 PRINCE. Op. cit. p. 223.

31 JOHNSON, D.; JOHNSON, R.; SMITH, K. Cooperative learning returns to college: what evidenceis therethat it works? *Change:The Magazine of Higher Learning*, v. 30, Issue 4, p. 26-35, Jul./Aug. 1998.

32 BORDENAVE; PEREIRA. Op. cit. p. 257.

33 VASCONCELOS. Op. cit. p. 53.

34 VASCONCELOS. Op. cit. p. 53.

35 VASCONCELOS. Op. cit. p. 53.

36 VASCONCELOS. Op. cit. p. 53.

37 VASCONCELOS. Op. cit. p. 53.

38 VASCONCELOS. Op. cit. p. 53.

39 VASCONCELOS. Op. cit. p. 53.

40 BORDENAVE; PEREIRA. Op. cit.

41 VASCONCELOS. Op. cit.

42 VASCONCELOS. Op. cit. p. 40-50.

43 BORDENAVE; PEREIRA. Op. cit. p. 257.

Pré-impressão, impressão e acabamento

GRÁFICA
SANTUÁRIO

grafica@editorasantuario.com.br
www.graficasantuario.com.br

Aparecida-SP